Une brève histoire des crises financières

Du même auteur

Les Paradis fiscaux (avec Ronen Palan), La Découverte, coll. «Repères», Paris, 2012 (3ᵉ éd.).

Tax Havens. How Globalization Really Works (avec Ronen Palan et Richard Murphy), Cornell University Press, New York, 2010.

Économie politique internationale, La Découverte, coll. «Repères», Paris, 2010 (2ᵉ éd.).

Les Dernières Heures du libéralisme, Perrin, coll. «Tempus», Paris, 2009 (2ᵉ éd.).

Ghana : une révolution de bon sens. Économie politique d'un ajustement structurel, Karthala, Paris, 1997.

Christian Chavagneux

Une brève histoire des crises financières

Des tulipes aux subprimes

Édition augmentée et mise à jour

La Découverte / Poche
9 bis, rue Abel-Hovelacque
75013 Paris

REMERCIEMENTS. Merci à Béatrice, ma première lectrice. Merci à Michel Médioni pour son enthousiasme et nos discussions passionnées sur Law, à Jean-Yves Serrand pour la plongée dans les archives de la télévision, à Bertrand Tavernier d'avoir bien voulu répondre à mon interrogation sur l'absence de Law dans *Que la fête commence*. Merci à Ronen Palan pour sa relecture du chapitre 5. Merci à Michel Castel, Jézabel Couppey-Soubeyran et Laurence Scialom pour leurs précieux conseils sur le dernier chapitre.

Cet ouvrage a été précédemment publié en 2011 aux Éditions La Découverte dans la collection « Cahiers libres ».

Si vous désirez être tenu régulièrement informé de nos parutions, il vous suffit de vous abonner gratuitement à notre lettre d'information bimensuelle par courriel, à partir de notre site **www.editionsladecouverte.fr**, où vous retrouverez l'ensemble de notre catalogue.

ISBN 978-2-7071-7710-0

En application des articles L. 122-10 à L. 122-12 du code de la propriété intellectuelle, toute reproduction à usage collectif par photocopie, intégralement ou partiellement, du présent ouvrage est interdite sans autorisation du Centre français d'exploitation du droit de copie (CFC, 20, rue des Grands-Augustins, 75006 Paris). Toute autre forme de reproduction, intégrale ou partielle, est également interdite sans autorisation de l'éditeur.

© Éditions La Découverte, 2011, 2013.

« En fin de compte, dans le chemin qui nous fait avancer vers la création d'emplois, nous avons besoin de deux garde-fous pour éviter le retour des problèmes passés : nous devons mettre en place une stricte surveillance des banques, de la distribution des crédits et des investissements ; nous devons mettre fin à la possibilité de spéculer avec l'argent des autres, et nous devons prendre des mesures pour disposer d'une monnaie en quantité suffisante mais saine. »

Franklin Delano Roosevelt, 4 mars 1933 [1]

Introduction

Le bateau ivre

> « Eh bien, je dirais, et c'est probablement un changement par rapport à ce que j'aurais dit plus jeune : ayez le plus grand respect pour l'étude de l'histoire économique. »
>
> Paul SAMUELSON, *The Atlantic*, 18 juin 2009

> « Si donc l'histoire du capitalisme nous enseigne qu'il y a récurrence d'un certain nombre de phénomènes, cela signifie qu'il est possible de leur trouver une logique commune. »
>
> Michel AGLIETTA, *La Crise. Les voies de sortie*, 2010

Avec le réchauffement climatique et la montée des inégalités, l'instabilité financière représente l'un des trois grands maux du capitalisme contemporain. La finance a pris un poids démesuré et ses dérapages ont des conséquences lourdes sur la croissance, l'emploi et le bien-être des populations partout dans le monde, comme la crise entamée en 2007 est venue, encore une fois, le démontrer. Nombre d'individus peuvent perdre leur emploi, leur épargne, ou les deux, sur le tapis vert du casino financier mondial sans avoir demandé à y jouer.

Andrew Haldane, le directeur de la stabilité financière à la Banque d'Angleterre, la Banque centrale du Royaume-Uni, a proposé en 2010 une estimation du coût total de cette crise, en additionnant l'argent prêté aux banques pour les renflouer, la croissance immédiatement perdue avec la récession qui a suivi la crise, et la croissance à jamais perdue du fait que certains ne retrouveront pas d'emploi, que des entreprises ont définitivement disparu, etc. Résultat : entre 60 000 et 200 000 milliards de dollars pour l'ensemble de l'économie mondiale ! À ce niveau, les chiffres ne veulent plus rien dire. Mais, même si ce genre d'estimation donne le vertige, la conclusion que l'on en tire est simple : définir et mettre en œuvre les mesures à même de stabiliser le bateau ivre de la finance doit être une priorité politique.

Les non-leçons des économistes

Pour ce faire, on aurait envie de demander leur aide aux économistes et aux spécialistes de la finance. Malheureusement, aussi surprenant que cela puisse paraître à qui n'est pas plongé dans les débats universitaires, la théorie économique dominante en est arrivée au point où elle a considéré que la survenue de crises financières était désormais impossible !

Une conclusion qui n'est pas due au hasard. Elle est le fruit d'une science économique dont les porte-parole dominants se complaisent dans des modèles stylisés et abstraits qui prennent d'emblée pour hypothèse que les marchés financiers se régulent parfaitement tout seuls et que les banques s'imposent une stricte discipline censée leur éviter toute prise de risque excessive. En ce sens, la crise de la finance qui secoue le monde depuis 2007 est aussi une crise de la science économique dominante, celle que l'on enseigne dans les universités, présente jusque dans les cercles de l'expertise politique.

Plusieurs économistes, et non des moindres, ont compris la leçon. Dans une longue interview donnée à *Alternatives économiques* début 2010, l'Américain Joseph Stiglitz juge que « l'une des choses qui manquait clairement dans les modèles développés avant la crise, concerne les interdépendances entre les institutions financières », avant de se réjouir du fait que des chercheurs « travaillent sur les mathématiques de la contagion, qui sont plus compliquées que les mathématiques simplistes utilisées jusqu'à présent. C'est une direction que les économistes doivent prendre et qu'ils commencent déjà à prendre »[1].

On peut certes applaudir au fait que les économistes commencent à se poser la question des liens entre institutions financières pour expliquer par exemple comment la chute d'une banque d'affaires moyenne comme Lehman Brothers a failli faire sombrer l'ensemble du système financier mondial. Mais combien de temps devrons-nous attendre avant que leurs modèles savants parviennent à démontrer que les faits que nous vivons depuis 2007 sont possibles en théorie ? À cette question, David Colander, professeur d'économie au Middlebury College, dans le Vermont aux États-Unis, et l'un des animateurs du débat américain sur les méthodes en économie, répond « environ cent cinquante ans [2] » !

Les leçons de l'expérience

Pour ceux qui n'auraient pas cette patience, il existe une autre voie qui consiste à ne pas se priver des leçons de l'expérience. Car, si l'on veut agir pour limiter l'instabilité financière, il faut d'abord comprendre les mécanismes de dérapage auxquels on a affaire. Et, pour cela, il est nécessaire de voir plus loin que le bout de notre nez contemporain pour bénéficier des leçons du passé. Si l'on cherche uniquement à se préserver des mécanismes qui ont provoqué la crise des subprimes, on ne fera que se préparer pour la dernière guerre, sans se donner les moyens d'éviter la suivante.

Le recours à l'histoire est nécessaire, car celle-ci nous enseigne que les dérapages extrêmes de la finance sont aussi vieux que le capitalisme moderne. Alors il faut raconter ces crises, en transmettre la mémoire. La première bulle spéculative de l'histoire est peut-être celle qui a touché les bulbes de tulipe dans la Hollande du XVIIe siècle (*voir chapitre 1*). De riches marchands très liés au pouvoir politique développent ce que l'on baptisera alors le « commerce du vent » : des titres financiers censés représenter des qualités différentes de bulbes vont faire l'objet d'échanges effrénés et voir leur prix donner naissance à une bulle spéculative opaque où l'on ne sait plus qui a pris des risques, et à quelle hauteur, avant l'effondrement final. Cela vous rappelle quelque chose ?

On pourrait aussi pointer la multiplication de produits financiers complexes accompagnée d'une explosion de crédit spéculatif, le tout finissant dans une bulle boursière, celle créée par John Law dans la France du XVIII⁰ siècle (*voir chapitre 2*). Ou encore la faillite de tel établissement financier américain en 1907 (*voir chapitre 3*), qui entraînera un mouvement de défiance dont les mécanismes préfigurent en tous points ceux des semaines qui ont suivi la chute de Lehman Brothers. Sans oublier bien sûr la crise de 1929 (*voir chapitre 4*), en s'intéressant moins aux conséquences sur l'économie réelle qu'aux dérapages financiers des années 1920 pour montrer qu'ils sont très proches de toutes les crises qui précèdent et, surtout, à la façon dont le président Roosevelt a utilisé toute son habileté politique pour mettre en place un ensemble de régulations qui assureront près de quarante ans de stabilité financière.

Le récit et le décryptage de ces crises du passé vont s'appuyer sur des travaux connus et moins connus d'économistes et spécialistes de la finance que l'on a essayé de traduire en langage accessible. Cependant, pour paraphraser un adage courant, les questions économiques et financières sont trop sérieuses pour être laissées aux mains des seuls spécialistes de l'économie et de la finance. Si, comme l'a montré l'économiste britannique John Maynard Keynes – et, on le verra, d'autres bien avant lui –, les dérapages de la finance sont aussi affaire de psychologie humaine, alors romanciers et cinéastes ont des choses à nous dire, d'autant plus que plusieurs d'entre eux n'ont pas hésité à se frotter directement au monde de la finance. Lorsque cela sera possible et opportun, nous n'hésiterons donc pas à les mobiliser.

Un schéma commun des crises

La relecture des différentes crises du passé se révèle encore plus pertinente lorsque l'on s'aperçoit qu'au-delà d'un simple air de famille elles semblent partager un schéma commun.

Certes, l'idée n'est pas nouvelle. Un économiste et historien américain y a déjà pensé, et brillamment : *Manias, Panics and Crashes. A History of Financial Crises* (traduit en français par *Histoire mondiale de la spéculation financière*) de Charles Kindleberger, paru en 1978, est, depuis longtemps, un classique du genre sur le sujet.

Un rapport du Conseil d'analyse économique (CAE) intitulé *Les Crises financières*, paru en 2004, en reprend les principaux raisonnements pour les compléter de manière très intéressante. Mais on peut essayer d'aller un peu plus loin.

D'abord, Kindleberger propose dans son livre un modèle des crises spéculatives sans entrer dans l'histoire précise de chacune d'elles. Ensuite, écrivant dans une période où il était de bon ton de penser que les crises financières avaient disparu et que s'il s'en produisait une il valait mieux ne rien faire, il essaie à tout prix de convaincre qu'une intervention publique est nécessaire. Or, après la quasi-mort clinique du système bancaire mondial ayant suivi la faillite de Lehman Brothers, tout le monde en est persuadé.

Surtout, Kindleberger a cherché à mettre en évidence des mécanismes purement économiques pour expliquer les crises financières. Un apport nécessaire mais insuffisant. Les histoires de dérapages de la finance que l'on va lire ici soulignent le rôle qu'ont joué dans la montée des bulles les inégalités sociales, les rapports de force politiques et les batailles idéologiques. Pour reprendre un vocabulaire qui n'a plus cours chez les économistes, c'est une économie politique des crises financières qu'il faut tenter de mettre au jour.

Enfin, le fait d'avoir vécu le dérapage des subprimes permet de relire et de présenter autrement les crises du passé. André Markowicz, le traducteur des grandes œuvres russes, en particulier celle de Dostoïevski, indique à la fin du *Joueur* que la durée de vie d'une traduction est d'une trentaine d'années. « Ce sont, chaque fois, des expériences qui s'ajoutent, des lectures parallèles qui permettent des approches différentes d'un texte apparemment invariable. » Comme les traductions des classiques, les crises financières anciennes peuvent être racontées différemment en fonction de l'époque où elles sont lues.

Quel schéma général des crises ressort alors de cette étude historique ? Sans dévoiler toute l'histoire (*voir chapitre 5*), on peut mentionner les sujets auxquels Kindleberger n'a pas porté d'attention particulière : une mauvaise gouvernance des risques dans les établissements financiers, une sous-estimation du rôle de la fraude, le rôle des inégalités, le poids de l'idéologie, l'importance des politiques de déréglementation, un aveuglement au désastre. Dans ce contexte, plusieurs enchaînements sont à l'œuvre : des innovations financières non surveillées sont la source d'une course aux profits portée par une forte expansion du crédit. Ceci a été bien vu par Kindleberger.

L'ensemble provoque une bulle et, lorsque le krach survient, seule une intervention des pouvoirs publics peut arrêter la catastrophe. La question n'est alors plus de savoir, comme chez Kindleberger, s'ils vont intervenir, mais de juger de la pertinence des interventions réalisées. Celles-ci se produisent à court terme (fourniture de liquidités, renflouement de capital) pour enrayer la crise et, à moyen terme, par la définition de nouvelles régulations.

Un tel schéma n'écrase pas toutes les singularités des crises financières, il permet au contraire de mieux situer chacune d'elles. En même temps qu'on le mettra en évidence, il sera facile de montrer combien la crise des subprimes s'y conforme sans avoir à la raconter une nouvelle fois, et qu'il en est en partie de même pour la crise des dettes publiques européennes qui a démarré en 2009.

Réguler la finance

La construction d'un schéma des crises fournit une référence à partir de laquelle on peut juger les multiples chantiers de régulation bancaire et financière ouverts par le G20 depuis sa réunion d'avril 2009 à Londres. La crise a-t-elle eu suffisamment d'effets néfastes sur la croissance, l'emploi et les finances publiques pour inciter nos dirigeants politiques à réguler la finance de manière efficace afin d'éviter ou, à tout le moins, de réduire la probabilité de ses dérapages ? Plusieurs décisions vont assurément dans le bon sens en posant les principes d'une régulation efficace des banques et des marchés financiers. Mais, d'une part, il y a loin entre des principes et la mise en œuvre concrète des politiques et, d'autre part, le schéma de régulation proposé par le G20 présente des failles importantes (*voir chapitre 6*).

L'histoire nous enseigne qu'aucune grande crise financière ne s'est traduite par une régulation forte et immédiate de ses acteurs. Il a fallu à chaque fois du temps et s'y reprendre à plusieurs fois.

Comprendre ce qui se joue dans les régulations négociées depuis 2009 est essentiel au jugement que l'on peut porter sur la qualité de la réponse de nos dirigeants politiques à l'une des plus grandes crises financières de l'histoire. Porter ce jugement n'est pas facile. Ne serait-ce que parce que les débats sur la mise en œuvre des régulations financières se poursuivent et que l'on n'aura pas une image fiable des nouvelles règles avant plusieurs années. De plus, les questions bancaires et financières appartiennent à un domaine très technique dont le vocabulaire, les concepts, les outils, les débats sont étrangers aux non-spécialistes. Les financiers contribuent à entretenir cette image de complexité : moins on comprend ce qu'ils font, plus ils sont libres d'agir. Mais, comme l'affirmait avec force Tommaso Padoa-Schioppa, un ancien ministre des Finances et banquier central italien, même en matière de finance « la complexité n'est jamais trop grande pour être ramenée à la simplicité […], il s'agit d'un principe démocratique et de responsabilité ». Passer par l'histoire est, aussi, un instrument pédagogique qui permet de se familiariser avec « ce mystère des opérations financières » évoqué par Zola. Il est temps d'en faire la première démonstration en plongeant dans la Hollande du XVIIe siècle.

1

La spéculation sur les tulipes entre vérité et légende

> « Moi, je suis la tulipe, une fleur de Hollande ;
> Et telle est ma beauté que l'avare Flamand
> Paye un des oignons plus cher qu'un diamant,
> Si mes fonds sont bien purs, si je suis droite et grande. »
>
> Honoré DE BALZAC, *Illusions perdues*, 1836

> « La tulipe fut importée en Europe occidentale à la fin du XVIᵉ siècle et fut rapidement l'objet d'un vaste engouement qui se transforma en folie collective emportant toute la Hollande dans le milieu de la décennie 1630. »
>
> Nicolas BAVEREZ, *Après le déluge.*
> *La Grande Crise de la mondialisation*, 2009

> « Quand la légende devient les faits, imprimez la légende. »
>
> John FORD, *L'Homme qui tua Liberty Valance*, 1962

À bien lire *Le Temps du monde*, troisième volume de la magistrale histoire économique de l'Europe du grand historien français Fernand Braudel, on comprend que la spéculation financière n'était pas absente des grandes villes (Venise, Anvers) qui dominent le continent à partir du XIVᵉ siècle. Un peu plus tard, les marchands génois du XVIᵉ siècle finissent même par se détacher de l'économie réelle pour développer leurs activités dans la finance afin de gérer au mieux l'abondance de leurs liquidités. Mais, en attendant des études plus poussées sur ces périodes reculées, la mère des folies spéculatives, celle que ne peut manquer de rencontrer tout économiste qui s'intéresse aux crises financières, se situe dans la Hollande du

XVIIᵉ siècle. Elle a d'autant plus facilement marqué les mémoires qu'elle a eu pour objet original de simples bulbes de tulipe !

Les archives des grandes villes des « Provinces-Unies », comme on disait à l'époque, attestent bien que les mois de décembre 1636 et janvier 1637 ont été marqués par une frénésie spéculative dont on verra que les instruments ne sont pas sans rappeler la période contemporaine.

Signalons d'emblée le problème auquel se heurte celui qui tente d'en retracer l'histoire près de quatre siècles plus tard. Les sources primaires les plus fiables sur lesquelles s'appuyer sont les documents conservés par les avoués qui ont enregistré la partie des transactions ayant bénéficié d'un cadre légal. Lire le flamand du XVIIᵉ siècle n'étant pas la qualité la plus répandue chez les économistes, nombreux sont les travaux qui s'appuient sur des sources de seconde main – malheureusement, souvent de piètre qualité.

On trouve d'abord tous les pamphlets écrits à l'époque pour fustiger le comportement des spéculateurs. Ces documents ont une très nette tendance à exagérer les phénomènes décrits et leurs conséquences ; aussi leurs contenus doivent-ils être utilisés avec prudence. Un comportement dont le journaliste écossais Charles Mackay n'a pas fait preuve. Son livre *Memoirs of Extraordinary Popular Delusions and the Madness of Crowds* (*Études sur d'extraordinaires illusions populaires et sur la folie des foules*), paru en 1841, a longtemps fait référence, avant que l'on ne s'aperçoive que la majorité des anecdotes qu'il y raconte sur l'épisode des tulipes, comme celle du marin avalant un bulbe hors de prix en le prenant pour un oignon, étaient largement sujettes à caution.

Plus grave pour les économistes, le recours aux travaux du professeur hollandais Nicolas Wilhelmus Posthumus. Celui-ci a pris soin de ne pas se contenter d'un travail de seconde main : il est allé fouiller dans les archives, ce qui a donné lieu à la publication de longs articles en flamand en 1926 et 1927 (une troisième partie étant publiée en 1934), dont le *Journal of Economic and Business History* a donné une version anglaise dès mai 1929 [1]. Les rares travaux économiques effectués depuis sur cette crise, comme celui publié en 2000 par l'économiste américain Peter Garber, se sont alors tous peu ou prou appuyés sur les statistiques de prix extraites par Posthumus. Le problème, révélé seulement en 2007 par la publication de la magnifique étude de l'historienne américaine Anne Goldgar sur cette période, tient à ce que non seulement les transcriptions de documents réalisées par Posthumus ou ses assistants apparaissent truffées d'erreurs et incomplètes mais, surtout, qu'une bonne partie de ses données sont tout simplement fausses, un « 175 » devenant un « 125 », un « 400 » se transformant en « 4 000 », etc. ! Anne Goldgar, qui a confronté tous les documents mentionnés par Posthumus aux originaux, conseille fortement à tous ceux qui souhaiteront travailler sur le sujet de s'appuyer sur les documents d'origine [2].

Toutes ces fausses pistes ont malheureusement laissé des traces. Sur la connaissance de la nature des événements eux-mêmes et plus encore sur l'analyse de leurs conséquences. Car, contrairement à ce que l'on peut lire régulièrement, cette crise semble avoir eu des effets limités pour ne pas dire nuls sur ce qui fut qualifié de Siècle d'Or pour la Hollande. L'étroitesse des milieux concernés par la spéculation et la mollesse avec laquelle les autorités politiques se sont finalement décidées à intervenir pour solder la crise conduisent à penser que ses conséquences économiques sont restées très restreintes. Braudel, qui consacre de longues pages à Amsterdam et évoque un nombre important de petites crises oubliées depuis longtemps, n'a pas une ligne sur l'événement.

Mais les légendes ont la vie dure, à l'image de la citation de Nicolas Baverez qui ouvre ce chapitre. Il faut dire que le Français est en bonne compagnie : même le grand économiste américain John Kenneth Galbraith, dans sa *Brève histoire de l'euphorie financière*, affirme que la crise provoqua « une très sérieuse récession », sans citer d'autre source que le fameux Mackay...

C'est donc en gardant à l'esprit cette incertitude sur la qualité des sources que l'on peut essayer de s'appuyer sur celles qui paraissent les plus fiables pour raconter comment de riches marchands hollandais en sont venus à s'engager dans une frénésie de spéculation sur des oignons de tulipe.

Aux enchères d'Alkmaar

Impossible de s'intéresser à la tulipomania hollandaise sans croiser Wouter Bartholomeusz Winkel. La vie n'a pas été tendre avec lui : il meurt en 1636 alors qu'il n'a pas quarante ans, après avoir perdu sa femme de nombreuses années plus tôt et élevé seul ses sept enfants. L'histoire a été plus généreuse car, plus de trois siècles et demi plus tard, le contenu de son jardin continue de susciter la curiosité ! Sa mort et son histoire ont même fait l'objet d'un roman policier assez passionnant de l'auteure hollandaise Daniëlle Hermans paru en 2008.

Tenancier d'auberge dans la ville d'Alkmaar, Winkel a la bonne idée de s'intéresser aux tulipes avant la hausse des prix des bulbes qui démarre à la fin 1634 et progresse durant l'année 1635. Il devient ainsi un *bloemisten*, un fleuriste, ce qui dans le langage de l'époque signifie un acheteur et vendeur de fleurs, en particulier les plus prisées, les tulipes. À l'époque, toute grande ville de Hollande compte un orphelinat – l'espérance de vie des parents n'est pas très élevée, surtout en temps de peste – et celui d'Alkmaar voit arriver les enfants Winkel à l'été 1636, juste après la mort de leur père. Et, avec eux, un état des lieux de son jardin : environ soixante-dix oignons de tulipe, d'une quarantaine de variétés différentes, certaines parmi les plus rares et d'autres plus communes.

On ignore si les dirigeants de l'orphelinat ont subi des lenteurs administratives ou s'ils ont délibérément spéculé sur la hausse des prix des bulbes compte tenu du fait qu'ils avaient le droit à 10 % de l'héritage. Quoi qu'il en soit, ils n'autorisent la vente des tulipes qu'en décembre et les enchères se tiennent le 5 février 1637. Selon l'historien Mike Dash, un acheteur visiblement très riche et bien introduit réussit à mettre la main sur les plus belles pièces avant l'ouverture de la vente, dépensant au total plus de 21 000 guilders, l'équivalent du prix de deux grandes maisons dans le quartier le plus huppé d'Amsterdam, dont 5 200 guilders pour un seul bulbe d'une *Admirael van Enckhuisen*, très recherchée [3]. Au total, la vente des tulipes des enfants Winkel rapportera la somme extraordinaire de 90 000 guilders (l'équivalent d'un peu plus de 920 000 euros d'aujourd'hui), faisant d'eux de riches orphelins.

Les contemporains de la vente d'Alkmaar ont tout à fait conscience de son caractère exceptionnel. Très peu de temps après, une *Liste des quelques tulipes vendues aux plus hauts enchérisseurs le 5 février 1637* est publiée pour illustrer la folie qui a gagné les acheteurs et dénoncer la spéculation en cours. Mais personne ne sait à ce moment-là que ces premiers jours de février sont les derniers d'une bulle spéculative d'environ deux ans qui vient juste de s'achever par deux mois de totale frénésie. La famille Winkel en a sûrement été l'un des plus grands bénéficiaires : Wouter Winkel a acheté les bulbes au plus bas, l'orphelinat les a revendus au plus haut. Comment la Hollande protestante du XVIIe siècle a-t-elle pu connaître un tel moment de folie ?

Une spéculation de riches

Les bulles spéculatives sont rarement le fait des pauvres. La Hollande du XVIIe siècle est au sommet de sa gloire. Amsterdam est alors la première puissance maritime, militaire et commerciale mondiale ; elle est, selon Fernand Braudel, le cœur de l'économie-monde. Son rôle, nous dit l'historien, est de « réunir, stocker, vendre, revendre les marchandises de l'univers ». Sa puissance rayonne dans les Provinces-Unies et au-delà, et ses marchands sont riches. « En 1631, écrit Mike Dash, près des cinq sixièmes des trois cents personnages les plus riches d'Amsterdam étaient dans le commerce [...] les plus prospères des marchands hollandais étaient, selon les critères du temps, incroyablement riches [4]. »

Comme tous les riches, ceux-ci cherchent à faire fructifier leur argent. En plus de vendre des biens, les négociants hollandais vont devenir marchands de crédit pour l'ensemble de l'Europe. Comme ceux de Gênes deux siècles plus tôt, ils finiront même au siècle suivant par oublier le commerce pour se consacrer exclusivement à la finance.

Leur puissance économique et financière leur donne bien entendu du pouvoir politique. Contrairement à leurs voisins européens qui vivent sous l'autorité des rois, les Provinces-Unies du XVIIe siècle forment une République, dirigée par le *Stadhouder* – un prince de la famille d'Orange-Nassau depuis la fin du XVIe siècle – nommé par les représentants des provinces regroupés au sein des États-Généraux, l'équivalent du Parlement. Chaque province dispose de sa propre administration, mais le véritable pouvoir se trouve en dessous, chez les régents qui dirigent les villes. Braudel souligne qu'ils « tiennent à la fois les villes, les provinces, les États-Généraux, le Conseil d'État, la Compagnie des Indes orientales[5] », la fameuse VOC (Vereenigde Oostindische Compagnie), une multinationale puissante créée en 1602 qui domine le commerce mondial. Toutes les décisions législatives, au niveau fédéral ou national, viennent en discussion chez les régents.

Ces derniers forment une élite politique à part, au-dessus de la bourgeoisie d'affaires : issus de l'Église réformée et du nord du pays, ils ne laissent pas de place à ceux qui viennent du sud, poussés par la guerre d'indépendance avec l'Espagne, en particulier les riches marchands mennonites, la branche protestante la plus importante en Hollande après l'Église calviniste. Mais, si le pouvoir politique n'est pas partagé, les liens sont forts entre élites politiques et économiques. Les régents forment avec les riches marchands une véritable oligarchie politico-financière. Ils disposent d'un pouvoir pratiquement illimité en matière de fisc, de justice et d'organisation de l'activité économique. Un pouvoir qu'ils mettent au service des intérêts marchands, qui « commandent, submergent tout », analyse Braudel. « Le commerce est absolument libre, on ne prescrit absolument rien aux marchands, ils n'ont d'autres règles à suivre que celle de leurs intérêts[6]. »

Pendant quelques années, ces marchands pensent que leurs intérêts passent par le commerce de tulipes. Celui-ci est dès le début réservé à une certaine élite qui cultive les fleurs par esthétisme et goût du luxe. Depuis son arrivée en Europe au siècle précédent grâce aux Turcs qui l'ont ramenée d'Asie, la tulipe marque l'opulence et la cour de Louis XIII en a fait un *must* des gens fortunés. Elle représente la richesse, un certain esprit cosmopolite, c'est la dépense qui signale que l'on est au-dessus du reste de la société.

Les riches marchands d'Amsterdam, de Haarlem, de Delft ou d'Enkhuizen ne pouvaient passer à côté. Leur fortune les place de fait dans une société à part, dans un pays marqué par de profondes inégalités sociales. Ils ont obtenu que le système des impôts épargne le capital. Les impôts indirects sont les plus importants, tant au niveau des villes que des provinces. Les richesses sont inégalement réparties et le Hollandais moyen a peu de revenu, peu d'épargne et rien pour spéculer.

Les échanges de bulbes de tulipe n'ont d'abord concerné que quelques riches amateurs éclairés au capital culturel suffisant pour connaître le sujet. Les recherches d'Anne Goldgar montrent qu'il est difficile ensuite de faire la différence entre ces esthètes et ceux qui transformeront les bulbes en produits de spéculation. La tulipomania sera le fait d'un réseau restreint de grosses fortunes urbaines, de quelques artisans qualifiés, avocats, chirurgiens, docteurs, notaires, dont les protagonistes se recrutent au sein de réseaux familiaux et religieux (les mennonites semblent y avoir pris une place prépondérante).

Les plus riches vont d'autant plus volontiers se laisser tenter que la période est à l'abondance de liquidités. L'économiste Doug French, qui a reconstitué les statistiques de masse monétaire de l'époque, montre que celle-ci a été marquée par une explosion de la quantité de monnaie en circulation, bref par un crédit abondant. « Les capitaux, nous dit Braudel, ne trouvent plus à s'employer sur place par les chemins ordinaires. L'argent libre surabondant à Amsterdam, son loyer tombe à 3 %, à 2 %[7]. » Ajoutons un goût certain du risque qu'illustre le commerce au long cours et, selon Anne Goldgar, la manie de parier sur tout et n'importe quoi, une caractéristique clé de la culture hollandaise de l'époque dont elle donne maints exemples.

Des riches détachés de par leur fortune du reste de la société, un pouvoir politique qui les laisse libre de faire ce que bon leur semble, le plaisir du pari et une abondance de crédit bon marché : tous les ingrédients d'une bulle spéculative sont là.

Le « commerce du vent »

Jusqu'en 1634, le marché des tulipes est resté stable. Les horticulteurs vendent directement les bulbes à leurs clients. C'est un marché de produits de luxe qui se rapproche un peu du marché de l'art. On choisit un artiste, un horticulteur qui sait faire les bonnes greffes pour donner naissance à de nouvelles couleurs (les possibilités sont quasi infinies), qui, plus que sa forme, font la valeur de la fleur. On passe commande à partir de l'automne, quand les bulbes sont plantés, et on paie à partir de l'été, quand les fleurs sortent et que le client peut vérifier que ce qu'il achète correspond à sa commande. En 1635 et 1636, le marché connaît plusieurs innovations, bien résumées dans le livre de Mike Dash, qui vont entraîner en quelques mois le développement d'un mouvement spéculatif qui s'achèvera par une flambée des prix rapide et violente.

L'engouement croissant pour les tulipes a suscité des vocations : à l'image de Wouter Winkel, de nouveaux intermédiaires, les « fleuristes », ont pris place entre les horticulteurs et les clients. En contact avec de nombreux horticulteurs, ils pouvaient offrir une variété plus grande de fleurs : en termes de qualité, pour les connaisseurs les plus riches, et en termes de quantité pour les professions intermédiaires moins fortunées mais désireuses de s'associer à ce symbole d'opulence. Or le fait d'acheter et de vendre les fleurs uniquement lorsqu'elles sortent de terre limitait le marché aux mois d'été, entre juin et septembre. De plus, entre le moment où un bulbe est planté à l'automne et celui où il fleurit, la nature a fait son travail, le bulbe a grossi et a pu donner un surgeon. L'horticulteur ou le fleuriste vendent ainsi une marchandise qui a pris de la valeur sans pouvoir en bénéficier.

Deux innovations sont intervenues en 1635 pour remédier à ces situations. La première est destinée à obtenir une meilleure « vérité des prix » : les bulbes seront désormais payés non plus à l'unité mais au poids. La seconde vise à élargir le marché en donnant la possibilité d'acheter et de vendre des bulbes encore en terre. Des « billets à effet » furent introduits, sur lesquels étaient inscrits les caractéristiques du bulbe et son prix, fixé à l'avance entre les deux parties, en attendant que le contrat se dénoue à l'été suivant. Acheter aujourd'hui un produit à un prix fixé à l'avance pour une livraison à venir, c'est ce que les économistes nomment un « marché à terme » et le « billet à effet » s'appelle aujourd'hui une option, l'un de ces fameux « produits dérivés » que la finance contemporaine est bien loin d'avoir inventés.

Le marché des tulipes a alors rapidement changé de visage : d'un marché de produits physiques, les bulbes, ouvert quelques mois, il est devenu un marché financier, ouvert toute l'année, où s'échangeaient les billets à effet. L'engouement pour le commerce de tulipes s'en est trouvé accru et les prix ont commencé à grimper. Les premiers billets ont été établis entre horticulteurs et fleuristes dans une transaction où chaque partie connaissait les fleurs concernées. Puis un marché secondaire des billets s'est développé entre fleuristes et avec certains clients, chacun s'échangeant des morceaux de papier dont le prix montait en même temps que celui des bulbes. Bientôt, tout le monde s'est moqué de savoir ce qu'était vraiment la fleur concernée, où elle avait été plantée et par qui, pour se concentrer sur le marché des billets qui pouvaient changer de mains jusqu'à dix fois par jour, les prix montant à chaque échange. Les Hollandais ont baptisé ce genre de transactions « *windhandel* », le « commerce du vent »...

Acheter et vendre « à découvert », c'est-à-dire uniquement des promesses de vente et d'achat de produits que l'on ne possède pas, était une pratique connue en Hollande. Elle était utilisée sur les marchés du blé, des épices ou du hareng. La spéculation par vente à découvert des « actions » de la fameuse VOC, la Compagnie des Indes orientales, avait même fait l'objet d'un procès retentissant au début du XVIIe siècle, celui d'Isaac Le Maire, l'un des actionnaires de la société dont les manipulations de cours, y compris par la propagation de fausses rumeurs, ont été retracées par le chercheur Johannes G. van Dillen. Ce dernier explique ainsi comment les autres actionnaires ont joué de leur pouvoir politique pour obtenir en février 1610 une interdiction des ventes à découvert. Selon Mike Dash, cette loi d'interdiction a été réitérée plusieurs fois au fil des ans, y compris en 1636[8]. Visiblement sans aucun impact sur les pratiques concernées et sans que le pouvoir politique, trop proche des spéculateurs, ne tente même de la faire respecter.

En fait, la seule contrainte importante induite par ces lois résultait du fait qu'elles stipulaient que les litiges sur les contrats de vente à découvert ne pourraient être réglés par les tribunaux et que les contractants devraient s'en débrouiller en cas de problème. D'où le développement du commerce des billets à effet en dehors de tout marché organisé, dans le cadre de transactions de gré à gré entre acheteurs et vendeurs. Pour se protéger, certains enregistraient leurs transactions devant notaire. Mais le marché s'est surtout développé dans le cadre de « collèges », des ventes aux enchères formelles et informelles organisées dans des tavernes – dont on peut trouver une représentation dans le roman d'Olivier Bleys *Semper Augustus*[9].

On ne connaît pas précisément la façon dont fonctionnait le marché des billets. Quelle part de la transaction fallait-il déposer comme acompte pour acheter un billet ? On sait néanmoins qu'un dépôt initial était requis puisque l'on a la trace de dépôts réalisés en nature (outils, biens mobiliers, peintures, etc.). Quel rôle a joué le crédit dans le développement du marché ? Une partie des liquidités disponibles a sûrement contribué à nourrir ce marché mais *a priori* pas au point de mettre en danger des intermédiaires financiers après son retournement.

Quoi qu'il en soit, les prix des tulipes ont fini par atteindre des montants astronomiques, avec des progressions gigantesques au cours des deux derniers mois de folie, avec des multiplications par dix ou par douze pour certaines variétés. Les 5 200 guilders pour un seul bulbe lors de la vente aux enchères Winkel représentaient déjà une dépense incroyablement élevée. Aucune peinture de l'époque, par exemple, n'était estimée à ce niveau de prix. Mais le sommet de la spéculation a été atteint pour un type de fleur dont le nom est resté dans l'histoire, la célèbre *Semper Augustus*, de la famille des *Rosen*, des tulipes aux pétales blanc et rose. Moins d'une douzaine de bulbes de cette variété furent répertoriés, indique Mike Dash, qui fournit une description de la fleur qui mérite d'être citée :

« Tous ceux qui la virent convinrent de son exceptionnelle beauté. Sa tige élancée portait la fleur bien au-dessus des feuilles et permettait donc d'en admirer les couleurs. D'un bleu uni à la jonction avec la tige, la corolle devenait rapidement d'un blanc pur. Puis de fines flammes rouge sang jaillissaient au centre des six pétales, colorant les bords de touches éparses [10]. »

De 5 200 guilders en 1636, le prix d'un seul bulbe de *Semper Augustus* passa à 10 000 guilders en janvier 1637 au plus fort de la spéculation, soit l'équivalent de 102 000 euros aujourd'hui !

Il est vrai que la grande rareté de cette fleur justifiait que, dans le cadre d'un marché porteur, son prix soit bien plus élevé que celui des autres fleurs. Mais on a du mal à le considérer comme normal, c'est-à-dire comme reflétant uniquement l'état de rareté de la fleur, comme le fait l'économiste américain Peter Garber dans son étude de la crise, tout préoccupé qu'il est de démontrer que les marchés sont parfaits et que les bulles spéculatives n'existent pas. Car le niveau de prix atteint n'avait plus la moindre signification économique et sociale. Mike Dash rappelle ainsi qu'avec 3 000 guilders on pouvait à l'époque acheter à la fois huit porcs gras, quatre veaux gras, douze moutons engraissés, vingt-quatre tonnes de blé, quarante-huit tonnes d'orge, deux barriques de vin, quatre barils de bière, deux tonnes de beurre, mille livres de fromage, une timbale d'argent, un lot d'habits, un lit avec matelas et literie et un bateau en prime ! La course à l'innovation battait alors son plein pour tenter de créer des fleurs aux couleurs rares, ce qui donna par exemple lieu à des promesses de récompense pour celui qui pourrait produire une tulipe noire, dont le prix aurait sans doute pu dépasser celui de la *Semper Augustus*. Un épisode sur lequel s'appuiera Alexandre Dumas pour écrire son roman éponyme.

Un dernier instrument original vient soutenir la spéculation des dernières semaines, au moment où certains intervenants sur le marché commencent à douter que les arbres monteront jusqu'au ciel. Mike Dash explique qu'à la fin décembre 1636 un horticulteur ne réalise sa vente de 7 000 guilders qu'en offrant à son client une assurance contre le risque de baisse des prix : si ceux-ci diminuent avant l'été 1637, la vente sera annulée et le client s'en sortira en payant un dédommagement équivalent à 10 % de la facture, le prix de l'assurance [11]. Anne Goldgar raconte que le 1er février 1637, quelques jours avant le krach, Pieter Wynants, un riche marchand de Haarlem, a réuni sa famille et quelques amis à dîner. L'un de ses cousins tente vainement de convaincre Geertruyt Schoudt, une riche veuve, de lui acheter un lot de tulipes. Celle-ci finit par accepter la transaction lorsqu'un autre invité, le teinturier Jacob de Block, lui offre de garantir le prix des tulipes pendant huit jours [12]. Il semble donc bien que l'existence de produits d'assurance permettant à ceux qui achetaient les tulipes de ne pas perdre d'argent en cas de retournement du marché ait contribué à soutenir les transactions pendant les dernières semaines avant le krach.

Un krach qui n'affole pas les autorités publiques

Car krach il y a bien eu. Il est impossible de savoir pourquoi à tel moment précis la confiance disparaît, mais c'est bien ce qui s'est produit le mardi 3 février 1637. Alors qu'un collège de fleuristes se réunit dans une taverne de Haarlem, les bulbes proposés ne trouvent pas preneurs. Après une proposition de baisse des prix de 20 %, les bulbes n'ont toujours pas changé de mains. Il n'a fallu *a priori* que quelques heures pour que la nouvelle se répande à Haarlem et de quelques jours à quelques semaines dans les autres villes. Les prix se sont effondrés en très peu de temps, les rares transactions réalisées se produisant avec une décote de 95 % à 99 % ! Le marché des bulbes de tulipe venait tout simplement de disparaître.

La question fut alors de savoir qui allait faire les frais du retournement des prix. Les horticulteurs qui avaient vendu leurs bulbes à terme ? Les fleuristes qui avaient acheté et revendu les billets à effet et n'avaient plus que du papier sans valeur ? Comme le souligne Mike Dash, « dans plusieurs cas, les droits de propriété s'étaient égarés dans les longues et filandreuses successions de ventes et de contrats qui avaient caractérisé la tulipomanie. S'il n'y avait qu'un seul fleuriste qui se révélait incapable d'honorer ses engagements, toute la chaîne des autres s'écroulerait et les horticulteurs qui attendaient à l'autre bout de recevoir leur solde, à l'échéance de juin, n'auraient plus alors la moindre chance de rentrer dans leurs fonds [13] ». Plus d'un fleuriste se révéla alors incapable de respecter ses contrats. Sans oublier les cas de fraude qui semblent avoir accompagné la spéculation. Et ceux qui avaient promis de payer en cas de baisse des prix ? On sait que notre Jacob de Block ne tint jamais la promesse qu'il avait faite deux jours avant le début du krach…

Comme dans toute crise spéculative, la puissance publique a dû intervenir pour régler les conséquences de l'éclatement de la bulle. L'intervention n'a cependant pas été financière : aucun des auteurs ayant travaillé sur le sujet ne signale un quelconque soutien financier public à quelque type d'acteur que ce soit. Il faut dire que les effets économiques de la crise semblent avoir été plus que limités. Anne Goldgar précise que les archives sur les faillites sont de mauvaise qualité et sûrement incomplètes, mais rien de ce qui nous est parvenu ne montre un enchaînement de non-remboursements qui aurait pu mettre à mal la survie d'acteurs économiques importants. Elle a même plutôt trouvé des documents montrant que plusieurs riches marchands avaient absorbé la crise sans difficulté. Il est vrai que tous ceux qui s'étaient engagés dans le métier de fleuriste ont obtenu des décisions politiques largement favorables.

Le 23 février 1637 eut lieu une grande réunion nationale des horticulteurs. Ils décidèrent collégialement que les transactions réalisées avant la dernière mise en terre de l'automne précédent seraient valides et que les ventes conclues après le 30 novembre 1636 pourraient être annulées contre un dédommagement de 10 % du prix fixé au moment de la transaction (pas du prix final). Fleuristes, marchands et clients ne l'entendaient pas de cette oreille ; ils ne voulaient rien payer du tout.

La question fut donc renvoyée aux autorités politiques locales, les régents. Qui s'empressèrent de se défausser en la transmettant aux États-Généraux, l'Assemblée nationale, au cours du mois d'avril. Celle-ci, ne sachant pas trop comment trancher, transmit le dossier à la plus haute juridiction, la Cour de Hollande, qui, le 25 avril, décida… de ne rien décider car il lui fallait plus d'informations sur la façon dont les contrats avaient été signés. Les États-Généraux suggérèrent de renvoyer les disputes devant les magistrats des villes qui devaient tout faire pour trouver des terrains d'entente entre les parties prenantes. En attendant, les transactions étaient suspendues. La résolution à l'amiable des conflits sous l'autorité des tribunaux des villes étant loin de régler tous les problèmes, les villes de Haarlem, Alkmaar (et sûrement d'autres) décidèrent en janvier 1638, près d'un an après le retournement du marché, de créer une commission d'arbitrage spéciale pour résoudre définitivement les litiges. Les jugements proposés étaient gratuits mais n'avaient pas force de loi et les conflits continuèrent jusqu'à ce que les régents de Haarlem décident, en mai 1638, que les contrats pourraient être annulés moyennant une compensation équivalente à 3,5 % de la transaction. On trouve trace de règlements de contentieux jusqu'à la fin 1638, soit pratiquement deux ans après la bulle. Avec une réduction de 96,5 % de leurs dettes, les spéculateurs s'en sont bien sortis !

L'absence de soutien financier public et la lenteur avec laquelle une solution a été trouvée confirment bien que la dimension économique de la crise est restée peu importante, aussi bien sur le plan individuel que pour la Hollande dans son ensemble. À la fin de son étude, Anne Goldgar pose une question intéressante : pourquoi cette spéculation a-t-elle tant marqué les esprits de l'époque et au-delà, au point de souvent revenir dans les débats hollandais et de figurer dans la vitrine des grandes crises de l'histoire ? Elle nous propose alors deux réponses.

Une crise de société

Dans une société qui tirait sa fortune du commerce, les liens de confiance et le respect des contrats constituaient l'un des piliers de l'ordre social. Or la crise des tulipes a montré qu'un nombre important d'individus étaient prêts à s'engager dans des transactions informelles dont la solidité ne tenait que tant que chacun y trouvait un profit personnel. Le nombre important de contrats rompus et les faibles conséquences financières supportées par ceux qui choisissaient cette voie soulignent combien les valeurs de confiance, de réputation et de devoir du respect des contrats étaient finalement fragiles devant l'appât du gain. Dès avant le retournement du marché, certains auteurs avaient dénoncé la course au profit du commerce des fleurs et la cupidité des fleuristes ainsi que leur incapacité à juger de la vraie valeur des choses.

La société hollandaise fut également choquée par le fait que certains de ses membres aient manifestement voulu sauter les étapes de l'ascension sociale en s'enrichissant non par le travail ou le commerce mais par la spéculation. De nombreux pamphlets jugeaient inconvenant que des fleuristes qui se déplaçaient hier dans les « wagons à merde » caracolent sur des « montures de chevaliers » ou encore que l'on puisse désormais les voir en habits de luxe et que leurs tables soient riches de nourriture et de boissons raffinées, explique Anne Goldgar. De là viennent sûrement les exagérations que l'on trouve dans les pamphlets de l'époque sur le fait que les tisserands et autres artisans vendaient tout leur matériel pour investir dans le commerce de fleurs. En réalité, cela traduit le sentiment de l'époque selon lequel, tel Monsieur Jourdain voulant s'habiller, danser et rimer comme un noble, une bourgeoisie d'affaires en plein essor singeait les comportements des aristocrates, notamment en s'intéressant de près à ces tulipes qui symbolisaient l'abondance matérielle, l'esthétisme artistique et la maîtrise d'un véritable capital culturel.

La littérature pamphlétaire de l'époque a voulu marquer le public en dénonçant avec force la cupidité de certains de ses contemporains. La peinture s'est aussi mise de la partie avec la *Satire de la tulipomanie* de Jan Bruegel le Jeune, peinte vers 1640, représentant les fleuristes comme une assemblée de macaques fous. Pendant que, dans la partie gauche du tableau, des singes banquettent ou vendent des tulipes, la partie centrale montre un singe jaune écrivant un billet à effet, un autre pesant ses bulbes et d'autres en train de compter les sacs d'or accumulés. Le tableau se termine à droite avec un singe spéculateur qui semble être arrêté, un autre urinant sur ses tulipes qui ne valent plus rien tandis que, à l'arrière-plan, un spéculateur mort est enterré [14] !

La folie spéculative des tulipes a laissé des traces. Moins d'un siècle plus tard, en 1720, si de nombreux investisseurs hollandais participeront à ce qui a souvent été qualifié de première bulle boursière de l'histoire, ils en sortiront *a priori* moins meurtris que d'autres.

2

John Law,
un aventurier aux Finances

> « Un billet de banque ! Ça mais, j'en avais encore jamais vu ! »
>
> Bertrand TAVERNIER, *Que la fête commence*, 1975

> « Est-ce une réalité ? Est-ce une chimère ? La moitié de la nation a-t-elle trouvé la pierre philosophale dans les moulins à papier ? Lass est-il un dieu, un fripon, ou un charlatan qui s'empoisonne de la drogue qu'il distribue à tout le monde ? Se contente-t-on de richesses imaginaires ? »
>
> VOLTAIRE, Lettre à Nicolas de la Faluère, juillet 1719

Dans sa monumentale *Histoire de l'analyse économique* parue en 1954, l'économiste autrichien Joseph A. Schumpeter, qui n'avait pourtant pas le compliment facile, écrit qu'« il élabora l'économie politique de ses projets avec un brio et, disons-le, une profondeur qui le placent au premier rang des théoriciens de la monnaie de tous les temps ». Marx, au contraire, a surtout retenu de lui qu'il « associait plaisamment le personnage de l'escroc et du prophète » !

À travers les siècles et jusqu'à aujourd'hui, John Law de Lauriston (1671-1729) a ainsi suscité admiration et rejet. La première est née de sa compréhension intime des mécanismes de la création monétaire et des liens entre monnaie, dette et croissance. Mais, alors qu'il a eu la chance de pouvoir mettre ses idées en pratique dans le royaume de France du début du XVIIIe siècle, Law s'est discrédité en bâtissant une vaste entreprise de spéculation au service des puissants. Devenant par la même occasion, selon les termes de l'historien Niall Ferguson, l'« homme qui inventa la bulle boursière ».

Contrairement à l'épisode des tulipes hollandaises, les sources ne manquent pas qui ont traité du vaste « système de Law » et de sa déliquescence. Ses contemporains ont beaucoup écrit sur lui et ses réformes, les économistes et les historiens lui ont consacré moult travaux, des romans et des films le mettent en scène. On est donc plutôt confronté à une multitude d'informations et à une avalanche de détails sur sa vie et ses aventures dans la finance. À tel point que la quête effrénée des informations au sujet de Law peut rendre fou : le professeur américain Earl J. Hamilton a passé tellement de temps, plus de cinquante ans de sa vie, à traquer toutes les sources possibles qu'à part deux petits articles il en a oublié d'écrire sur ce sujet qu'il connaissait sûrement le mieux au monde[1] ! Et, pourtant, des parts d'ombre subsistent. De plus, chaque auteur a tendance à présenter les aventures de Law selon qu'il partage le sentiment de Schumpeter ou celui de Marx. Nous nous contenterons ici de tenter de démêler les fils complexes qui ont amené la France du début du XVIIIe siècle en plein dérapage financier.

Duel, tables de jeu et autres aventures

John Law est né en avril 1671 à Édimbourg. Il est le fils d'un orfèvre, ce qui, à l'époque, signifie un fabricant d'objets d'ornement et de table, mais aussi un commerçant en métaux précieux et un banquier. Nombre de marchands déposaient leurs espèces chez les orfèvres : ceux-ci donnaient en échange des billets qui servaient de moyens de paiement, en même temps qu'ils utilisaient les dépôts pour faire crédit. À sa mort, le père de John Law détenait de nombreuses créances sur une belle liste de nobles écossais.

John a été formé à tous les aspects du métier d'orfèvre. On sait peu de choses de sa jeunesse sauf qu'il semblait montrer certaines facilités pour les mathématiques et pour le tennis (un jeu de paume avec raquette), qu'il était beau, et qu'il est rapidement devenu un galant. On perd la trace de son adolescence et de ses premiers pas dans la vie pour le retrouver à vingt-trois ans dans les rues de Londres. D'après Antoin E. Murphy, qui a sans conteste écrit le meilleur ouvrage sur Law ainsi qu'un article de synthèse paru fin 2010 dans la revue *L'Économie politique* et demeure la source principale sur le sujet, « il était plus connu en ville pour ses intrigues amoureuses et sa passion du jeu que pour des connaissances bancaires »...

Le 6 avril 1694, il croise le fer à Bloomsbury Square avec Edward Beau Wilson qu'il tue en duel. Les raisons en restent obscures : une histoire de femme mêlée de politique ou bien, selon Murphy, l'utilisation de Law comme « tueur à gages » pour se débarrasser de Wilson dont la liaison homosexuelle avec un lord influent devenait gênante [2]. La loi britannique est alors très claire : les duels sont interdits. Si deux hommes en viennent, sous le coup de la colère, à se battre et que l'un tue l'autre, il est accusé d'homicide involontaire. Mais si le duel est prémédité, il est inculpé de meurtre. Bien que Law ait plaidé la non-préméditation, les jurés le condamnent à la peine de mort. John Law est déjà très apprécié des puissants – on n'en connaît pas la raison –, et le roi William III d'Angleterre lui sauve la mise. Il commue sa peine en emprisonnement. Puis, il organise... son évasion ! Les raisons en sont toujours restées obscures, peut-être liées au service qu'il aurait rendu en tuant Wilson, mais Law n'a jamais voulu s'expliquer sur le sujet.

En janvier 1695, il quitte donc sa prison et l'Angleterre par la même occasion. Il s'embarque pour la Hollande où il profite de son séjour pour pénétrer les milieux bancaires. Dix années vont passer sur lesquelles on sait peu de choses. Law voyage beaucoup ; hormis Amsterdam et La Haye, on le croise à Bruxelles, Paris, Gênes, Turin, Venise, etc. Peut-être est-il de temps à autre contraint de changer de domicile pour éviter les conséquences de ce qui semble avoir été alors son activité principale, le jeu. Law aurait développé quelques raisonnements probabilistes lui permettant de remplir avec profit le rôle de bookmaker, de preneur de paris, contre lequel les autres joueurs misent, en particulier au pharaon, un jeu de cartes très couru à l'époque. Dans une reconstitution historique diffusée en *prime time* par FR3 en septembre 1978, on voit ainsi un John Law (joué par Georges Claisse) expliquer à un partenaire agacé de perdre systématiquement sa partie de dés que « le jeu est une science » ! Selon l'historien et homme politique français Adolphe Thiers, « il taillait le pharaon chez la Duclos, célèbre courtisane de ce temps, et n'entrait jamais au jeu avec moins de 100 000 livres. Pour arriver à compter plus vite, il avait fait fabriquer des jetons en or de dix-huit louis [3] ».

Law profite à l'évidence de ses voyages pour étudier également les questions monétaires et bancaires, car ses premiers écrits sur ces questions remonteraient à 1703-1704. Il fera souvent référence aux situations qu'il a étudiées à Amsterdam, à Gênes, en Angleterre, en Écosse, etc., pour convaincre ses interlocuteurs du bien-fondé de ses analyses. Il en tire d'ailleurs un certain orgueil personnel qui lui fait souvent considérer les ministres ou les marchands avec condescendance, et affirmer que « c'est par une longue application et un peu de génie pour ces affaires, que le sieur Law peut distinguer le vrai d'avec le faux [4] » ! Sa réflexion se nourrit également de la pratique car, en plus du jeu, il accroît sa fortune par la spéculation sur les obligations d'État et sur le marché des changes.

Ajoutons que le « beau Law », comme on le surnommait à Londres, continue de jouer les bourreaux des cœurs : à Paris, il devient l'amant d'une femme mariée qui finit par tout quitter pour le suivre en Italie. La biographie romanesque de Cendrine de Porthal consacrée à John Law, assez hagiographique mais fondée sur des documents historiques, décrit une femme acariâtre qui n'a jamais compris le génie de son mari. Et qui passera une partie de sa vie, avec les deux enfants qu'elle a eus de lui, à essayer de le rejoindre dans telle ou telle partie d'Europe où il s'est installé sans elle...

Joueur, bretteur, séducteur, spéculateur et penseur, voici celui qui va bientôt s'imposer, en moins de quatre années, comme l'un des hommes les plus puissants de France. Pour comprendre comment cela a été possible, il faut revenir sur la principale question économique que se pose la noblesse au pouvoir sous Louis XIV : comment gérer des déficits budgétaires récurrents qui ont entraîné une progression devenue ingérable de la dette publique ?

Un problème de dette publique

Au début du XVIIIe siècle, la monarchie française est en effet confrontée à un grave problème de surendettement. Louis XIV, on le sait, avait des goûts de luxe, mais aussi l'esprit guerrier. À la charnière des XVIIe et XVIIIe siècles, celui qui contrôlait la couronne d'Espagne avait des chances de contrôler l'Europe. Louis a ainsi dépensé des fortunes dans des conflits avec ses voisins européens pour contrôler le pays, une première fois entre 1688 et 1697, une seconde fois entre 1701 et 1714. Les guerres appellent des dépenses extravagantes, d'autant plus difficiles à gérer que les recettes et les financements ne suivent pas. Le Roi-Soleil avait déjà eu la mauvaise idée de révoquer l'édit de Nantes en 1685, chassant marchands et banquiers protestants, et avec eux leur savoir-faire et leurs crédits. Le budget français aurait pu éventuellement se passer de leur présence si le système d'imposition lui avait fourni des recettes stables. Ce n'était malheureusement pas le cas.

Les rentrées d'argent de la monarchie s'appuient sur des impôts directs (taille, capitation, etc.) – dont la noblesse et le clergé sont généreusement exemptés dans une société de privilèges –, sur des impôts indirects (taxes douanières, la fameuse gabelle sur le sel, etc.) et sur la vente des charges publiques dont le nombre s'est accru pour faire entrer de l'argent dans les caisses. En particulier, le droit de collecter des impôts est affermé, c'est-à-dire vendu à des « entreprises privées », les receveurs généraux pour les impôts directs et les fermiers généraux pour les impôts indirects. Receveurs et fermiers généraux louent le droit de collecter les impôts tout au long de l'année mais prêtent tout de suite au roi les recettes qui seront récupérées au fil des mois – y compris par la violence, ce qui les rend peu populaires. Lorsqu'ils parviennent à collecter plus d'impôts que ce que coûte la location, tout le bénéfice est pour eux. Et leurs gains ne s'arrêtent pas là : ils prêtent de l'argent à la Couronne, à un taux de l'ordre de 5 %. À mesure que les dépenses de l'État augmentent, contrôleurs et fermiers généraux développent leur rôle de prêteurs et de rentiers.

À la mort de Louis XIV, en 1715, « le Trésor est absolument vide et les avances faites par les receveurs généraux sont telles qu'ils comptent que la partie du Trésor royal leur appartient presque en entier jusqu'en 1718 », constate amèrement le duc de Noailles, le premier des ministres des Finances du régent Philippe d'Orléans, successeur de Louis XIV en attendant que grandisse le futur Louis XV. Les recettes fiscales de la France étaient donc déjà hypothéquées pour trois ans ! Le déficit budgétaire de 1715 est estimé à 77 millions de livres – la monnaie française de l'époque – et la dette publique, à 2 milliards, soit, selon certaines estimations, l'équivalent de 167 % de la richesse nationale.

À maintes reprises, la monarchie a supprimé une partie de son endettement grâce à divers trucs et astuces (baisse autoritaire des taux d'intérêt, défaut de paiement partiel, chasse aux créanciers « malhonnêtes », etc.). Mais, lorsque Philippe d'Orléans devient régent, la crise de la dette est toujours là. Elle « obnubilait les contemporains, les milieux gouvernementaux aussi bien que l'opinion publique, d'une façon que nous avons tendance à trouver excessive [5] », affirme l'ancien ministre français Edgar Faure qui a consacré une énorme étude à *La Banqueroute de Law*. Or, depuis plusieurs années déjà, un homme promet aux élites dirigeantes françaises qu'il a les moyens de régler ce problème de dette si tant est que l'on veuille bien mettre ses idées en pratique. Cet homme providentiel, c'est John Law.

Les belles idées de Lass

Law n'est pas un inconnu pour la noblesse dirigeante, car il est souvent passé par Paris. Les Français l'appellent Lass. On sait qu'il est à Paris au début de 1702, mais a-t-il dès cette date proposé le projet de création d'une nouvelle banque ? Les historiens ne sont pas d'accord entre eux. D'après Earl Hamilton [6], Law a fait passer un projet en ce sens à madame de Maintenon, la favorite de Louis XIV. Mais Michel Chamillart, le contrôleur général, ministre des Finances et ministre de la Guerre, a d'autres préoccupations, en même temps, affirme Hamilton, que le dédain que porte madame de Maintenon aux étrangers et aux protestants joue en défaveur de Law. D'après Antoin Murphy, si un texte visant à créer une nouvelle banque a bien circulé cette année-là parmi les élites dirigeantes françaises, il n'est pas de Law. Ce qui montre, *a contrario*, qu'il n'était pas le seul à réfléchir aux conditions de la création monétaire.

Il est en revanche établi que, peu de temps après cette date, Law se rend dans diverses cours européennes afin de trouver un monarque susceptible de mettre en œuvre ses nouvelles idées. Il a d'abord proposé de créer une banque foncière, qui émettrait des billets dont la valeur serait gagée sur les terrains qu'elle possédérait. On sait qu'il a présenté un tel projet au gouvernement anglais en 1704, au parlement écossais, qui en a largement débattu en 1705, et à la noblesse française en 1706 et 1707. Sans succès.

Au fil des ans, Law affine ses connaissances et son projet, lequel prend une envergure de plus en plus démesurée… et de plus en plus séduisante. Dans une perspective que Keynes n'aurait pas reniée, on peut dire que Law ne croyait pas à l'équilibre spontané des marchés. Au contraire, les économies européennes lui paraissent sous-utiliser le travail et le capital dont elles disposent, avec pour résultat de contraindre leur croissance. Or, avec une activité économique plus dynamique, les recettes fiscales pourraient croître, les déficits et la dette se réduire.

Law propose donc de régler le problème de la dette non pas par l'austérité des dépenses, mais en relançant la croissance. Comment ? À ses yeux, l'activité est en panne car les économies manquent de financements, une situation due au fait que seules les monnaies métalliques, l'or et l'argent, sont utilisées. « Il faut plus de monnaie pour employer plus de monde », écrit-il au début de son *Premier mémoire sur les banques*[7]. Or le manque de métaux précieux rend le capital insuffisant. Il faut par conséquent accroître la quantité de monnaie en circulation pour soutenir l'emploi, la demande et donc la production, ce qui relancera l'économie, sans créer de tensions inflationnistes puisque travail et capital, sous-utilisés, trouveront enfin de quoi s'employer. Comme le souligne à juste titre Antoin Murphy, Law pense la monnaie dans un cadre macroéconomique, en relation avec l'emploi, l'investissement et la croissance. La monnaie n'est pas neutre, elle influence de manière active, et même essentielle, le niveau d'activité.

La quantité de monnaie en circulation affectera donc également l'état des relations économiques avec l'étranger, des flux d'échanges mesurés par la balance des paiements. Un étudiant débutant en économie d'aujourd'hui ferait valoir qu'un accroissement des financements disponibles peut effectivement accroître la production et donc les exportations. Mais que la relance de la demande intérieure, par l'emploi et par l'investissement, se traduira également par une hausse des importations. Et que l'effet total sur le solde des échanges avec l'extérieur reste incertain et dépend de la politique de change menée, de la demande extérieure adressée à la France et de la dépendance de son activité domestique aux biens importés. Law est passé à côté de ces raisonnements. Il considère que le surcroît d'activité permis par la mise à disposition de nouveaux financements se traduira par plus d'investissements, donc de production, donc d'exportations, mais peu de consommation domestique, et donc par une montée des excédents extérieurs. Sûrement confronté à la critique, il finira par écrire que, si la consommation augmentait au point de susciter des déséquilibres extérieurs, le souverain n'aurait qu'à agir de manière autoritaire pour réduire les dépenses de consommation ou pour réduire les importations !

De ce point de vue, la tonalité des écrits de Law indique qu'il s'inscrit complètement dans les réflexions de ceux que l'on appelle à l'époque les « mercantilistes ». Comme cet ensemble de penseurs européens très divers écrivant entre le XVIᵉ et le XVIIIᵉ siècle, il croit en la nécessité d'un État centralisé et acteur puissant de l'activité économique. Les mercantilistes veulent organiser une politique industrielle tournée prioritairement vers la production de biens de qualité destinés à l'exportation. Comme dans le même temps les importations de produits finis sont découragées, cela doit conduire à des excédents extérieurs permettant d'accumuler des métaux précieux pour remplir les coffres du souverain et assurer sa puissance. Selon ces penseurs, souvent conseillers du Prince, celui-ci doit assurer un financement aisé de l'activité économique, en particulier par une politique de taux d'intérêt faibles contrôlés par la puissance publique (ce qui leur vaudra l'assentiment de Keynes). Or diminuer le coût du loyer de l'argent fait bien partie des projets de Law. Mais il veut l'obtenir en inondant le pays de liquidités. Comment compte-t-il s'y prendre ?

Banquier moderne avant l'heure, Law ne cessera d'inventer, d'innover sur le plan financier. Pour faire progresser son système, puis pour tenter de le sauver, il aura toujours une nouvelle suggestion, une nouvelle façon de faire. Sa première idée, révolutionnaire pour l'époque, est de créer une banque qui émettra des billets, de la monnaie de papier. Et pour une valeur bien plus importante que ce qu'elle pourra détenir de métaux précieux dans ses coffres, en distribuant des crédits nécessaires au financement de l'économie. Pour garantir sa solvabilité, la banque devra être une banque d'État. Le premier combat de Law sera donc d'obtenir le droit de créer une telle banque. Un combat qu'il va gagner auprès de Philippe d'Orléans, nous le verrons, alors que Victor-Amédée, duc de Savoie, aurait rejeté ses projets quelques années plus tôt en lui répondant « Je ne suis pas assez riche pour prendre le risque de me ruiner » ! Mais la citation a peut-être été inventée par les ennemis de Law...

La banque n'est qu'un premier pas. Law a des projets bien plus ambitieux. Il pense, mieux, il sait, qu'il va changer la face du monde. En cela, il n'est pas sans rappeler un économiste célèbre. Dans une lettre adressée à son ami le dramaturge George Bernard Shaw, Keynes écrit le 1er janvier 1935 : « Je crois que je suis en train d'écrire un livre de théorie économique qui devrait largement révolutionner la manière dont le monde pense les problèmes économiques, cela, peut-être pas dans l'immédiat mais au cours des dix prochaines années. » Aurait-il été influencé par John Law ? Car l'Écossais, dans une lettre écrite au Régent en décembre 1715, lui promet : « La banque n'est pas la seule, ni la plus grande de mes idées ; je produirai un travail qui surprendra l'Europe par les changements qu'il portera en faveur de la France, des changements plus forts que ceux qui ont été produits par la découverte des Indes ou par l'introduction du crédit [8]. » Mais, avant de voir combien, effectivement, l'ambition de Law dépasse la création et la diffusion d'une monnaie papier, ce qui représentait déjà un grand changement pour l'époque, il faut revenir au premier pas et à la création de sa banque en France.

Création de la Banque générale

Law s'installe en France en 1714. Son idée progresse dans les sphères dirigeantes et durant l'été 1715 il semble près d'obtenir l'accord de Louis XIV pour créer sa banque. D'après Earl Hamilton, Nicolas Desmarets, ministre des Finances de Louis XIV, finit par refuser le projet, craignant la mise en place d'un établissement dominé par un seul homme, comme il a refusé un projet proche avancé par le financier Samuel Bernard, qui restera l'un des plus farouches opposants de Law [9]. Pour Antoin Murphy, c'est la mort du Roi-Soleil, le 1ᵉʳ septembre, qui oblige Law à patienter quelques mois supplémentaires.

Louis laisse un testament dans lequel il nomme roi son arrière-petit-fils, le futur Louis XV, alors âgé de cinq ans, et confie la régence à son neveu Philippe d'Orléans. Mais celui-ci voit son pouvoir fragilisé sur deux fronts. D'un côté, Philippe V, le roi d'Espagne, petit-fils de Louis XIV, pourrait revendiquer le trône de France. De l'autre, le testament confie l'éducation du futur roi et le contrôle militaire de la Garde royale au duc de Maine. Le Régent bloque alors tout courrier à destination de l'étranger pour garder secrète la mort du roi, le temps de consolider son pouvoir. Il offre au parlement, qui l'accepte, de retrouver son pouvoir de remontrance, le droit de réviser les propositions royales, en échange de l'annulation des clauses du testament favorable à Maine. Une fois aux commandes, il nomme les membres du Conseil de régence, attribuant le poste des Finances au duc de Noailles.

Selon l'entrée consacrée à John Law par Joseph Garnier dans le *Dictionnaire de l'économie politique* publié au milieu du XIXᵉ siècle, Philippe d'Orléans connaît Law et ses idées depuis 1708. Adolphe Thiers confirme que les deux hommes se sont rencontrés lorsque

Law venait jouer à Paris [10]. C'est grâce au Régent que l'Écossais va pouvoir lancer le projet qu'il mûrit depuis une quinzaine d'années.

Par lettres patentes des 2 et 10 mai 1716, John Law est autorisé à créer une banque, mais une banque privée, baptisée Banque générale, sans garantie de l'État, au capital de 6 millions de livres, réparti en 1 200 actions de 5 000 livres. Il suffisait aux investisseurs de payer dans l'immédiat un quart de la valeur de l'action pour en devenir propriétaires, ce qui donnait *a priori* un capital de départ de 1,5 million de livres. Mais, pour obtenir une action, un investisseur pouvait la payer pour un quart en espèces et pour les trois quarts restants en « billets d'État », des titres de la dette publique à court terme tellement dépréciés qu'ils s'échangeaient à seulement 30 % ou 40 % de leur valeur sur le marché secondaire, le marché de l'occasion de la dette publique. La banque démarre donc en fait avec des ressources réduites de 825 000 livres, dont 375 000 en espèces pour garantir la valeur des billets qu'elle va émettre. De plus, la loi lui fixe un périmètre d'intervention limité : recevoir des dépôts de clients privés et escompter des lettres de change – prêter sur la garantie d'une créance commerciale –, mais lui interdit de distribuer des crédits directs et d'offrir des assurances pour le commerce maritime. Qui plus est, afin de s'attirer des clients, la banque offre de nombreux services gratuitement, en même temps qu'elle escompte au taux de 0,5 % par mois, soit 6 % d'intérêt par an, contre 48 % proposés par les autres intermédiaires financiers tel Samuel Bernard.

Les débuts sont difficiles. Law est contraint d'acheter lui-même de nombreuses actions pour que celles-ci trouvent preneur. Et il faut que le Régent aille plus loin que l'offre de son statut de protecteur, en devenant lui-même actionnaire et en déposant de l'argent, pour que la noblesse et la bourgeoisie d'affaires s'y intéressent, par mimétisme et pour se faire valoir auprès de Philippe d'Orléans. Les projets financiers de Law ne se développent que parce qu'il est en connivence avec le pouvoir politique.

Les archives de la banque ont malheureusement été brûlées et il semble que Law ait gardé une main assez ferme sur les comptes, dont la plus grande vertu n'était pas la transparence. Des

documents conservés on peut néanmoins déduire que l'Écossais
– naturalisé Français le 26 mai 1716, le privilège de créer une
banque ne pouvant être accordé à un étranger – semble bien avoir
été un adepte de la « comptabilité créative ». Non pas pour masquer
des pertes peu reluisantes mais au contraire pour masquer des gains
importants ! Comment Law a-t-il pu gagner beaucoup d'argent
avec un établissement au périmètre d'activité si restreint ? De deux
manières, affirme Edgar Faure : en spéculant sur le change et en
accordant, de manière occulte, des crédits à l'État [11].

En créant la Banque générale, Law poursuit trois objectifs.

D'abord, il s'agit de révolutionner le financement de l'économie française : selon les données recueillies par le chercheur Paul Harsin, en deux ans et demi d'existence la banque émettra pour pratiquement 150 millions de livres de billets, pour une masse monétaire métallique estimée par Law en 1715 à 550 millions. Pour aider ces « billets de banque », d'une seule banque, à prendre leur place, il est permis à partir d'avril 1717 de les utiliser pour le paiement des impôts. La circulation de ces nouveaux moyens de paiement représente une véritable révolution sociale. On la trouve illustrée dans le film de Bertrand Tavernier *Que la fête commence*, consacré à la Régence, où le système de Law est omniprésent en arrière-plan – plusieurs scènes avaient même été tournées avec le grand cinéaste britannique Michael Powell dans le rôle de John Law, mais elles ont été coupées « parce qu'elles étaient un peu trop didactiques et maladroitement filmées » et « parce que le film était trop long », nous a précisé Bertrand Tavernier. *Que la fête commence* permet notamment de suivre le destin du marquis de Pontcallec (incarné par Jean-Pierre Marielle), un autonomiste breton sans le sou qui veut rencontrer le Régent pour lui réclamer l'indépendance de sa région. Lorsqu'il demande à ses amis de l'aider à financer son voyage, des tas de pièces arrivent sur la table jusqu'à ce qu'on lui tende un morceau de papier, un billet, ce qui lui vaut l'exclamation rapportée en exergue de ce chapitre. Si l'on en croit la troisième des « Lettres sur les banques », le Régent avait prévenu Law de la difficulté à faire accepter les billets par le peuple français [12]. Mais il n'en fut rien. Dans son imposante histoire de la finance sous la monarchie, le chercheur Daniel Dessert souligne toutefois que des billets circulaient déjà dans les milieux d'affaires et que l'Écossais put « entreprendre son expérience non pas au hasard d'une situation de circonstance, mais sur un terrain largement préparé [13] ».

Ensuite, Law commence à intervenir sur la gestion de la dette publique en offrant des actions de la banque en échange des titres d'État.

Enfin, à chaque étape de son système, le Régent, ses proches et Law lui-même se trouvent particulièrement enrichis. Selon Murphy, le taux de rendement de leurs placements dans la Banque générale était de l'ordre de 535 % en deux ans et demi...

Voilà un projet qui profitait à la France, à son dirigeant, à ses proches et à son instigateur ! Il eût été dommage de s'arrêter en si bon chemin...

Débuts et mise en œuvre du système

Devenu un banquier reconnu, Law bâtit son système en suivant deux voies complémentaires : la première consiste à transformer la Banque générale en un établissement public ; la seconde passe par une nouvelle innovation financière, la création d'une compagnie de commerce dont l'objectif ultime n'est rien moins que de racheter la totalité de la dette publique française.

La transformation de la Banque générale en Banque royale est officialisée le 4 décembre 1718. L'État s'implique et apporte désormais sa caution directe aux billets émis par la banque. Inversement, les prêts que la banque octroyait déjà discrètement à l'État deviennent officiels. Or, le Régent a besoin de plus de financements car, le 2 janvier 1719, le Conseil de régence a déclaré la guerre à l'Espagne. Ainsi, d'après Edgar Faure, la Banque royale « est née en même temps que la guerre et pour la guerre ». La nouvelle banque est autorisée à créer des succursales à Amiens, La Rochelle, Lyon, Orléans et Tours. De quoi développer l'utilisation des billets en province. De plus, toutes les grosses transactions, d'un montant supérieur à 600 livres, ne pourront désormais être réglées qu'en or ou en billets. Le projet de remplacer les espèces métalliques par une monnaie papier gagne du terrain.

Les investisseurs qui avaient apporté leur capital pour financer la Banque générale sont remboursés en intégralité. La partie versée en espèces est reversée en espèces. La partie versée en billets d'État est convertie en actions d'une nouvelle société créée au mois d'août de l'année précédente, la Compagnie d'Occident. Law en est le dirigeant. Son activité consiste à gérer le monopole des activités commerciales avec la Louisiane, qui couvre alors une petite dizaine d'États américains actuels autour du bassin du Mississippi, et celui des peaux de castors avec la Nouvelle-France, plus connue aujourd'hui sous le nom de Canada. En 1717, l'homme d'affaires Antoine Crozat, à qui Louis XIV avait attribué le monopole des droits commerciaux de la Louisiane, le rend à l'État français pour s'acquitter d'un impôt. Et le monopole est confié à Law. Tout le monde parle de l'entreprise de Law comme de la Compagnie du Mississippi [14]. La Louisiane avait été baptisée ainsi en l'honneur du roi Louis ; on y créera une ville baptisée Nouvelle-Orléans en l'honneur du Régent.

Law voit grand : la nouvelle compagnie est créée en août 1717 avec un capital initial de 100 millions de livres, réparti en 200 000 actions de 500 livres. Comme pour la Banque générale, les investisseurs peuvent payer leurs actions en billets d'État. « Comme les billets d'État étaient très dépréciés – jusqu'à 70 % – à cause de l'incapacité du gouvernement à payer les intérêts de la dette publique, les premiers actionnaires de la compagnie pouvaient souscrire à un prix d'environ 150 livres par action », souligne Antoin Murphy. En échange de son monopole commercial, Law rachète ainsi une petite partie de la dette publique pour laquelle il accepte de recevoir un intérêt moindre que celui promis aux créanciers originaux.

L'année 1718 commence mal pour l'Écossais, dont le pouvoir agace le parlement. Une bonne partie de l'année est consacrée à une bataille politique entre le Régent et Law, d'un côté, et une partie de la noblesse, de l'autre, ce qui se termine par une forme de musellement des nobles réfractaires. De plus, les quatre frères Pâris, créanciers du royaume qui profitaient largement du système avant l'arrivée de Law, décident de lui faire concurrence. Ils se font adjuger aux enchères les fermes générales, la collecte des impôts, et les transforment en une compagnie qui propose des actions aux investisseurs pour un montant de 100 millions de livres, comme l'entreprise de Law. Contrairement aux bénéfices incertains de l'exploitation coloniale, les frères Pâris disposent des recettes fiscales comme garantie de la bonne santé et de l'avenir de leur entreprise. Et, de fait, ils attirent les investisseurs, devenant les leaders de ce que l'on appellera l'« antisystème ».

En septembre 1718, la Compagnie du Mississippi achète le monopole du commerce de tabac. En décembre, elle absorbe la Compagnie de commerce du Sénégal, soit onze vaisseaux et le commerce d'esclaves (Law souhaitait distribuer les terres de Louisiane à ceux qui s'y installaient, y compris aux populations noires). En mai 1719, elle met la main sur la Compagnie des Indes orientales et de la Chine, et devient la Compagnie des Indes. Enfin, en mai 1719, Law rachète le privilège de la fabrication des monnaies, un superbe coup de publicité selon Edgar Faure : comment ne pas faire confiance à quelqu'un qui gère une banque publique, presse les monnaies, développe l'utilisation des billets et bénéficie des revenus de l'empire français ! Et, pourtant, nous n'en sommes qu'à la veille du grand œuvre de Law.

Tout s'accélère à partir de l'été 1719. Law a éprouvé de grandes difficultés à placer les premières actions de sa compagnie en 1717. Il lui a fallu plus d'un an pour que le capital soit souscrit et il en a acheté beaucoup lui-même, faute d'investisseurs. Depuis, l'entreprise s'est développée, Law a pris du pouvoir et le cours des actions monte. Le 15 mai 1719, il a procédé à une deuxième émission d'actions pour 25 millions de livres et renouvelle l'opération le 26 juillet. Les propriétaires des premières actions, dites « mères », sont prioritaires pour monter au capital : avec quatre actions « mères » on peut acheter une « fille », et avec quatre mères et une fille on peut acheter une « petite-fille » de la troisième émission. Tout le monde s'arrache les mères pour pouvoir acheter les nouvelles actions, considérées comme un placement rémunérateur du fait de la confiance en la montée du cours, et du dividende de 12 % promis par Law pour 1720. Le pouvoir financier de Law paraît à tous extraordinaire. Les actions de la compagnie montent et font rapidement l'objet d'une bulle spéculative.

Jusqu'ici, en faisant payer les actions par des titres de la dette publique, Law a réussi à amasser environ 100 millions de livres de titres. Mais il a d'autres ambitions. À la fin août 1719, il frappe deux nouveaux coups époustouflants.

D'une part, il convainc le Régent de recevoir de la compagnie un prêt de 1,2 milliard... pour racheter la quasi-totalité de la dette publique française à long terme. Un montant qui sera même porté en quelques semaines à 1,6 milliard, pour permettre de racheter des charges qui avaient été vendues pour renflouer les coffres. Il offre aux détenteurs de la dette de recevoir en échange des actions de la compagnie. Le 13, le 28 septembre et le 2 octobre 1719, trois nouvelles émissions sont réalisées pour un total de 324 000 actions supplémentaires, dont 300 000 proposées au public au prix de 5 000 livres l'une – lors de la première émission d'août 1717, le cours était à 140 livres... Law aurait donc levé théoriquement 1,5 milliard. Sauf que, jamais en panne d'innovations, il permet que les investisseurs intéressés ne versent dans l'immédiat que 500 livres de droit de souscription, les versements étant étalés sur plusieurs trimestres, et autorise l'émission de titres au porteur qui garantissent l'anonymat aux investisseurs.

D'autre part, Law réclame l'intégralité de la Ferme générale pour devenir le seul collecteur d'impôts de France. En plus de donner une nouvelle dimension économique et politique à son système, Law avait, selon Edgar Faure, de bonnes raisons d'acheter ce privilège. La banque continuait à émettre des billets qui étaient acceptés pour payer les impôts. Les financiers de la Ferme, les frères Pâris, représentaient donc un danger pour la Banque royale s'il leur prenait l'envie d'échanger leurs billets contre des espèces. Les voilà éliminés. De plus, la collecte des impôts représentait une activité lucrative qui améliorerait les profits de la compagnie.

Voici donc Law, à la fin de 1719, à la tête d'une banque, d'un empire colonial, des recettes fiscales et de la dette publique du pays ! Les financiers et les rentiers qui vivaient de leurs créances, des charges et de la Ferme ont perdu leurs recettes et leur pouvoir. Les décisions de Law pèsent désormais plus que celles du ministre des Finances. Et ce qui devait arriver arriva : le 5 janvier 1720, John Law devient contrôleur général des Finances. Une décision prise plusieurs semaines auparavant : dès septembre 1719, Law s'est converti au catholicisme, une condition nécessaire à l'officialisation de son pouvoir. Le 22 février, la compagnie et la Banque royale fusionnent sous son autorité. Il devient inspecteur général de la part du roi des deux établissements. Quelques semaines plus tard, il est nommé surintendant des Finances, un titre supprimé en 1661 après l'arrestation de Fouquet.

On voit alors se dessiner toute la démesure du plan de Law : une compagnie s'assure des monopoles commerciaux internationaux ; puis se renforce avec une source de profits plus sûre en France (les impôts) ; le tout sert à garantir la valeur de ses actions et la montée de leur cours ; actions qui, à leur tour, d'une part, remplacent la dette publique française, et, d'autre part, garantissent le capital de la banque du groupe dont l'objectif est de relancer la croissance française en fournissant des liquidités supplémentaires par le passage des espèces métalliques à la monnaie de papier ! Pour l'historien Niall Ferguson, après que Louis XIV eut dit « L'État, c'est moi ! », « John Law pouvait légitimement déclarer : "L'économie, c'est moi !" »

Avantages et inconvénients de la spéculation

Dans un premier temps, la montée du cours des actions sert parfaitement les objectifs de Law et encourage la spéculation de l'étroite rue Quincampoix, une Bourse en plein air où nobles, valets, bourgeois et brigands – notamment la bande de Cartouche qui vient soulager les poches des agioteurs – se côtoient dans une frénésie d'achats et de ventes de billets contre actions et inversement aux moments des prises de bénéfices. Le versement par échéances et les titres au porteur, anonymes, font partie des astuces de Law pour attirer les investisseurs. On dit qu'une partie de l'argent de la noblesse française dissimulée en Suisse et en Hollande serait revenue s'investir en France. Selon Kindleberger, « trente mille étrangers, parmi lesquels une partie de la noblesse britannique, viennent à Paris pour souscrire en personne ». Parmi eux, les Hollandais, peut-être instruits par l'épisode des tulipes, auraient « vendu leurs actions de la Compagnie des Indes au bon moment et perdu peu dans la débâcle [15] ».

Surtout, Law met en place un mécanisme auto-entretenu de spéculation : avec une action de la compagnie en guise de caution, on pouvait obtenir un prêt de 2 500 livres auprès de la Banque royale, de quoi acheter de nouvelles actions, de nouveau déposées en caution pour obtenir de nouveaux prêts, etc. Pourtant, Law avait écrit dans son *Premier mémoire sur les banques* que « le crédit, bien établi et bien conduit, donne de grands avantages ; mais, quand il y a des défauts dans son établissement, ou qu'il est mal conduit, il peut porter de grands préjudices [16] ». Il n'aura pas retenu sa propre leçon. De 400 millions en juillet 1719, la masse monétaire passe à un milliard en décembre. Après sa nomination comme contrôleur des Finances, l'action de la compagnie dépasse 10 000 livres et le marché à terme la cote entre 12 000 et 14 000 livres à l'horizon de mars, signe d'une anticipation continue de la hausse. Rien ne justifie une telle envolée des actions de la Compagnie du Mississippi : ses profits à l'étranger sont encore du domaine du rêve – comme l'indique Jean-Christian Petitfils dans sa biographie sur le Régent, « Law ne fut pas un colonisateur ou un bâtisseur d'empire. Il n'en eut ni le loisir, ni la vocation [17] » – et, si la distribution de liquidités a fluidifié les transactions, il n'y a pas eu à proprement parler de relance de l'économie française.

Si la hausse du cours des actions garantit tout le système, Law comprend bien que des émissions trop importantes de billets risquent de miner la confiance. Ainsi, tout en encourageant la spéculation, il veut la maîtriser. Le 31 décembre 1719, il ouvre à la banque un bureau d'achat et de vente des actions au cours fixé chaque matin par la banque, afin de reprendre la main sur le marché de la rue Quincampoix. En achetant des actions, il soutient le cours, mais à son rythme, tout en réduisant le nombre de propriétaires, ce qui lui permet aussi de distribuer plus de dividendes par action.

Le 9 janvier 1720, il invente encore un nouvel instrument financier, les « primes » : en déposant 1 000 livres, on obtient le droit d'acquérir dans les six mois une action à 10 000 livres, soit un achat pour un coût total de 11 000 livres. Law espérait ainsi montrer que, en tant qu'initiateur de la compagnie, il ne s'attendait pas à ce que ses actions montent bien au-dessus des 10 000 livres qu'elles valaient alors, et qu'il était sain d'arrêter d'acheter en rêvant à un cours supérieur pour réaliser d'importantes plus-values. Les investisseurs, persuadés du contraire, continuèrent à s'endetter pour acheter des primes en masse, tout heureux d'un prix d'achat garanti à 10 000 livres alors qu'ils pensaient revendre ensuite leurs actions bien plus cher puisqu'il s'en était échangé à 18 000 et 20 000 livres rue Quincampoix. Law a tout de même atteint son objectif : on se mettait à vendre les actions pour acheter les primes, jugées plus rémunératrices à terme, ce qui fit baisser légèrement le cours de l'action. Ainsi, explique Antoin Murphy, paradoxalement, alors que le sentiment haussier était à son comble, le prix de l'action baissait…

Dans toute bulle spéculative, il arrive un moment où la confiance finit par se retourner. Certains, comme Voltaire, Saint-Simon, Daniel Defoe (l'auteur de *Robinson Crusoé*, qui suivait de près les questions financières) ou l'économiste, financier et entrepreneur Richard Cantillon, avaient alerté leurs contemporains sur l'instabilité du système – Cantillon spéculant même sur son effondrement, ce qui lui rapportera beaucoup d'argent. Mais dans les épisodes de bulle financière les trouble-fête n'ont pas voix au chapitre. Le début de l'année 1720 va ainsi marquer les premiers signes de l'effondrement du système : ses principes seront remis en cause en juin, son existence s'achèvera avec le départ de Law en décembre.

Figure 1 *La première bulle boursière de l'histoire (Cours des actions de la Compagnie du Mississippi en livres, du 9 août 1719 au 25 novembre 1720*)*

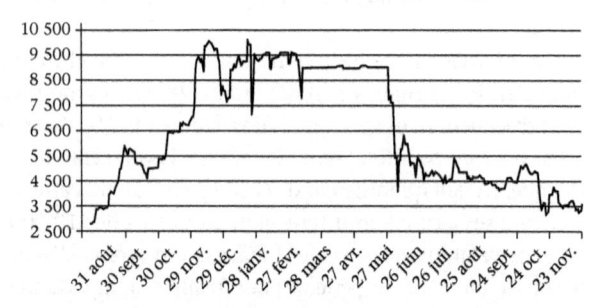

* Bien qu'il n'y ait eu aucun cours pour mars 1720, la compagnie garantissait le prix de l'action à 9 000 livres.

Source : Antoin Murphy.

L'effondrement

Au-delà de la fusion de la compagnie et de la banque, le 22 février 1720 est marqué par une décision importante : le Régent revend ses 100 000 actions de la compagnie, pour 900 millions de livres – il les avait payées 15 millions –, soit à 9 000 livres l'action, pas très loin du point le plus haut. Sur ce montant, 300 millions sont versés immédiatement sur son compte, le solde devant être payé à raison de 5 millions par mois sur dix ans – une bonne partie de cette somme a dû être retirée de la banque, car on a retrouvé chez lui à sa mort 91 millions en espèces [18]. Le temps qu'a duré le système, les élites au pouvoir proches du Régent ont d'autant plus soutenu Law dans ses innovations qu'elles en ont largement profité financièrement. Faut-il voir un hasard complet dans le fait qu'une fois le Régent servi, le système se portera moins bien ? Il est vrai qu'il avait, de toute façon, atteint ses limites.

Le même jour de février, le bureau de la banque qui achetait les actions de la compagnie, et soutenait les cours, est fermé. Voilà qui aurait dû rassurer sur l'état de la banque, dont les investisseurs se doutaient qu'elle avait émis une quantité phénoménale de billets pour acheter les actions. De fait, entre le 30 décembre 1719 et le 22 février 1720, 800 millions de livres avaient été dépensés pour acheter environ 85 000 actions, ce qui confirme que les achats de la banque ont largement contribué à soutenir un titre dont le cours s'est envolé sans qu'aucun élément fondé sur les évolutions réelles de l'économie et de l'entreprise le justifie.

Afin de maintenir l'attrait pour des billets de banque de plus en plus nombreux, un arrêt du 27 février stipule qu'il est désormais interdit de détenir chez soi plus de 500 livres en espèces métalliques. Une décision du mois de décembre précédent avait déjà interdit les transactions en espèces au-delà de 500 livres, mais il s'agit cette fois de détention, avec pouvoir donné aux forces de l'ordre de perquisitionner pour vérifier que la mesure est respectée, avec tous les débordements que provoque généralement ce genre de décision et l'inégalité de traitement entre les riches et ceux qui ne le sont pas.

Selon Antoin Murphy, des nobles proches du Régent ont été insatisfaits de l'arrêt du soutien, artificiel, des cours de la compagnie, qui allait leur faire perdre de l'argent en cas de baisse importante. Un arrêt du 5 mars 1720 revient donc sur la mesure : Law ouvre de nouveau un bureau qui garantit le prix d'achat des actions à 9 000 livres. Une belle assurance pour tout investisseur qui a acheté à plus bas prix. En prenant cette décision, le ministre des Finances, qui sait que sa banque ne pourrait faire face à un afflux de billets que leurs propriétaires viendraient changer en espèces métalliques, sacrifie donc le billet aux actions, et la crédibilité de la banque au profit de la compagnie. Car le choix d'acheter les actions en faisant tourner la planche à billets signifiait que la création monétaire devenait incontrôlable. Selon Murphy, entre février et le 22 mai 1720, la masse monétaire en billets de banque détenue par le public a pratiquement doublé, pour représenter l'équivalent de quatre fois les encaisses métalliques. Le 22 mars, Law tente de soutenir la valeur de ses billets en annonçant pour juin une démonétisation progressive, mais totale, de l'or, qui ne serait plus accepté pour les transactions, ainsi qu'une dévalorisation partielle de la valeur de l'argent.

Mais la situation est intenable : le 21 mai 1720, Law déclare que les actions verront leur prix ramené autoritairement de 9 000 à 5 000 livres au cours des mois qui suivent et que la valeur des billets en circulation sera divisée par deux. Tous les principes qu'il a proférés jusque-là sont bafoués. Alors qu'il avait assuré que, contrairement aux espèces métalliques, la valeur des billets demeurerait inchangée, les voilà dévalorisés. *Idem* pour les actions qui devaient servir à gérer la quantité de monnaie disponible : on les vend pour ramener des billets produits en trop grande quantité, on les achète quand l'économie manque de liquidités. Une décision qui inspira cette remarque à Saint-Simon : « cela fit ce qu'on appelle en matière de finance et de banqueroute montrer le cul [19] » !

La décision provoque un vaste mouvement de protestation populaire – on brise les vitres de la banque à coups de pierre – au moment où le parlement, qui a toujours été hostile à Law, s'agite. Le Régent est obligé de céder et, le 27 mai 1720, les deux mesures sont annulées. Le 29 mai, Law est assigné à résidence. On envoie des spécialistes auditer les comptes de la Banque royale, qui découvriront que celle-ci a émis bien plus de billets que ce que révélait son propriétaire : certaines émissions ont été effectuées clandestinement avec l'accord du Régent, mais d'autres ont visiblement eu lieu sans son autorisation. L'audit est interrompu pour éviter de révéler ces découvertes, ce qui aurait montré que le pouvoir ne contrôlait plus les événements.

Mais le système de Law, entrelacs d'innovations financières, est si complexe que nul n'y comprend rien… Comme le dit l'un des personnages de la reconstitution historique diffusé par FR3 : « Personne n'a jamais rien compris à votre système. Aussi bien ceux qui vous doivent leur fortune que ceux qui vous reprochent leur ruine. » Et, tel un trader moderne inventant des produits financiers risqués qui mènent à la catastrophe mais à qui l'on continue à servir des bonus extravagants pour défaire ce qu'il a fait, l'on est bien forcé de rappeler Law pour démêler l'écheveau de son système.

Le 1er juin, l'interdiction de détention d'espèces métalliques est supprimée. Le 2, Law revient aux affaires et le cours de l'action remonte pendant quelque temps. Le 3 juin voit le retour des rentes, à 2,5 %, au grand plaisir des « rentiers », heureux de retrouver leurs taux d'intérêt garantis plutôt que des actions d'une compagnie dont le taux de versement des dividendes était déterminé par l'État... Le 10 octobre, on autorise à nouveau le paiement des transactions économiques en métaux précieux en même temps que les actions de la Compagnie du Mississippi passent sous la barre de 4 000 livres au cours d'un krach lent qui s'étalera sur plusieurs mois. Le 17 octobre, raconte Jean-Christian Petitfils, « dans une cage de fer de dix pieds sur huit installée dans la cour de l'hôtel de Nevers, on brûla tout : [...] les comptes de la Banque royale, les vieux papiers démonétisés. La chronique raconte que les flammes du brasier furent si ardentes qu'elles en tordirent les barreaux »... « C'est ainsi que finit ce jeu prodigieux de la fortune, qu'un étranger inconnu avait fait jouer à toute une nation », conclut Voltaire dans son *Précis du siècle de Louis XV*.

Les dernières années de Law

Après sa chute politique, Law vécut ses dernières années dans des conditions inconfortables. Ceux qui avaient mal parié lui en voulaient de leur infortune. Les financiers, rentiers et politiques dont il avait rogné les privilèges et les recettes reprirent rapidement la main auprès du Régent. Law quitta Paris en décembre pour l'une de ses nombreuses propriétés, avant de quitter la France pour s'installer à Bruxelles le 22 décembre 1720.

Il y resta moins d'un an : le 20 octobre 1721, il était de retour en Angleterre après avoir refusé les offres des monarques de la Russie et du Danemark de venir y installer son système. Il y vécut des mois difficiles. Toute sa fortune française fut confisquée et on lui imputa, à titre personnel, des dettes qu'il avait contractées au nom de la France. Law vécut dans une forme de dénuement, harcelé par ceux qui se considéraient comme ses créanciers. Il s'en plaignit d'ailleurs amèrement au duc de Bourbon, devenu Premier ministre après la mort de Philippe d'Orléans, et lui demanda d'intercéder pour régler ses affaires [20]. D'après Edgar Faure, il aurait eu la capacité et l'intelligence de se procurer des revenus mais il tenait à montrer au public français qu'il ne s'était pas enrichi et qu'il n'avait pas caché une partie de sa fortune à l'étranger. Car il avait pour objectif de revenir en France. Louis XV atteint la majorité, à treize ans ; l'abbé Dubois devient Premier ministre à la fin août 1722... mais meurt le 10 août 1723. Philippe d'Orléans le remplace et Law entend sonner l'heure de son retour, car Philippe lui a clairement indiqué qu'il souhaitait le rappeler à ses côtés. Le 4 décembre, Law est sur le départ pour la France lorsqu'un messager l'informe que Philippe d'Orléans est mort deux jours plus tôt dans les bras de l'une de ses favorites alors qu'il attendait d'être reçu par le roi.

Dans les années qui suivent, Law remplit quelques missions d'espionnage diplomatique sans grande consistance pour la couronne britannique, qui semble l'avoir surtout aidé à remplir sa vie et sa bourse. Il vécut ainsi une année en Bavière en 1725. Début 1726, il revint s'installer à Venise. Montesquieu lui rendra visite peu de temps avant sa mort et écrira que « c'était le même homme, toujours l'esprit occupé de projets, toujours la tête remplie de calculs et de valeurs numéraires ou représentatives. Quoique sa fortune fût mince, il jouait souvent et assez gros jeu ». Il meurt d'une pneumonie le 21 mars 1729. Les ambassadeurs français et britannique, qui surveillaient de près ce personnage détenteur de secrets d'État, sont venus s'assurer qu'il n'a laissé aucun écrit compromettant. Ils déclarent que Law est mort sans le sou. S'il a dû vendre une partie de ses tableaux pour vivre lorsqu'il était à Londres, un inventaire de ses biens réalisé en août 1729 et connu bien plus tard a montré qu'il était propriétaire de sculptures, d'instruments de musique, de mobilier et de 488 toiles parmi lesquelles des œuvres de Titien, Raphaël, Rubens, Tintoret, Michel-Ange et Léonard de Vinci ! Law n'avait pas oublié de s'enrichir en acquérant une bonne partie des quartiers de Paris situés autour de la rue Vivienne et de la place Vendôme, ainsi que de nombreuses propriétés en dehors de la capitale. Seule la hargne avec laquelle il fut poursuivi par ses ennemis revenus au pouvoir après son départ les lui fit perdre.

Le système financier inventé par Law fit des heureux : Philippe d'Orléans et son entourage, par exemple le duc de Bourbon qui a pu développer ses propriétés et ses écuries à Chantilly, les spéculateurs, financiers ou gens du peuple, qui ont acheté et vendu au bon moment et pour qui on inventa alors le mot de « millionnaires ». On le vit à l'étalage de luxe qui gagna Paris – Law y voyait la preuve que grâce à lui l'économie était prospère. D'autres sont restés sceptiques, comme Saint-Simon qui voyait en Law un « grand joueur et grand combinateur ». Selon Edgar Faure, l'État français doit également être compté parmi les bénéficiaires : le remboursement de la dette fut réduit par la baisse des taux d'intérêt organisée par Law, par la hausse rapide des prix – « avec ta sacrée monnaie en papier, les prix ont doublé », se plaint une prostituée dans le film de Bertrand Tavernier, ce qui correspond aux estimations historiques – et par la dévalorisation des billets. Law a finalement rempli la mission qu'il s'était assignée, mais son résultat fut moindre qu'espéré et ne fut pas obtenu par une relance durable de l'économie française. Néanmoins, pour Edgar Faure, le solde du système, « s'il n'est guère calculable, est largement positif ».

Antoin Murphy, très admiratif du caractère visionnaire de Law, reconnaît pourtant dans son livre que « le coût du système sur le long terme fut immense car la confiance dans le système financier et l'État avait été minée » et que « l'effondrement du système donna naissance à une certaine animosité envers l'innovation financière, ce qui restaura et renforça le pouvoir de la classe financière, qui allait emprisonner l'économie française jusqu'à la Révolution »[21]. Dans son article pour *L'Économie politique*, il précise :

> « En outre, l'innovation financière permettant de créer des sociétés à responsabilité limitée a été gelée jusqu'à la fin du premier tiers du XIXe siècle. Le gel de l'innovation financière s'est accompagné d'une profonde hostilité envers les banques, la création de crédit et le papier-monnaie. La France poussa à l'extrême un conservatisme financier excessif. »

Entre les écrivains, la bataille fait rage pour juger du système de Law. Montesquieu écrit ses *Lettres persanes* pendant l'année 1720. Il n'a pas de mots assez durs contre Law, présenté dans la lettre 142 comme un vendeur de vent et de richesse imaginaire : « Croyez-moi, quittez le pays des vils métaux ; venez dans l'empire de l'imagination et je vous promets des richesses qui vous étonneront vous-mêmes. » La lettre 24 avait déjà présenté le Régent comme « un grand magicien » car, lorsqu'il s'adresse à ses sujets, « il n'a qu'à leur mettre dans la tête qu'un morceau de papier est de l'argent, et ils en sont aussitôt convaincus ». Il dénonce également plusieurs fois le fait que les valets se sont enrichis grâce à la spéculation, bousculant les hiérarchies sociales, une idée également exprimée par Voltaire [22] qui condamne aussi l'esprit de spéculation introduit par Law dans la société française : « La cupidité qu'il réveilla dans toutes les conditions, depuis le plus bas peuple jusqu'aux magistrats, aux évêques et aux princes, détourna tous les esprits de toute attention au bien public, et de toute vue politique et ambitieuse, en les remplissant de la crainte de perdre et de l'avidité de gagner [23]. » Il est à noter qu'une partie de la fortune de Voltaire lui avait été acquise grâce aux frères Pâris, ennemis jurés de l'Écossais qui démantelèrent le système après son départ [24]. Montesquieu reviendra plus tard sur le sujet, dans l'*Esprit des lois*, pour dénoncer les batailles régulières menées contre le parlement et les mesures autoritaires prises par Law, « un des plus grands promoteurs du despotisme que l'on eût encore vu en Europe [25] ».

Comme le fait remarquer Erik Leborgne, qui a travaillé sur les représentations du système de Law dans la littérature, Montesquieu n'a pas compris l'innovation profonde que représentait le billet de banque. Il fut également victime du pur fantasme selon lequel les pauvres auraient été les premiers bénéficiaires du système. Les travaux de Daniel Dessert ont montré que les domestiques ne disposaient pas du capital social et financier adéquat. Pour être gagnant, il fallait avoir de l'argent et être initié, deux privilèges de la noblesse dont certains représentants ont su tirer les fruits. Mais Montesquieu a parfaitement saisi la dimension spéculative du système.

Contrairement à Montesquieu, l'abbé Prévost, qui restera dans les mémoires pour son roman centré sur le personnage de Manon Lescaut, a pris la défense de Law dans un roman moins connu intitulé *Les Aventures de Pomponius, chevalier romain*, paru en 1724. Le chapitre 25 y présente de manière allégorique les décisions du prince de Relosan (anagramme d'Orléans), notamment l'établissement d'« une Banque royale, dont je ne vous rapporterai pas le système, parce que personne ne l'a jamais su, même celui qui en était le directeur ». Law y est présenté comme un innovateur, forçant la fin de la thésaurisation pour dynamiser l'économie, et qui tombe, victime des intrigues des jaloux. La partie spéculative est cette fois occultée.

De son côté, un certain Pierre Carlet sort ruiné de l'aventure, ayant perdu l'argent de la dot de sa femme. Il est obligé de se remettre à travailler, c'est-à-dire à écrire. Il a déjà été publié, mais ses pièces de théâtre les plus connues et les plus célébrées aujourd'hui datent toutes de l'après-1720. Ce sont elles qui imposeront son nom : Marivaux. Les trois pièces écrites en 1720 ne font pas d'allusion au système de Law et, à notre connaissance, le dramaturge n'a pas abordé directement le sujet, à part une brève mention dans une suite de scènes écrite en 1734, intitulée *Le Chemin de la fortune ou le Saut du fossé*, où il évoque un homme que la déesse Fortune « a comblé de ses grâces, du temps qu'elle logeait rue Quincampoix ». Mais les jeux de l'amour et de l'argent se mêlent souvent dans son théâtre, par exemple dans *La Fausse Suivante* (1724), qui s'ouvre sur une discussion sur la fortune, à propos de laquelle l'un des personnages constate : « elle m'a mis dans l'obligation de me passer d'elle » !

En termes de stabilité financière, le système de Law n'en sort pas avec les honneurs. Des innovations à répétition ont développé un monstre incontrôlable qui a nourri une bulle boursière alimentée par un excès de crédit. Des innovations rendues possibles par un mélange des genres entre élites politiques et financières qui ont profité de l'épisode pour s'enrichir, masquant par leurs décisions la fragilité toujours croissante des institutions – la compagnie et la banque – situées au cœur du système.

La France est devenue le terrain de jeux d'un parieur-né, qui n'a d'ailleurs pas cessé de s'adonner à son sport favori : Niall Ferguson rappelle que Law avait par exemple misé 1 000 louis d'or avec le duc de Bourbon, en mars 1719, qu'il n'y aurait plus de glace d'ici la fin de l'hiver et le début du printemps (il a perdu). Et, surtout, avec le Britannique Thomas Pitt – celui qui, en partie grâce à Law, avait vendu à Philippe d'Orléans un magnifique diamant baptisé « le Régent » –, que les actions de l'East India Company anglaise évolueraient à la baisse. Ces dernières montèrent sous l'effet d'une bulle boursière comparable à celle que venait de connaître la France et pour les mêmes causes : le développement d'une entreprise, la Compagnie des Mers du Sud, destinée à racheter la dette publique anglaise et dont les soubresauts resteront connus comme ceux de la « bulle des Mers du Sud », dont l'histoire a été bien résumée par les travaux de Nesrine Bentemesseck Kahia.

En 1720, Pieter Langendijk, poète et dramaturge hollandais, publia deux petites pièces intitulées l'une *Le Commerce du vent et la rue Quincampoix* et l'autre *Arlequin actionnaire*. En couverture, une gravure montre au premier plan un Arlequin découvrant un rideau derrière lequel on voit, sur une estrade, un John Law gavé de pièces métalliques par des nobles et évacuant, après digestion, des billets de banque et des actions de la Compagnie du Mississippi qu'une foule en délire s'arrache rue Quincampoix [26]. Devant, un homme armé d'un soufflet envoie du vent à la tête d'un prisonnier en cage, un rappel du « commerce du vent » lié à la spéculation hollandaise sur les tulipes... Les artistes ont été plus prompts que les économistes à relier les deux épisodes...

3

La panique de 1907

> « La panique de 1907 fut une panique de toute première force et sera classée ainsi dans les histoires économiques du futur. »
>
> Alexandre NOYES, *A Year after the Panic of 1907*, 1909

> « – Les gens disent que c'est un aventureux spéculateur.
> – Un spéculateur ! s'exclama Lucy. Mais je croyais qu'il était le président d'une banque !
> – Lorsque tu auras habité New York assez longtemps, répondit Montague avec un sourire, tu réaliseras qu'il n'y a rien d'incompatible entre les deux. »
>
> Upton SINCLAIR, *The Money Changers*, 1908

En 1903, l'écrivain américain Frank Norris publie un roman intitulé *The Pit – La Corbeille*, celle de la Bourse, autour de laquelle les traders hurlaient leurs ordres. Il y raconte les amours de Laura Dearborn et Curtis Jadwin, un spéculateur enrichi mais assagi qui a décidé de vivre le restant de sa vie de manière paisible [1].

Malheureusement, l'attrait du jeu pousse Jadwin à spéculer une dernière fois. « J » (prononcez « djé »), comme l'appellent ses amis, tente un coup très en vogue à la fin du XIXe siècle, un *corner*. Le principe en est simple : anticipant une forte demande de blé, Jadwin en achète à l'avance le plus possible pour pouvoir maîtriser le marché et fixer son prix lorsque la demande se matérialisera effectivement. Plus la spéculation avance, plus la demande importante du spéculateur tire les prix vers le haut et plus le jeu devient coûteux. Il ne faut donc pas se tromper, car les risques sont énormes. Frank Norris décrit alors avec une grande justesse les mécanismes et l'excitation de la spéculation. Jadwin explique :

« Lorsque tu sais comment rythmer une affaire, que tu peux voir un peu plus en avance que les autres, que tu peux prendre des paris qu'ils n'oseraient pas prendre et planifier, manœuvrer et que tout d'un coup tout se déroule comme tu as toujours su que cela allait se dérouler, je peux te dire, c'est enivrant. [...] C'est un jeu de riches. Il ne procure aucun plaisir si tu ne peux pas risquer plus que tu ne peux te permettre de perdre. »

Aux qualités littéraires du roman de Frank Norris et à la finesse de sa description d'une spéculation sur le marché de Chicago, s'ajoute... la prémonition ! Car l'élément déclencheur de la panique financière qui va toucher les États-Unis quatre ans plus tard sera un autre *corner* loupé, cette fois sur les actions d'une entreprise de production de cuivre.

Ce nouveau dérapage de la finance se produit dans une Amérique profondément inégale. L'impôt sur le revenu n'existant pas encore, on ne dispose pas de données générales pour la période. Mais on peut s'en remettre aux éléments analytiques proposés par les historiens et à la description de la société américaine fournie par la littérature de l'époque. Ainsi, Kevin Phillips, auteur d'une remarquable histoire politique des nantis aux États-Unis, montre que « l'Amérique de la première décennie du XXe siècle fut une grande promenade pour riches ». De même, dans son étude des grandes fortunes parue en 1907, l'historien Gustavus Myers dénonce la concentration des richesses, un constat également présent chez le Prix de la Banque de Suède en économie Paul Krugman, pour qui les États-Unis de 1900 étaient profondément inégaux [2]. De son côté, l'économiste Hugh Rockoff montre à partir de données partielles que la période est marquée par une forte augmentation de la part des revenus allant aux plus riches. Et que ceux-ci, après avoir généralement fait fortune dans l'industrie, augmentent considérablement leur richesse grâce aux placements boursiers et immobiliers.

La littérature américaine de l'époque reflète cet état de la société. *Chez les heureux du monde* (1905) d'Edith Wharton décrit magnifiquement la vie des élites new-yorkaises du début du siècle, dont le rêve est de ressembler à la vieille noblesse aristocratique européenne. Elles n'acceptent qu'avec réticence dans leur cercle les nouveaux riches, ceux qui tiennent leur fortune de placements boursiers et immobiliers et qui sont encore la minorité. *A contrario*, dans *Le Talon de fer* (1908), Jack London dépeint par la politique-fiction la difficulté à survivre de la classe ouvrière et ses espoirs révolutionnaires alimentés par la réflexion marxiste, à laquelle London offre une introduction pédagogique.

Ajoutons que ce début du XXe siècle aux États-Unis sera décrit par l'économiste suédois Knut Wicksell comme celui d'une « surspéculation [3] ». Et, d'après un témoin direct de la crise comme l'économiste Oliver M. W. Sprague, on doit donner une certaine crédibilité à ceux qui expliquent que, dans les années qui l'ont précédée, « les innombrables révélations de la cupidité des entreprises, de leur mauvais management et d'une finance sauvage avaient nourri un mouvement de défiance envers les banques [4] ». Inégalités, cupidité et crise, le trio si souvent dénoncé lors de la crise des subprimes trouve là un antécédent historique direct. Un contexte dans lequel des financiers douteux vont trouver à s'inscrire.

Les frères Heinze, des pirates dans la finance

L'année 1907 voit la libération, après quatorze ans de prison, d'Emmett Dalton, dernier survivant de la bande qu'il formait avec trois de ses frères (Bob et Grat, tués en 1892 lors d'une attaque de banque, et William). Il se lancera bientôt dans l'écriture d'ouvrages destinés à bâtir la légende de ses années de banditisme. Mais c'est une autre famille, de trois frères, qui marquera les États-Unis cette année-là.

À leur tête, Fritz Augustus Heinze, véritable antihéros de cette histoire. Les économistes américains Robert F. Bruner et Sean D. Carr, qui ont produit à ce jour le seul livre de synthèse sur la crise de 1907, ont retracé son parcours [5]. D'origine allemande, il s'installe vers l'âge de vingt ans dans la ville de Butte, dans le Montana, afin d'exploiter les mines de cuivre locales. De formation scientifique, Heinze a semble-t-il inventé quelques procédés originaux d'extraction et de fusion des métaux. Mais, cela ne semblant pas lui apporter la fortune aussi rapidement qu'il le souhaite, il décide de trouver une nouvelle source de revenus. Selon la loi en vigueur dans le Montana à l'époque, lorsqu'un filon fait surface sur un terrain, son propriétaire a le droit de l'exploiter en totalité, y compris lorsque, sous terre, il passe sous la propriété d'un voisin. On imagine sans peine les conflits de droits de propriété et d'exploitation engendrés par une telle loi. Ainsi, à la tête d'une armée de trente-sept avocats, Heinze multipliait les poursuites pour s'assurer le contrôle, et le monopole, d'un maximum d'exploitations. Il a eu en cours jusqu'à 133 procès simultanés !

Un autre capitaliste cherchait alors lui aussi à bâtir un monopole dans le secteur : John D. Rockefeller. Ou, plus exactement, sa Standard Oil Company, dont certains cadres, associés à des banquiers comme James Stillman de la National City Bank, avaient créé l'Amalgamated Copper Company pour dominer l'exploitation du cuivre. La bataille tourna à l'avantage du plus puissant : après des années de conflits juridiques et moins juridiques, les hommes de la Standard finirent par racheter la majorité des mines de Heinze au début de 1906, lui laissant la belle somme de 12,5 millions de dollars en cash et un montant équivalent en actions de l'Amalgamated. Magot immédiatement investi à Wall Street et tout particulièrement dans le secteur bancaire.

Heinze s'est en effet associé à Charles W. Morse, un banquier spécialiste de ce que l'on appelait alors le *chain banking* : un prêt sert à acheter les actions d'une banque afin d'en prendre le contrôle ; le capital de la banque est alors utilisé comme garantie pour obtenir un prêt plus important permettant de prendre le contrôle d'une autre banque, ce qui ouvre la possibilité d'un nouveau prêt, etc. Sur les conseils de Morse, Heinze utilise une partie de son pactole pour acheter la Mercantile National Bank, dont il devient président en février 1907. Il entre également dans le jeu de Morse pour investir au capital de six banques nationales, une douzaine de banques locales, cinq ou six banques d'affaires et quatre compagnies d'assurance. Dans le même temps, il consolide le reste de ses intérêts miniers dans une société, la United Copper Company, qu'il dirige avec ses deux frères, Otto et Arthur, à qui il a également acheté une charge de courtiers à la Bourse de New York.

Dans la logique du *chain banking*, la United Copper Company est la société clé, dont le capital sert de garantie pour obtenir des prêts destinés à permettre aux frères Heinze d'investir dans de nombreux établissements de la finance américaine. Maintenir la valeur de l'action de la United est donc essentiel. Aussi les frères Heinze n'ont-ils pas hésité au cours de l'année 1907 à acheter eux-mêmes les titres de leur entreprise. L'achat de ces actions se fait alors « à la marge » : seule une petite partie du paiement (la marge) est payée en espèces, le reste étant emprunté auprès de l'intermédiaire, le *broker* (courtier), qui achète les actions. Tant que ses prêts ne lui sont pas remboursés ou les actions revendues, le *broker* conserve les titres dans son portefeuille. Pour qu'ils lui rapportent, il les prête aux traders qui en ont besoin pour investir ou spéculer.

À la mi-octobre 1907, les frères Heinze sont persuadés qu'un nombre important de traders sont engagés dans une opération de *naked short selling*, une « vente à découvert à nu », contre la United, un outil puissant de spéculation très présent dans les jours qui ont suivi la chute de Lehman Brothers et au moment de la spéculation contre certains titres de la dette souveraine de plusieurs pays de la zone euro juste avant l'été 2010. La technique consiste à emprunter, pour quelques heures ou quelques jours, un titre que l'on ne détient pas et de le revendre vite en pariant que son prix va baisser. Une fois la baisse effective, il n'y a plus qu'à racheter le titre au prix plus bas pour le rendre à celui qui vous l'a prêté et à empocher la différence. Durant la manœuvre, le prix de l'action baisse fortement, une tendance que les Heinze veulent absolument contrer [6].

Ils décident alors de racheter la plus grande quantité possible d'actions de la United pour supprimer les munitions servant à la spéculation. Ils espèrent ainsi réaliser un *corner* : lorsque les spéculateurs voudront se procurer à nouveau les titres qu'ils ont empruntés, et vendus, pour les rendre après avoir encaissé leurs bénéfices, ils n'en trouveront pas sur le marché. Malheureusement pour la fratrie, avec la hausse des cours provoquée par leurs achats massifs, les titres affluent de toute part : les *brokers* ne les avaient pas prêtés aux spéculateurs, il n'y avait pas de spéculation organisée contre la United... Mais tout le monde veut profiter de l'augmentation des cours suscitée par les Heinze pour vendre, ce qui entraîne un mouvement de baisse de l'action. Les *brokers*, craignant que les Heinze ne leur remboursent pas les achats d'actions – ce qui sera le cas ! –, vendent également. Et les Heinze, qui voient la valeur des titres qu'ils viennent d'acheter s'effondrer, vendent eux aussi. Le cours s'effondre brutalement.

L'effet domino

Débute alors un jeu de dominos qui fait chuter quelques établissements mineurs, suscitant un soubresaut financier qui paraît rapidement maîtrisé. C'est d'abord le courtier Gross & Kleeberg qui doit fermer boutique après que les frères Heinze, qui lui ont demandé d'acheter 6 000 actions, refusent de les lui payer. C'est ensuite la charge d'Otto Heinze qui fait faillite.

Les établissements financiers où les Heinze sont présents n'inspirent plus confiance. La State Saving Bank de Butte, une caisse d'épargne contrôlée par la famille, doit mettre la clé sous la porte après la fuite de ses déposants. Plus grave, la Mercantile, rachetée par Fritz Augustus, fait également l'objet d'un « *run* bancaire », une fuite de ses déposants, déjà amorcé les mois précédents par ceux des clients qui ne souffraient pas la réputation sulfureuse du personnage. À l'époque, celle où les États-Unis n'ont pas encore de Banque centrale susceptible d'intervenir, lorsqu'une banque d'une certaine importance connaît ce genre de problème, les autres se réunissent dans le cadre de la chambre de compensation pour lui apporter leur soutien et garantir ses dépôts. C'est ce que fait celle de New York le 17 octobre 1907 : neuf banques allouent une aide de 1,8 million de dollars à la Mercantile. Mais cette aide a un prix : les directeurs de la banque doivent partir.

Exit donc Fritz Augustus, *exit* aussi Charles Morse, son ami banquier. La crise ne s'arrête pas pour autant. Les institutions où Morse est présent sont désormais attaquées et la crise commence à se répandre. La chambre de compensation de New York décide alors de frapper fort : elle interdit Heinze et Morse de toute pratique bancaire. Le 21 octobre, la crise semble circonscrite.

Si le débat postsubprimes porte sur les établissements trop gros pour faire faillite, Oliver Sprague fait remarquer que l'un des principaux facteurs d'instabilité du système bancaire américain de l'époque est que ses banques sont… trop petites ! L'interdiction faite aux établissements financiers d'un État d'ouvrir des filiales et succursales dans d'autres États incite à la multiplication du nombre de banques – près de 16 000, dit Sprague, sans compter les caisses d'épargne. Ce qui pose selon lui deux problèmes : aucune n'est assez grande pour susciter un contrôle sérieux de la part de ses actionnaires et leur capital limité les laisse à la merci d'affairistes [7]. À chaque époque ses questions d'échelle…

Un contexte défavorable

La crise aurait pu s'arrêter là si les premiers dérapages ne s'étaient pas produits dans un contexte monétaire américain et international susceptible de les amplifier.

Côté américain, le système bancaire est organisé sur plusieurs niveaux : les petites banques rurales collectent l'épargne locale qu'elles utilisent pour financer l'activité locale, leurs réserves excédentaires étant placées dans les comptes des banques des centres urbains moyens. Les banques de ces centres urbains placent à leur tour leurs réserves dans les banques des grands centres financiers du pays, au premier rang desquels se trouve New York. Tant qu'il fonctionne bien, un tel système fractionné et hiérarchisé assure une utilisation optimale de l'épargne disponible, qui peut circuler à travers le pays en fonction de la demande de crédits. Mais qu'un problème survienne à un bout de la chaîne, et c'est l'ensemble qui se trouve rapidement touché par contagion.

Sur le plan international, une étude de l'éditorialiste financier Alexander D. Noyes parue en 1909 insiste sur le fait que les années qui précèdent la crise sont marquées par un manque chronique de liquidités au niveau mondial. La demande mondiale de financements est en effet tirée par d'importants besoins de l'économie réelle dans de nombreux pays – construction de ports, d'usines, de voies ferrées, etc. –, auxquels s'ajoute une part de spéculation financière. L'analyse de l'insuffisance de liquidités se retrouve chez de nombreux économistes de l'époque dont, en France, Paul Leroy-Baulieu qui, en mars 1907, indique dans un article paru dans *L'Économiste français* que « le développement de l'industrie est limité par l'offre de capitaux disponibles et plus généralement par la somme totale de l'épargne [8] ». Les tensions sur les marchés de l'argent se manifestent également par la hausse des taux d'intérêt enregistrée de 1904 à 1907 à Berlin, Paris, Vienne, Genève et, surtout, au cœur de la finance mondiale, à Londres.

La place britannique joue alors un rôle important dans le financement de l'économie rurale américaine. Durant l'été, les établissements financiers américains émettent à Londres des titres d'emprunt à court terme en livres sterling et échangent ces devises contre de l'or qu'ils importent aux États-Unis pour préfinancer les récoltes agricoles en faisant crédit aux agriculteurs. Quand les produits arrivent sur le marché et qu'une partie est exportée en Angleterre, les établissements financiers américains sont remboursés en sterling, ce qui leur permet à leur tour de rembourser leurs créanciers britanniques. Mais, face à une forte contrainte de liquidités, la Banque d'Angleterre décide d'augmenter son taux d'intervention de 4 % en 1905 à 6 % en 1906 puis 7 % en 1907 pour limiter les exportations d'or. Et elle ordonne aux établissements britanniques de cesser de financer les emprunts à court terme américains. L'effet est immédiat : entre avril 1907 et la fin de l'été, l'encours de ces emprunts passe de 400 millions de dollars à 30 millions. Environ 10 % de l'or détenu aux États-Unis partent pour l'Angleterre entre mai et août en quête de rendements intéressants, provoquant des flux de financement inverses à ceux qui ont lieu d'habitude. D'où une forte tension sur les marchés financiers américains. Or le tremblement de terre de San Francisco d'avril 1906 avait déjà détruit de 1,2 % à 1,7 % du PIB (produit intérieur brut) du pays et créé un stress sur les besoins de financement de l'économie.

Le manque d'épargne mondiale nécessaire pour financer tous les projets d'investissements, réels ou spéculatifs, se traduit alors par des épisodes de crise financière dans plusieurs pays : l'Égypte est touchée dès le début de l'année 1907 ainsi que le Japon. En octobre, c'est le tour du Chili et, surtout, des États-Unis. C'est donc dans un contexte extrêmement tendu sur le plan financier que va se produire un événement qui transformera le début de dérapage d'octobre en une véritable crise.

Une innovation mal régulée : les trusts

La crise viendra par les « trusts », des établissements à tout faire, aussi bien présents dans la banque de dépôt et de crédit que dans la gestion de fortune et la spéculation sur les marchés financiers. Ces institutions financières, bien analysées par Moen et Tallman, sont nouvelles [9]. Nées dans les années 1890, elles gèrent en 1907 quasiment autant d'actifs que les banques (1,2 milliard de dollars contre 1,4 milliard). Leur progression rapide entre 1896 et 1907 – près de 10 % en moyenne annuelle contre 7,5 % pour les banques – tient à la multiplicité de leurs activités.

Au début de la décennie 1890, les trusts ressemblent à des petites banques privées suisses qui gèrent quelques grosses fortunes et des investissements immobiliers. Ils se développent ensuite comme banques d'affaires : ils garantissent les émissions d'actions des grandes entreprises (c'est-à-dire qu'elles s'engagent à acheter toutes les actions qui ne trouveraient pas preneur), notamment dans le secteur de la nouvelle économie du moment, le transport ferroviaire, en même temps qu'ils organisent des prêts importants pour faciliter les opérations de fusions-acquisitions. Les trusts deviennent également des fonds spéculatifs qui investissent sur le marché des actions, ainsi que des propriétaires immobiliers (même si cela ne peut pas dépasser 15 % de leur activité). Ils exercent également l'activité traditionnelle des banques : recevoir des dépôts et distribuer des crédits, même si leurs clients les considèrent plus comme des gestionnaires d'investissement que comme des gestionnaires de leur compte courant.

Néanmoins, comme dans n'importe quel établissement financier, un manque de confiance peut se traduire par une fuite des déposants. Or, innovation financière mal contrôlée, les trusts sont sous-réglementés. Un manque de régulation qui s'explique à l'origine par le faible niveau de risque lié à leurs activités lors de leur création. On leur demandait ainsi de détenir moins de capital que les banques au regard de leur niveau d'activité et moins de réserves pour faire face à d'éventuels problèmes. La situation perdurera lorsque les trusts se lanceront dans des activités plus risquées : moins contraints que les banques en termes de coûts réglementaires et pouvant davantage spéculer, ils en profiteront pour faire concurrence aux banquiers traditionnels, offrant des rendements plus élevés.

Les grands trusts de New York, les plus importants, bénéficient de la protection de la chambre de compensation de la ville. Mais en 1903 cette dernière décide de renforcer les contraintes sur les trusts en les obligeant à détenir, à partir de l'année suivante, des réserves équivalentes à au moins 10 % de leur activité. S'y refusant, les trusts quittent l'institution, jugeant que le bénéfice de pouvoir être aidés en cas de crise ne vaut pas le coût de la protection. Sous-réglementés, sous-capitalisés et sans accès à une aide centralisée en cas de crise, ils sont le principal acteur du shadow banking du début du XXe siècle [10].

Il faut dire que l'époque, comme toutes celles d'euphorie financière, est marquée par un total aveuglement face au désastre. Frank Norris a quelques belles lignes pour décrire le sentiment d'argent facile qui précède les crises, moment durant lequel tous ceux qui ont de quoi « veulent prendre leur chance ». Pour un autre romancier, Upton Sinclair, dont le livre *The Money Changers* a été écrit juste après la crise et en reprend assez fidèlement les péripéties de manière romancée, les banquiers traditionnels ont été remplacés par les spéculateurs. Selon Alexander Noyes, les années précédant 1907 sont considérées comme obéissant à « une situation économique nouvelle, où les paniques commerciales et financières à l'ancienne du type de celles de 1893, 1873 et 1857 ne seraient plus possibles [11] ». Les années 2000 ne sont pas les seules où l'on a cru à une « grande modération », à la fin des cycles économiques et des crises financières.

Dès 1903, l'insuffisante régulation des trusts a été pointée par les experts de la chambre de compensation, mais rien n'est fait pour y remédier. Lorsque la pression des banques, soucieuses de cette concurrence déloyale, se fera plus forte, en 1906, les trusts seront forcés de détenir un taux de réserve de 15 %, dont un tiers seulement en liquidités mobilisables immédiatement dans leurs coffres, le reste pouvant prendre la forme de dépôts dans d'autres banques ou de titres financiers susceptibles d'être vendus sur les marchés. À la même époque, les banques devaient détenir des réserves de liquidités équivalentes à 25 % de leurs activités, sous forme de billets ou de métaux précieux, ce qui représentait un coût plus important. Certaines banques ont contourné le problème en créant leur propre trust dans le cadre de holdings financiers.

La Knickerbocker Trust Company est en 1907 l'un des principaux trusts du pays, le troisième plus important de New York, comptant 18 000 déposants. Sa chute marque la mutation des difficultés d'octobre en une véritable crise.

La panique s'installe

Parce que Charles T. Barney, le président de Knickerbocker depuis dix ans, est très lié en affaires à Charles Morse, le banquier interdit quelques jours auparavant de continuer à exercer son métier, la défiance gagne les clients du trust. L'institution est victime d'un *run* sur plusieurs jours. Le lundi 21 octobre 1907, le conseil d'administration réagit : Barney est démis de ses fonctions et les directeurs tentent de calmer la panique par quelques déclarations rassurantes qui se révéleront insuffisantes. Le mardi, la fuite des dépôts s'amplifie et, tels certains fonds spéculatifs au moment de la crise des subprimes, le trust suspend les remboursements de ses clients en attendant de trouver une solution à son problème de liquidités.

La chambre de compensation n'est pas prête à aider ce gros trust. Comme Barney a géré son affaire dans la plus grande opacité, réunissant rarement le conseil d'administration et publiant très peu d'informations sur ses activités, l'incertitude demeure quant à savoir si le trust est victime d'un simple problème temporaire de liquidités ou s'il est carrément insolvable du fait de mauvais choix d'investissement. L'économiste Knut Wicksell, qui a publié un article sur la crise dès février 1908, indique que l'un des niveaux à surveiller est celui des profits et des dividendes : s'ils sont trop élevés par rapport au capital, c'est le signe que l'institution concernée est engagée dans des opérations très risquées. Or, poursuit-il, quelques mois avant sa chute, Knickerbocker offrait à ses actionnaires un taux de rendement de 50 % !

Comme toujours en cas de période financière délicate, le parrain de la finance new-yorkaise, John Pierpont Morgan, arrive à la rescousse. Il envoie l'un de ses jeunes assistants, Benjamin Strong, futur puissant directeur de la Réserve fédérale (Fed) de New York et banquier central influent de l'entre-deux-guerres, évaluer les comptes de l'entreprise. Le constat de Strong est sans appel : Knickerbocker est insolvable. Elle ne sera donc pas aidée. Dans son roman aux personnages fictifs mais assez transparents, Upton Sinclair s'amuse à faire de la chute du patron de la Knickerbocker le résultat d'une vengeance de Morgan pour une affaire de femme qui lui aurait préféré le patron du trust... Quoi qu'il en soit, le refus de soutenir la Knickerbocker en octobre 1907 aura les mêmes conséquences que la décision du gouvernement américain d'abandonner Lehman Brothers en septembre 2008 : la crise tourne à la panique. Les autres trusts sont à leur tour victimes de la défiance de leurs déposants. Les établissements financiers ne se font plus confiance entre eux : les banques rurales rapatrient leurs réserves placées dans les banques urbaines, qui font de même avec les banques new-yorkaises. Les trusts, qui tentent de récupérer de la liquidité en vendant leurs actifs, font chuter la Bourse. La crise de confiance dans la finance est générale.

La mauvaise gestion politique des tensions est en partie responsable du développement de la panique. À l'occasion de quelques belles pages, Robert F. Bruner et Sean D. Carr ont raconté comment la réponse à la panique s'était développée [12].

John Pierpont Morgan à la manœuvre

Après le refus d'aider la Knickerbocker le 21 octobre 1907, l'influent financier privé John Pierpont Morgan convoque le 22... George B. Cortelyou, le secrétaire au Trésor, pour lui expliquer la situation ! Celui-ci annonce alors que le gouvernement est prêt à déposer de l'argent dans les banques pour calmer la situation – il déposera effectivement 25 millions de dollars à New York. Le 23, Morgan réveille Strong à 2 heures du matin et l'envoie auditer les comptes de la Trust Company of America, gros établissement en passe de subir le même sort que la Knickerbocker. À 13 heures, Strong revient de sa mission, persuadé que l'établissement est solvable sur le long terme. Morgan convoque les présidents des plus grands trusts pour leur demander de mettre la main au portefeuille. Ces derniers rechignent. Morgan fait alors appel aux banquiers James Stillman, patron de la National City Bank, et George F. Baker, celui de la First National Bank of New York. Un curieux ballet s'organise : Oakley Thorne, le président de la Trust Company, envoie tous les titres de valeurs qu'il possède ; ils sont immédiatement évalués et les banquiers font porter en retour à la Trust des sacs de pièces et de billets pour un montant équivalent, afin de lui permettre de répondre à la demande des clients. Les dirigeants des trusts sont de nouveau convoqués et Morgan parvient à en obtenir un peu moins de 10 millions de dollars.

Mais la crise de confiance s'amplifie. Les autres grands trusts commencent à rencontrer des difficultés. La Bourse est mal en point et son président vient annoncer à Morgan qu'il devra fermer le marché si les choses ne reviennent pas très vite à la normale. Le 24 octobre, Morgan mobilise encore près de 25 millions de dollars grâce à un pool de banquiers. Puis de nouveau près de 10 millions (il en avait demandé 15). Un comité de banquiers est formé pour organiser la communication à destination du grand public afin de montrer tous les efforts de sauvetage entrepris. Des contacts sont pris avec le clergé afin que les prêtres profitent de leurs sermons pour rassurer leurs fidèles ! Finalement, les banquiers emploient la réponse ultime aux grandes crises : le 28 octobre, la chambre de compensation de New York émet pour 100 millions de titres, apportant ainsi le surcroît de liquidités nécessaire à la survie du système. Au total, 250 millions de certificats seront émis, l'équivalent d'environ 15 % de la liquidité en circulation. Comment fonctionnait ce prêt en dernier ressort ?

En l'absence de Banque centrale, depuis les années 1860 l'émission de certificats par les chambres de compensation est le moyen utilisé par les banquiers pour parer au manque de liquidités survenant en période de crise. Le principe en est le suivant : la chambre émet des certificats que le banquier en difficulté obtient contre des titres financiers de qualité. Il peut récupérer des certificats pour 75 % de la valeur des titres apportés. Lors de la crise de 1907, les trois quarts des titres de garantie étaient des titres d'emprunt à court terme émis par les entreprises (*commercial paper*) et le quart restant, des actions et des obligations émises notamment par les entreprises ferroviaires. Les établissements en difficulté devaient payer un taux d'intérêt de 6 % sur les certificats. Ceux-ci, employés pour régler les transactions entre banques, remplacent les transferts d'argent entre les établissements bancaires, qui peuvent alors utiliser leurs liquidités pour répondre aux clients qui souhaitent récupérer leurs dépôts. Les certificats restent uniquement dans le circuit interbancaire. Ils ne peuvent pas régler de transactions privées ; les acteurs économiques n'en détiennent pas, même si quelques chambres de compensation locales en ont distribué en petite quantité à des agents privés lors de la crise.

D'après Tallman et Moen, qui ont étudié dans le détail l'intervention des chambres de compensation [13], le montant total des émissions de certificats a été largement supérieur aux besoins des banques, ce qu'ils interprètent comme une volonté de régler les problèmes de la finance au-delà des banques, en particulier pour apporter des liquidités destinées à soutenir la Bourse de New York et donc les intérêts des gros investisseurs.

La mesure contribue à apaiser la situation au plus fort de la crise. Le 6 novembre 1907, les dirigeants des trusts annoncent collectivement qu'ils garantissent le capital de deux gros établissements en difficultés. Mais il faudra attendre janvier 1908 pour que le calme revienne vraiment. Entre-temps, le 14 novembre, on apprenait que Charles T. Barney avait voulu se suicider en se tirant une balle dans l'abdomen. L'homme était loin d'être ruiné, mais la violence du rejet dont il était alors victime aurait guidé son geste. Opéré chez lui, il mourut dans la nuit, ce qui accentua l'aspect dramatique de la panique.

Quatre plumes d'or pour une Banque centrale

Les hommes politiques ont voulu donner l'impression qu'ils répondaient rapidement à la crise. Dès le début de 1908, le député républicain du New Jersey Charles N. Fowler propose un projet de loi mettant en œuvre un mécanisme exceptionnel de prêteur en dernier ressort consistant à fournir rapidement des liquidités en échanges d'actifs financiers « de qualité », dont la définition reste à préciser. Il réclame également la création d'une taxe de 5 % sur les dépôts des banques pour alimenter un fonds de réponse aux crises [14].

Les banquiers new-yorkais, voyant le vent de la régulation se lever, préfèrent participer au débat et marquer leur accord sur la nécessité de nouvelles règles plutôt que se les voir imposer. Ils mobilisent alors leurs relais politiques. Le sénateur du Rhode Island Nelson Aldrich et le député de New York Edward Vreeland, deux républicains proches des milieux financiers, proposent un autre projet, que le Congrès vote dès le 30 mai 1908, soit sept mois seulement après la panique. Mais cette loi ne fait qu'apporter un cadre juridique aux activités de prêteur en dernier ressort exercées jusqu'à présent par les banques, sans leur imposer de nouvelles contraintes. Et ses dispositions doivent s'éteindre en juin 1915, terme fixé pour un nouveau débat et une nouvelle loi plus substantielle. En attendant, une Commission monétaire nationale dirigée par Aldrich est chargée d'étudier les systèmes de Banque centrale présents dans le monde. Elle remettra en 1912 un rapport de plusieurs dizaines de volumes !

De quoi laisser aux banquiers le temps de mener leur contre-attaque. Celle-ci prend la forme d'une réunion secrète sur l'île Jekyll en novembre 1910. On y trouve Abram Piatt Andrew, du Trésor, et cinq banquiers privés, Paul Warburg, de la banque d'affaires Kuhn Loeb and Co, Frank A. Vanderlip, le dirigeant de la National City Bank, Henry P. Davison, l'un des bras droits de John P. Morgan, Charles D. Norton, président de la First National Bank of New York, et Benjamin Strong, ancien homme lige de Morgan devenu président de Bankers Trust. Avec eux, leur porte-parole politique, le sénateur Aldrich, et son assistant Arthur Shelton. Ces huit hommes vont écrire ensemble un projet de loi destiné à créer la Banque centrale des États-Unis.

Malheureusement pour eux, les élections de novembre 1912 portent au pouvoir un président démocrate, Thomas Woodrow Wilson. Celui-ci confie alors au député de Virginie Carter Glass – celui du futur célèbre *Glass Steagall Act*, sur lequel nous reviendrons dans le chapitre suivant – le soin d'élaborer la nouvelle Banque centrale. Les projets se ressemblent et les économistes américains considèrent souvent Aldrich comme le véritable instigateur politique du projet. Pourtant, Glass et ses thuriféraires ont toujours tenu à souligner plusieurs différences importantes entre son projet et celui de ses prédécesseurs : alors que chez Aldrich l'organisme qui gère le mécanisme de résolution des crises est centralisé et dominé par les banquiers privés dont la participation est facultative, chez Glass le mécanisme, décentralisé avec l'instauration de Banques centrales régionales, est dominé par les autorités publiques ; la participation des banques est obligatoire. À l'époque, le président élu en novembre ne prenait ses fonctions qu'en mars. Cela a laissé le temps à Carter Glass de développer son projet dans une grande connivence avec Wilson. Un point important a pourtant suscité une opposition forte entre les deux hommes : le poids politique dont pouvaient bénéficier les banquiers privés dans la nouvelle institution. Pour Wilson, ils ne devaient en avoir aucun. Bien que soucieux de ne pas leur laisser trop de place, Glass craignait de son côté que cela ne les amène à sonner la charge contre le projet et à vouloir l'enterrer définitivement. Afin de trouver un compromis, il a fait venir une délégation de banquiers dans le bureau du président. Après avoir patiemment et silencieusement écouté leur demande, le président américain leur a rétorqué : « Lequel d'entre vous, messieurs, pourrait m'indiquer dans quel pays civilisé de cette planète on trouve des commissions de contrôle au sein desquelles les intérêts privés sont représentés ? » L'entretien était clos. Frank A. Vanderlip essaiera ensuite de voir le président pour influer sur le contenu de la future loi, mais Wilson refusera de le recevoir.

La victoire démocrate se traduisit également par la mise en œuvre d'une commission parlementaire, confiée à Arsene Pujo entre mai 1912 et janvier 1913, dont l'objectif public était rien moins que de mettre en évidence le pouvoir de la finance. Tous les grands financiers de la place ont ainsi défilé devant Sam Untermeyer, l'enquêteur de cette commission, qui dénoncera la puissance des banques d'investissement et leur contrôle du système industriel et bancaire. Le juriste Louis D. Brandeis en fera son miel dans un livre resté célèbre, dont l'une des premières phrases affirme : « L'élément dominant de notre oligarchie financière est le banquier d'affaires [15]. » La puissance et les rémunérations incroyables des dirigeants des banques J. P. Morgan, Drexel, Kidder Peabody et autre Kuhn & Loeb y sont dénoncées avec force.

Brandeis joua de toute l'influence dont il disposait auprès du président Wilson pour l'inciter à adopter une position ferme face aux banquiers privés. Il avait même déjà suggéré qu'il serait bon d'éviter le mélange des genres et qu'un banquier qui accorde des crédits ne devrait pas pouvoir diriger des activités de banque d'affaires [16], une proposition qui ne gagnera le devant de la scène que dans les années 1930... Après un vote positif à la Chambre des représentants en septembre et un autre au Sénat en décembre, les deux fois avec l'appui de parlementaires républicains, la nouvelle loi instituant la Banque centrale des États-Unis est votée et finalement signée par le président américain le 23 décembre 1913. Pour parapher ce texte historique, Wilson a utilisé quatre stylos-plumes en or qu'il a ensuite distribués : le premier à Carter Glass, le deuxième à Robert D. Owen, le président du premier Comité sur les questions bancaires créé au Sénat quelques mois plus tôt, le troisième à William Gibbs McAdoo, le secrétaire aux Finances, et le dernier au sénateur William Edwin Chilton, parce qu'il avait fourni les stylos [17] !

D'après Simon Johnson, ancien économiste en chef du Fonds monétaire international (FMI), et son coauteur, ancien cadre du secteur privé James Kwak, si les banquiers privés n'ont pas eu exactement ce qu'ils voulaient, « ils ont tout de même obtenu le plus important : une institution qui pouvait les sauver avec de l'argent public lorsque survenaient des crises financières [18] ». Une garantie de sauvetage qui aurait été acceptable si elle avait eu pour contrepartie une surveillance publique accrue des pratiques financières afin d'éviter les prises de risques excessives. Ce ne fut pas le cas : la nouvelle Réserve fédérale ne disposait pas de réels pouvoirs de régulation, son champ de compétence s'arrêtait aux banques commerciales, sans inclure les banques d'affaires, et rien n'indiquait ce qu'elle devait faire pour répondre à une panique bancaire, soulignent les économistes américains Michael D. Bordo et David C. Wheelock [19]. Son organigramme décentralisé, voulu à toute force par Glass qui avait en horreur toute forme de centralisation du pouvoir à Washington, laissait notamment un pouvoir important à la Réserve fédérale de New York, dont le premier dirigeant ne fut autre que Benjamin Strong.

La nouvelle Banque centrale « avait le pouvoir d'organiser un sauvetage, mais pas celui de freiner les activités risquées qui pouvaient le rendre nécessaire », concluent Johnson et Kwak [20]. La montée des risques dans les années 1920, qui se terminera par le krach d'octobre 1929, leur a donné raison.

4

1929 : la crise qui a changé la face de la finance

> « Dans le temple de notre civilisation, les financiers sont tombés de leur piédestal. »
>
> Franklin Delano ROOSEVELT, 4 mars 1933
>
> « Au début du New Deal, on a parlé de révolution. Puis on a finalement dit que ce n'en était pas une. Nos institutions demeuraient. Il s'agissait en réalité d'une révolution de point de vue. »
>
> Gardiner C. MEANS, économiste dans l'administration Roosevelt [1]

Avec la crise qui frappe les États-Unis, puis le reste du monde, à partir de 1929, on entre dans un domaine mieux connu. D'où la double difficulté, *a priori*, d'ouvrir une nouvelle fois ce chapitre de l'histoire : d'un côté, des millions de pages ont déjà été écrites sur le sujet ; de l'autre, comme le fait remarquer l'économiste et historien français Pierre-Cyrille Hautcœur, dans ces millions de pages « rien ou presque ne fait l'objet d'un accord général de la part des observateurs contemporains ou des analystes postérieurs » [2] ! On ne cherchera donc ni à refaire l'histoire de la Grande Dépression ni à départager ses critiques. Mais plutôt à tirer le fil des précédents chapitres : quels ont été les mécanismes de dérapage de la finance au cours des années 1920 qui ont amené le krach boursier de 1929 et l'enchaînement des crises bancaires du début des années 1930 ? De près, ils ressemblent à s'y méprendre à ceux mis en évidence dans les chapitres précédents. En cela, quelle que soit sa dimension historique propre, la crise de 1929 ne présente pas d'originalité.

La particularité des années 1930 tient en revanche à la façon dont les dérapages de la finance ont été traités politiquement par le gouvernement de Franklin D. Roosevelt. Comme après la crise de 1907, il a fallu du temps pour définir de nouvelles règles. Mais elles ont fini par voir le jour, après un débat politique intense sur l'utilité sociale de la finance, et changé radicalement le fonctionnement de cette dernière au profit d'une longue période de stabilité.

La mentalité spéculative à l'œuvre

Grâce aux travaux des économistes français Thomas Piketty et Emmanuel Saez, on sait que l'après-Première Guerre mondiale est marqué par une forte montée des inégalités aux États-Unis, qui culmine en 1928. Cette année-là, les 10 % les plus riches concentrent environ la moitié des revenus, une proportion alimentée par la situation des plus privilégiés d'entre eux, puisque les 1 % les plus riches accaparent à eux seuls un quart des revenus (*voir figure 3, chapitre 5, p. 148*). Pour John K. Galbraith, dont l'ouvrage sur la crise de 1929 est devenu un classique, ces inégalités ont essentiellement pour conséquence que la croissance économique devient dépendante de la volonté de consommation de luxe et d'investissement des riches. Une analyse intéressante mais insuffisante, car elle ne permet pas de faire le lien entre la dynamique des inégalités et les dérapages de la finance. Peut-on établir un tel lien dans les années 1920 ? Nous le pensons, et de deux façons.

L'accumulation de richesses par une minorité s'est accompagnée d'une forte collusion entre les pouvoirs politique et financier. Les deux présidences de Calvin Coolidge, de 1921 à 1929, sont celles d'un dirigeant proche des milieux d'affaires et qui n'aura de cesse de déréglementer l'économie pour laisser plus de place aux marchés. Même si son successeur Herbert Hoover, qui prend le pouvoir le 4 mars 1929, tentera quelques interventions après le début de la crise, il reste fondamentalement acquis aux milieux patronaux, en particulier ceux de la finance.

Les deux présidents sont servis en cela par le même secrétaire au Trésor – l'équivalent du ministre des Finances –, Andrew W. Mellon, un ancien banquier, ultralibéral avant l'heure, dont la principale conviction politique est qu'il faut réduire toute forme de redistribution fiscale. Il a ainsi mené une politique active de réduction des impôts sur l'immobilier, sur les dividendes et sur le revenu, le taux d'imposition marginal de la tranche la plus haute passant de 77 % au sortir de la Première Guerre mondiale à 24 % en 1925. Joseph Thorndike, l'un des meilleurs spécialistes de l'histoire fiscale américaine, rappelle également que l'époque Mellon a été marquée par un fort favoritisme fiscal : les parlementaires votaient des réductions d'impôt destinées spécifiquement à réduire la participation à l'effort fiscal national de tel ou tel de leurs amis en même temps que le fisc acceptait que les grandes entreprises bien en cour avec le pouvoir négocient le montant de leur imposition. En bon adepte du darwinisme économique, il était partisan de laisser les crises aller jusqu'à leur terme pour « purger » les économies de leurs éléments les plus faibles. Il est ainsi resté célèbre, et impopulaire, pour avoir conseillé au président Hoover, après le début de la crise de 1929, de « liquider le travail, liquider les actions, liquider les fermiers, liquider l'immobilier »...

La concentration des richesses semble également être favorable à un climat généralisé de spéculation. L'écrivain français Paul Claudel, alors ambassadeur de France à Washington, écrit le 4 décembre 1928 que, selon les experts de la Bourse, « dans le mouvement actuel, il y a 10 % ou 20 % de placements sains et 80 % ou 90 % de spéculation », c'est-à-dire uniquement fondés sur le fait que la hausse devrait entraîner la hausse, sans référence aux situations fondamentales des entreprises et des États qui émettent des actions ou des obligations sur les marchés financiers américains. Galbraith précise que ces périodes d'intenses spéculations sont marquées par un « droit acquis à l'euphorie » qui « pousse hommes et femmes, individus et institutions, à croire que les lendemains seront meilleurs, qu'ils ne peuvent que s'enrichir, et à repousser comme raisonnements fautifs tout ce qui entre en conflit avec cette conviction ». Une analyse partagée par John Moody, le fondateur de l'agence de notation éponyme, qui déclarait en 1927 que « personne ne peut passer en revue l'état des affaires et de la finance en Amérique sur la demi-douzaine d'années qui a précédé sans réaliser que nous vivons une nouvelle ère [3] ». Dans son analyse de la crise parue en 1934, l'économiste britannique libéral Lionel Robbins confirme cette croyance partagée en une « nouvelle économie ». « C'était l'époque où l'on disait que le cycle économique était mort [4] », ajoute Robbins dans un parallélisme saisissant avec la théorie économique des années 1990-2000, qui était arrivée à la même conclusion, au point de ne plus juger utile de réfléchir à la possibilité même de crises (*voir chapitre 5*). Et l'économiste Gary Gorton confirme encore, s'il en était besoin, cet état d'esprit, en mobilisant plusieurs prises de position publiques des années 1920, des universitaires aux élus en passant par des membres de la Fed, convergeant tous sur le même message : crises et paniques financières appartiennent au passé [5].

Si les économistes d'aujourd'hui ont perdu de leur légitimité aux yeux de l'opinion publique du fait que certains d'entre eux ont décidé de servir la finance, leurs confrères des années 1930 ont connu les mêmes soucis. Galbraith signale ainsi que, dans les années 1920, « posséder un économiste bien à soi » était le *must* dans les sociétés d'investissement [6]. On retrouve ainsi, à côté de professionnels complètement oubliés, quelques noms d'économistes passés au service de la finance et qui ont laissé leur empreinte, comme ceux d'Edwin W. Kemmerer, de Bernard Baruch ou du fameux professeur Irving Fisher, ce dernier déclarant quelques semaines avant le krach de 1929 : « le prix des actions a atteint ce qui paraît être un haut plateau permanent ».

Les journalistes ont également été pointés du doigt pour avoir propagé la bonne parole d'une finance sans risque, destinée à l'euphorie perpétuelle. Dans son livre sur le krach, l'historienne américaine Maury Klein n'hésite ainsi pas à qualifier le *Wall Street Journal* de l'époque de « porte-parole officiel du marché haussier ». De leur côté, les deux enquêteurs Gordon Thomas et Max-Morgan Witts rappellent que certains journalistes étaient même achetés « pour rédiger des comptes rendus favorables sur des sociétés douteuses » dans le contexte général d'une presse donnant un visage sympathique à la spéculation [7]. Parmi les grands quotidiens, seul le *New York Times* s'en sort pour avoir souvent dénoncé, en particulier par la plume de son chroniqueur Alexander Dana Noyes, déjà fin observateur de la crise de 1907, les illusions d'une spéculation qui ne pouvait aboutir qu'à une impasse. Signalons également avec Galbraith que des institutions que l'on n'appelait pas encore agences de notation avaient su se montrer critiques à l'égard des évolutions spéculatives, aussi bien du côté de Poor's que de la Standard Statistics Company [8] (les deux entreprises fusionneront en 1941 pour former Standard and Poor's). Mais que faire, s'interrogent Thomas et Witts dont l'étude fourmille d'anecdotes, quand même la plus célèbre astrologue de l'époque, Evangeline Adams, profite de la hausse des cours pour se spécialiser dans les prédictions boursières ! Il faudra le conservatisme d'un Al Capone pour résister à l'ambiance du moment et déclarer aux journalistes qu'il ne voyait pas la nécessité de jouer en Bourse, le marché étant bien trop fluctuant pour un homme qui ne voulait investir qu'avec prudence !

Tout ce climat d'euphorie était bien entendu alimenté par ses premiers bénéficiaires, les banquiers et financiers, qui y voyaient le moyen d'attirer toujours plus d'épargne vers la Bourse afin de maintenir le plus longtemps possible la période de hausse [9]. Ainsi, tout le monde connaissait l'optimisme de « Sunshine Charlie », le surnom de Charles E. Mitchell, président de la City Bank (l'ancêtre de l'actuelle Citigroup, grande banque américaine), la banque la plus imposante et la plus puissante de l'époque. La mise en évidence des pratiques douteuses et la chute de Mitchell en 1933, provoquées par une commission d'enquête sénatoriale, allaient, comme nous le verrons, grandement servir la politique régulatrice de Roosevelt.

Fraudeurs à la barre, acte I : Ponzi entre en scène

Comme le souligne à juste titre Galbraith, dans ce genre de période spéculative, « même si l'argent est abondant, il y a toujours beaucoup de gens qui en veulent davantage. Dans ces conditions, le taux des détournements s'élève », un constat également proposé par Lionel Robbins [10]. De fait, les États-Unis des années 1920 ont connu plusieurs escroqueries retentissantes.

Le plus célèbre fraudeur de la décennie est Carlo Ponzi. Son histoire a été maintes fois racontée, mais pas toujours de manière très juste si l'on en croit Mitchell Zuckoff, qui offre la biographie la plus complète. Italien de naissance, il s'embarque pour les États-Unis à l'âge de vingt et un ans. Carlo, devenu Charles, vit de petits métiers avant de partir pour Montréal. Là, il entame sa carrière dans la finance en entrant dans une petite banque destinée aux immigrés italiens. Apprécié par le patron – et par sa fille –, il devient directeur de la banque. Mal lui en prend : le propriétaire part avec la caisse – sans que l'on sache précisément dans quelle mesure Ponzi était au courant des malversations qui ont précédé ce départ précipité. Il est arrêté et condamné à trois ans de prison. Libéré au bout de vingt mois pour bonne conduite, il repart vers les États-Unis dix-sept jours plus tard, accompagné de cinq immigrés italiens sans papiers... et est arrêté et condamné, comme passeur, à deux ans de prison. Derrière les barreaux, il se lie d'amitié avec le banquier Charles W. Morse (*voir chapitre précédent*), dont les pratiques douteuses avaient pour partie provoqué la crise de 1907.

À la fin de sa période de détention, Ponzi vit de nouveau de petits métiers jusqu'à ce que le hasard lui place dans les mains un coupon-réponse postal international. À quoi servait-il ? Par exemple, un Français envoyant une lettre incluant un tel coupon aux États-Unis permettait à son correspondant d'aller à la poste locale et d'échanger le coupon contre de l'argent afin de payer les timbres nécessaires à l'affranchissement de la réponse. Au moment de la création des coupons en 1906, les membres de l'Union postale universelle – sûrement la plus ancienne institution de gouvernance mondiale encore existante puisqu'elle date de 1874 – avaient fixé les taux de conversion des coupons-réponses de telle sorte que, si un franc valait un dollar, on puisse acheter avec un coupon exactement le même nombre de timbres de chaque côté de l'Atlantique. Mais, avec la Première Guerre mondiale, les monnaies européennes ont perdu beaucoup de leur valeur par rapport au dollar. Ce qui fait qu'en 1920, en changeant par exemple un dollar en francs, on pouvait acheter un nombre de coupons en France dont la contrevaleur aux États-Unis était supérieure à un dollar. Un gain assuré et légal !

En décembre 1919, Ponzi crée la Securities Exchange Company, qui promet un rendement de 50 % en quatre-vingt-dix jours. En sept mois, Ponzi réussit à attirer 30 000 personnes qui lui confieront 9,6 millions de dollars, plus de 100 millions d'aujourd'hui. Quand on lui demande comment il peut offrir un tel rendement, il répond que c'est grâce aux coupons-réponses postaux internationaux. En fait, Ponzi paie les premiers investisseurs avec l'argent qu'il a récupéré des suivants jusqu'à ce que la confiance s'installe et qu'au bout de quatre-vingt-dix jours les épargnants laissent leur argent, croyant avoir accru leur pécule de 50 %. Bernard Madoff a tenu plusieurs années avec un tel système ; les enquêtes journalistiques et judiciaires ont démasqué Ponzi en sept, huit mois. En novembre 1920, il plaide coupable et se voit condamné à cinq ans de prison. À sa sortie, d'autres plaintes amènent de nouveaux procès. Il se sort des deux premiers, mais le troisième le renvoie à la case prison jusqu'en 1934. À sa sortie, n'ayant jamais obtenu la nationalité américaine, il est renvoyé en Italie. Il finira sa vie en 1949 dans un hôpital public de Rio de Janeiro, pauvre, aveugle et malade.

Avec le recul de l'histoire, le nom de la Securities Exchange Company de Ponzi n'est pas sans comporter une certaine ironie : une quinzaine d'années plus tard, Roosevelt créera la Securities and Exchange Commission, la SEC, chargée de réguler le marché boursier américain ! Dans les années qui ont suivi l'affaire, les Américains ont baptisé ce genre de fraude une « pyramide de Ponzi » ou un « schéma de Ponzi », expressions encore utilisées aujourd'hui. Si l'Italien n'était pas le premier à avoir monté ce genre de fraude, il y a gagné la célébrité.

Fraudeurs à la barre, acte II :
Kreuger, le roi de l'allumette

Grâce à la biographie que lui a consacrée Frank Partnoy, on connaît assez bien l'histoire de l'autre grand fraudeur de l'époque, Ivar Kreuger. À la différence de Ponzi ou de Madoff, l'homme d'affaires suédois a d'abord été un industriel. Roi de l'allumette dans de nombreux pays, il a également été le fer de lance d'une entreprise de construction et producteur de cinéma. Il a d'ailleurs joué un rôle essentiel dans la carrière de la belle et jeune Suédoise qu'il a aimée, Greta Gustafsson, plus connue sous le nom de Greta Garbo. La particularité de son holding d'affaires était de rapporter à ses investisseurs 25 % de dividendes par an. Même en 1929. Bien que ses activités industrielles fussent sources de profits, l'homme d'affaires opérait à partir d'un système financier pyramidal : il payait les anciens actionnaires en mobilisant l'argent de nouveaux investisseurs.

Jusqu'en 1922, son terrain de jeux est resté confiné à l'Europe. Il part ensuite à la conquête de l'Amérique. Avec succès. Il prépare toujours ses rendez-vous d'affaires avec un très grand sérieux. Apprenant par cœur les détails économiques et financiers d'un pays, il s'arrange pour que la conversation vienne sur ce terrain. Ce qui lui permet de citer de mémoire des données extrêmement précises, et vérifiables, censées montrer sa maîtrise des affaires du monde. Ils seront nombreux à s'y faire prendre. Kreuger est aussi un génie de la finance, un roi de l'innovation, comme par exemple les actions sans droit de vote – une façon de recevoir de l'argent sans perdre le pouvoir – ou les obligations convertibles en actions. Kreuger parviendra à mobiliser énormément d'argent aux États-Unis grâce à ses talents de séduction et à ses innovations.

Une inventivité qui en fait l'un des premiers escrocs à utiliser... les paradis fiscaux. Une fois l'argent américain mobilisé, son souci est de le faire sortir des États-Unis en toute opacité pour en faire ce que bon lui semble. Utilisant d'abord la Suisse, il finira par installer son argent au Liechtenstein, après que son frère eut négocié directement avec le ministre des Finances du pays. « Une fois l'argent envoyé à Vaduz, il entrait dans un trou noir », commente à juste titre son biographe. Tout cela se passe en 1923...

Kreuger est également un adepte des activités financières de hors-bilan, *a priori* essentiellement de la spéculation sur devises, si tant est que ces transactions aient vraiment existé. Il se fait également l'avocat de nouvelles normes comptables : dans une période d'euphorie boursière, il avance que sa société doit être évaluée au prix de marché (*fair value*) et qu'elle est donc plus riche que ce qu'indiquent les normes comptables traditionnelles. On se croirait dans les années 2000 !

La crise de 1929 mettra fin à tout cela. Les investisseurs n'investissent plus, sa comptabilité « créative » n'inspire plus confiance. On découvre enfin qu'il a fabriqué de faux bons du Trésor italiens. Il se suicide à Paris en mars 1932. Même si le doute subsiste quant au fait que le corps retrouvé au cœur des beaux quartiers parisiens ait bien été le sien... On demeure fasciné par la facilité avec laquelle Kreuger a pu mobiliser autant d'argent pendant aussi longtemps. Il aura fallu une certaine complaisance de la part des investisseurs et des commissaires aux Comptes, face à un financier qui leur servait de bons rendements. Seule une crise d'envergure mondiale a pu le démasquer, confirmant l'intuition de Galbraith selon laquelle « les escrocs les plus grands et les plus habiles ne sont découverts qu'à la dernière minute ». Ajoutons, pour faire bonne mesure, qu'au-delà de ces bandits de haut vol les enquêtes ont montré comment banquiers et autres financiers des années 1920 avaient souvent adopté des comportements peu scrupuleux sur les marchés boursiers et immobiliers.

Avant d'expliquer les mécanismes financiers de la crise, précisons un dernier point. Si le climat d'euphorie et de spéculation s'est généralisé dans les années 1920, tous les Américains n'ont pas pour autant placé leur épargne en Bourse ou dans la spéculation immobilière. Même si la légende de Pat Bologna, le cireur de chaussures de Wall Street qui, à force de parler avec les pontes de la finance, a fini par jouer, et perdre, ses économies à la Bourse, est avérée, le développement spéculatif des marchés financiers a d'abord profité aux plus aisés. Groucho Marx, qui a incité toute sa famille à spéculer, en sera l'une des victimes les plus connues (tandis que Chaplin, mieux inspiré, vendra tout en 1928 !).

Ainsi, une Commission d'enquête sénatoriale sur la crise a mis en évidence que, sur une population totale d'environ 120 millions de personnes, seules 1,5 million d'entre elles, soit environ 1,2 % des Américains, jouaient directement en Bourse. Sur ce total, seuls 600 000 avaient recours à des instruments financiers sophistiqués, les autres se contentant d'acheter et de vendre au comptant. L'économiste français Isaac Joshua précise de son côté que, en 1929, 5 % de la population recevaient plus de 80 % des dividendes distribués. Même si de nombreux comptes rendus racontent les déboires d'Américains moyens ruinés par la crise, le krach de 1929 et les crises bancaires des années 1930 ont donc d'abord été une crise de riches aux conséquences désastreuses pour le reste de la population.

Le prix des innovations

Comme lors des précédents épisodes exposés dans ce livre, les dérapages de la finance des années 1920 trouvent leur origine dans le développement d'innovations financières non maîtrisées. Celles-ci étaient présentes à la fois sur les marchés boursiers et immobiliers.

Du côté de la Bourse, Galbraith insiste sur le développement des sociétés d'investissement telles que Goldman Sachs. Sous ce vocable général, on trouve de multiples établissements spécialisés dans l'achat et la vente d'actions et d'obligations d'entreprises ou d'États à des fins de spéculation pour leurs clients ou pour eux-mêmes. Il s'agit d'attirer en permanence l'épargne du public vers les marchés financiers afin de nourrir des flux d'achats destinés à entretenir la hausse perpétuelle des prix des actifs. Les grandes banques d'affaires, comme J. P. Morgan, sont les spécialistes de ce genre d'activités, mais celles-ci ont explosé dans les années 1920 sous l'effet de la multiplication des filiales financières des banques commerciales et du développement des sociétés d'investissement indépendantes.

Selon Galbraith, il y avait environ 160 établissements identifiés comme « sociétés d'investissement » à la fin 1926, 140 de plus en 1927, 186 de plus en 1928 tandis que 265 sociétés supplémentaires voyaient le jour en 1929 ! Le montant des actifs gérés par ces entreprises a été multiplié par onze entre 1927 et 1929. Autre indicateur : selon la remarquable étude du professeur George W. Edwards, parue en 1938, sur la montée du capitalisme financier – qu'il qualifie de « capitalisme de titres » (*security capitalism*) – mondial et en particulier américain, l'Association des banques d'investissement comptait 277 membres en 1912 aux États-Unis et 688 en 1920, avant d'atteindre un pic de 1902 adhérents en 1929. Il souligne également qu'entre 1927 et 1929 les banques commerciales sont devenues, *via* le développement de départements de titres ou de filiales spécialisées, les principaux acteurs des marchés financiers américains.

Ce climat de concurrence exacerbée, où chacun veut profiter des commissions de placement des titres auprès du public tout en réalisant des plus-values conséquentes sur un marché censé monter jusqu'au ciel, incite tous ces établissements à faciliter les émissions d'actions et d'obligations d'entreprises ou de gouvernements, sans toujours s'assurer de la capacité de remboursement des émetteurs. Ainsi, selon les données d'Edwards, alors que sur la période 1914-1919 seuls 10,1 % des émetteurs d'obligations s'étaient retrouvés dans l'impossibilité de rembourser leurs dettes, ils étaient 21,6 % en 1925-1926 pour atteindre 31,1 % en 1929.

Le marché immobilier a également connu son lot d'innovations financières non contrôlées et déstabilisatrices, analysées par l'économiste américain Kenneth A. Snowden. Comme pour la Bourse, de nouveaux acteurs aux pratiques plus risquées prennent une place grandissante. Ainsi, si les Building & Loan Associations, sortes de caisses d'épargne spécialisées dans l'immobilier, ont vu le jour dès la fin du XIXe siècle, elles s'imposent dans le financement du crédit immobilier dans les années 1920, passant de 8 000 institutions en 1919 à 13 000 à leur apogée en 1927 et de 4 millions à 12 millions de clients, grâce à des prêts demandant moins de garanties que leurs concurrents.

L'innovation a également pris la forme de nouveaux produits financiers immobiliers. Des Compagnies de garanties immobilières ont développé un marché des assurances de crédits, proposant, en échange d'une prime d'assurance, de se substituer à un éventuel débiteur défaillant. En 1921, douze sociétés new-yorkaises proposaient ce genre de services ; en 1930, cinquante. Elles accordaient également des prêts immobiliers qu'elles transformaient en actifs financiers pour les revendre à des investisseurs selon le procédé de la titrisation, lequel a joué un rôle prépondérant dans la montée des risques qui a provoqué la crise des subprimes. Mieux : une partie de ces crédits immobiliers titrisés étaient placés comme actifs dans des « véhicules spéciaux », sortes de petites banques qui émettaient des « certificats d'investissement » pour récupérer du capital. Certains certificats étaient émis en contrepartie de larges emprunts immobiliers uniques, tandis que d'autres s'appuyaient sur des pools, des rassemblements d'emprunts différents, une activité connue sous le nom de CDO (*Collateralized Debt Obligations*) durant les subprimes. Où l'on voit que les techniques qui ont permis la dissémination des risques immobiliers liés au marché des subprimes étaient déjà bien actives quatre-vingts ans auparavant. Elles ont eu des effets moins néfastes mais tout aussi déstabilisants, s'ajoutant à la déconfiture financière des marchés boursiers.

Explosion de l'endettement

De l'ultralibéral Lionel Robbins au marxiste Isaac Joshua, tous les auteurs pointent le fait que si la déconfiture financière qui démarre en 1929 a atteint des extrémités, c'est parce que la spéculation boursière et immobilière des années précédentes a été nourrie par une explosion de l'endettement. C'est le mélange, explosif, d'innovations financières porteuses de risques mal contrôlés trempées dans le bain d'une multiplication des crédits spéculatifs qui gonfle les bulles les plus dangereuses, car elles fragilisent le système bancaire, et donc le financement de l'économie, après explosion.

Comme le montrent Edwards et Joshua, les banques sont devenues des acteurs doublement spéculateurs. D'un côté, les actions de sociétés privées sont passées de 44 % du total de leurs placements en 1923 à 52 % en 1928, les banques courant après les plus-values liées à la hausse continue de la Bourse. De l'autre, les prêts destinés à l'achat de titres sont passés de 22,5 % du total en 1921 à 38 % en octobre 1929. Entre 1921 et 1930, la croissance moyenne des prêts sur titres aux États-Unis a été de 98 %, avec des pics dans certaines régions comme celle de San Francisco (133 %) ou Chicago (129 %). Les investisseurs bénéficient alors des prêts soit directement, soit par leurs *brokers*, les intermédiaires qui interviennent en Bourse, en ne versant au comptant que de 20 % à 50 % du prix. Au final, pointe Joshua, « à la Bourse de New York, le volume d'échanges est de 236 millions d'actions en 1923, de 452 millions en 1926, de 1,1 milliard en 1929. Ce volume fait plus que doubler entre octobre 1926 et août 1929 [11] ».

Le crédit spéculatif touche également le marché immobilier. Selon les données compilées par Kenneth Snowden, le volume de crédits immobiliers – hors inflation – a triplé entre 1921 et 1929, faisant de cette décennie celle où leur croissance a été la plus rapide de tout le XXe siècle. On peut également noter que le crédit à la consommation de biens durables, en particulier l'automobile, a connu une forte croissance durant cette période, mais sans que cela contribue à disséminer du risque financier dans l'économie américaine, soulignant une nouvelle fois que toute forme d'expansion du crédit n'est pas nécessairement porteuse de risque.

Selon la relecture de la crise par les économistes américains Barry Eichengreen et Kris Michener, c'est bien le mélange entre innovations financières et « un boom de crédits qui a mal tourné » qui est à la base des mécanismes de dérapages financiers des années 1920, une analyse corroborée spécifiquement pour le marché immobilier par Kenneth Snowden. Et qu'un observateur comme Paul Claudel avait identifié, écrivant en janvier 1929 : « la situation actuelle présente certains symptômes inquiétants : d'une part, l'abus du crédit (pour la spéculation), [...] d'autre part, le goût persistant du public pour la spéculation » [12].

Une crise de la finance mondialisée

Le « Jeudi noir », le 24 octobre 1929, siffle la fin de partie de l'euphorie financière des années 1920, sous les yeux d'un Winston Churchill médusé qui, en voyage aux États-Unis, assiste à la séance... et à la disparition en direct de son épargne. En quelques jours, du jeudi au mardi suivant, la Bourse de New York s'effondre. Contrairement à une idée répandue, les autorités monétaires américaines ne sont pas restées inertes. Isaac Joshua souligne l'intervention immédiate de la Réserve fédérale de New York, qui amorce un mouvement de baisse des taux d'intérêt dès le 1er novembre 1929 qui durera jusqu'en juin 1930, les ramenant de 6 % à 2,5 %. Dans le même temps, elle fournit de l'argent frais au marché en accroissant le rythme de ses achats de bons du Trésor. Ce qui n'empêche pas Michael D. Bordo et David C. Wheelock de montrer, exemples à l'appui, combien la structure décentralisée de la Fed a contribué à une mauvaise gestion de la crise.

Cela n'empêche pas non plus les banques de connaître leurs premières grandes difficultés à la fin de 1930, marquée par une première vague de faillites. La suite de la crise résulte alors de la mondialisation financière qui marque déjà le système financier international. L'Allemagne est en effet la prochaine étape du dérapage des banques, mais celui-ci commence par toucher l'Autriche.

Le système bancaire autrichien est alors organisé autour du Creditanstalt, une banque trop importante pour que ses difficultés ne rejaillissent pas sur l'ensemble du système financier du pays. Au début de l'année 1931, elle détient la moitié des dépôts des grandes banques viennoises et environ 60 % du capital de l'industrie locale par ses participations. Le 11 mai 1931, elle annonce ses résultats pour 1930 qui montrent que les pertes réalisées sur ses placements ont mangé la quasi-totalité de son capital, ce qui provoque une ruée des déposants dans toutes les banques du pays. Le mouvement de panique gagne l'Allemagne : le 13 juillet, la Danat Bank est obligée de fermer ses portes et le 14 juillet toutes les banques allemandes sont fermées.

Comme le montrent bien les données rassemblées par Joshua, le système bancaire allemand est alors très dépendant de l'étranger. Prise par le poids des réparations imposées par le traité de Versailles au sortir de la Première Guerre mondiale, l'Allemagne n'a pu retrouver le chemin des marchés financiers internationaux qu'à partir de 1924, une fois que le plan Dawes, initié par les États-Unis, a permis de négocier un allégement de la dette due aux Alliés. Les entreprises allemandes en profitent : en 1930, 70 % de l'encours de leurs emprunts sur les marchés financiers viennent de l'étranger. En 1929, 44 % des dépôts des grandes banques de Berlin sont étrangers, contre 25 % en 1926. De plus, ils sont de courte durée, de un à trois mois, et le plus souvent en devises, la mémoire de l'hyperinflation allemande du début des années 1920 étant encore très présente. Or, si les premiers mois qui ont suivi le krach de 1929 ont été favorables à l'Allemagne, les investisseurs recherchant des placements alternatifs aux États-Unis, la persistance de la crise les conduit ensuite à rapatrier leur épargne pour faire face à leurs pertes ou, par précaution, pour en éviter de nouvelles dans un climat de marchés baissiers. Tel un pays émergent des années 1990, l'Allemagne subit alors une fuite des capitaux des investisseurs étrangers.

Les deux économistes et historiens américains Mickael D. Bordo et Harold James ont montré combien la réponse à la crise bancaire des autorités autrichiennes et allemandes tinte familièrement aux oreilles de ceux qui ont connu la chute de Lehman Brothers. En Autriche, le gouvernement recapitalise la Danat Bank (qu'il fusionne avec d'autres établissements) et le reste du système bancaire pour un montant total équivalent à 9-10 % du PIB. Le sauvetage des banques est alors très contesté par la population, d'autant plus qu'une partie de l'argent distribué le sera d'une manière douteuse, ce dont le parti nazi saura faire son miel. En Allemagne, le gouvernement garantit les emprunts sur le marché interbancaire pour que les banques continuent à se prêter entre elles, ce qu'elles se refusaient à faire à cause de la crise. Il recapitalise les banques avec de l'argent public et finit par créer une « *bad bank* », un établissement chargé de récupérer les mauvaises créances du système. Là aussi, une partie de l'argent public sera détournée – pour financer la campagne présidentielle de Paul von Hindenburg à la présidence. En Autriche et en Allemagne, les recompositions du système bancaire incluent des expropriations de banquiers juifs, avant l'arrivée au pouvoir des nazis. Les problèmes des banques européennes se répercutent sur les banques anglaises, ces dernières étant moins promptes, nous dit Lionel Robbins, à retirer leurs avoirs d'Allemagne que leurs consœurs françaises et américaines.

À la crise bancaire vient bientôt s'ajouter une crise de change : la déconfiture du shilling autrichien entraîne celle du reichsmark allemand qui entraîne celle de la livre sterling, obligée de sortir de l'étalon-or le 21 septembre 1931. L'effondrement de la devise clé du système monétaire international suscite un vent de panique supplémentaire auquel de nombreux États, comme la France et les États-Unis, essaient de répondre en s'efforçant de ne pas dévaluer leur monnaie par rapport à l'or, ce qui signifie la mise en œuvre de politiques économiques restrictives pour réduire les besoins en capitaux extérieurs au prix d'un effondrement de la croissance. Les États-Unis finiront par lâcher l'or en avril 1933 et la France en 1936, sous le Front populaire. Les pays qui abandonnent la référence à l'or entrent alors dans une suite de dévaluations qui leur redonnent un peu de compétitivité, vite perdue par les dévaluations des autres devises. En somme, résume Isaac Johsua, il y a alors « pour l'économie mondiale deux façons de mourir, et aucune n'est particulièrement agréable : s'en tenir à l'étalon-or, et en payer le prix en termes d'activité ; ou suivre le mouvement général de dépréciations compétitives, et refiler la pelote empoisonnée à son voisin, [...] en une spirale sans fin qui tire tout le monde vers le bas [13] ».

Les problèmes de l'Europe reviennent en boomerang aux États-Unis et entraînent à partir de mars 1931 une deuxième vague de crises bancaires, bientôt suivie, fin 1932 et surtout début 1933, par une troisième vague qui incitera Franklin D. Roosevelt, en poste le 4 mars 1933 – à l'époque, les présidents américains élus en novembre prenaient officiellement les rênes de l'État en mars et non en janvier comme aujourd'hui –, à décréter la fermeture de l'ensemble des banques dès le 9 mars, institutionnalisant un état de fait de plus en plus répandu dans le pays depuis plusieurs semaines.

Les crises bancaires seront suivies d'une Grande Dépression dont les États-Unis ne sortiront finalement qu'avec la Seconde Guerre mondiale. En attendant, le nouveau gouvernement démocrate, fraîchement élu en novembre 1932, se montre à la hauteur du dérapage historique auquel il fait face en modifiant radicalement les conditions de fonctionnement de la finance américaine dans le sens d'une plus grande stabilité. Expliquons maintenant comment Roosevelt a réussi, grâce à son habileté politique, à profiter d'un contexte favorable pour imposer des législations de compromis qui ont déplacé le curseur idéologique vers la fin de la croyance dans l'autorégulation des marchés et la nécessité de bâtir un capitalisme régulé.

L'impact de la commission Pecora

Face à la déconfiture de la finance et de l'économie américaines, le président Hoover, bien que proche des milieux d'affaires, cherche un bouc émissaire à ses difficultés. Début 1932, il désigne alors à la vindicte publique le *short selling*, qui consiste à emprunter pour acheter des titres, par exemple des actions, pour les revendre immédiatement et les racheter plus tard en pariant qu'entre-temps le prix aura baissé et empocher la différence. En agissant de la sorte, ces spéculateurs peuvent transformer un moment d'incertitude ou un début de baisse en une véritable dégringolade des titres qu'ils vendent. Après la chute de Lehman Brothers en 2008 et lors de l'attaque contre les titres de la dette souveraine du gouvernement grec en 2010, les hommes politiques ont attaqué le *short selling* de la même façon... sans aboutir, pas plus que dans les années 1930, à sa régulation.

En février 1932, Hoover demande donc à l'un de ses proches au Sénat, Frederic Walcott, de créer une commission d'enquête sur ces pratiques. Il ignore que, ce faisant, il vient de déclencher une bombe à retardement contre la finance, qui explosera un an plus tard, une histoire magnifiquement racontée par le professeur de droit américain Michael Perino.

Au début, le projet a tout du pétard mouillé. Walcott, ancien banquier d'affaires ultraconservateur, traîne les pieds, tandis que Richard Whitney, le président de la Bourse de New York, réfute tout rôle de la spéculation dans la crise. En mars 1932, le sénateur républicain Peter Norbeck s'empare de la commission dont il veut faire un outil politique permettant d'analyser de manière plus large le pouvoir de la finance. Mais, alors qu'il doit avoir terminé avant mars 1933, en janvier il n'a toujours rien produit. Norbeck ne maîtrise pas le sujet et connaît plusieurs mésaventures avec les juristes qu'il embauche pour mener les auditions. Jusqu'à ce qu'on lui conseille de recruter un professionnel de cinquante et un ans qui travaille dans le privé à régler des contentieux commerciaux mais est aussi un ancien assistant du procureur : Ferdinand Pecora. Sicilien d'origine, le jeune Pecora avait travaillé dès l'âge de dix ans, avant et après l'école, pour aider sa famille à vivre. Engagé aux côtés du Parti démocrate, il a failli être élu procureur, mais a dû laisser sa place dans le cadre d'une bataille interne au parti. Lorsque Norbeck l'appelle le 22 janvier 1933, il répond présent sans hésiter.

D'après Michael Perino, Pecora a d'emblée un projet politique : s'il parvient à montrer combien la spéculation et les comportements douteux de la finance sont monnaie commune et non le fait de quelques escrocs, il pourra ouvrir la voie à une politique sérieuse de régulation. Pour cela, il doit faire vite. Et donc choisir une cible symbolique de la finance et l'abattre. Ce sera Charles Mitchell, le patron de la City Bank.

Il est vrai que l'homme a tout pour déplaire. C'est le type même du banquier arrogant. Dirigeant la plus grande banque du pays, il affiche une richesse ostentatoire, un engagement ultraconservateur et joue les visiteurs du soir chez Coolidge et Hoover pour porter la bonne parole de l'autorégulation des marchés et des méfaits de l'intervention de l'État dans l'économie. Quand Pecora lui envoie une citation à comparaître, il s'apprête à prendre le bateau pour l'Europe, à l'appel de Mussolini qui réclame ses conseils en matière de change… Pecora dispose de peu de temps et de peu de moyens. Il passe plusieurs jours et plusieurs nuits à travailler sur les comptes rendus des conseils d'administration de la banque et de sa filiale de marché des cinq années qui ont précédé. Il demande également au fisc de lui envoyer des informations sur Mitchell. Muni de ces quelques données, il va faire face au plus puissant banquier du moment soutenu par son armée de conseillers. Il en viendra à bout en cinq jours.

Le combat démarre le 21 février 1933, pièce 301 du Sénat. Pecora démarre doucement avec quelques questions de base sur l'organisation de la banque, ce qui lui vaut des réponses arrogantes de Mitchell qui n'a que mépris pour ce petit fonctionnaire de gauche. Il est déjà tombé dans le piège : c'est exactement l'image que veut donner de lui Pecora, qui peut désormais lancer les deux attaques qu'il a préparées.

La première consiste à mettre en évidence le système de bonus mis en place par Mitchell : il bénéficie aux hauts responsables de la filiale financière, mais aussi de la banque commerciale, qui touchent le jackpot deux fois par an, servis en premier, avant les actionnaires. Conclusion : ils sont incités à prendre un maximum de risques de court terme pour faire des profits rapides qui se traduisent immédiatement par des gains personnels, quels que soient les risques pris.

La seconde attaque vise directement le président de la banque. Mitchell se vante d'avoir acheté sur ses propres deniers des actions de sa société après le krach d'octobre 1929, pour soutenir le cours et « protéger [les] actionnaires ». Mais, quand Pecora lui demande s'il a également procédé à quelques ventes d'actions, Mitchell louvoie et finit par avouer qu'il a effectivement effectué quelques « transactions personnelles ». Plus précisément ? Fin 1929, il a vendu 18 300 actions à sa femme pour afficher une moins-value boursière et réduire d'autant ses impôts, avant de les lui racheter au même prix début 1930. Grâce à ce petit stratagème, après avoir engrangé 1,1 million de dollars de salaires et de bonus en 1929 – l'équivalent de 14 millions de dollars de 2011 –, Mitchell était non imposable...

À la fin de la première journée, la confiance en la City Bank et son dirigeant est sérieusement ébranlée. Plus personne ne peut le soutenir, résume Michael Perino : « ni les actionnaires, maintenus dans l'obscurité sur les montants amassés par les dirigeants ; ni les clients, qui faisaient confiance à l'institution pour recevoir des conseils financiers fiables ; et certainement pas le gouvernement fédéral, dont les impôts pouvaient facilement être évités avec quelques lignes comptables [14] ». Les jours qui suivent ne font que compléter la démonstration. Pecora explique comment les commerciaux poussaient les épargnants à acheter des actions de la banque présentées comme un investissement sans risque ; comment, devenus actionnaires, on en profitait pour leur vendre d'autres produits risqués ; comment l'entreprise a été sortie de la Bourse pour mieux manipuler le cours à la hausse, notamment au profit personnel de Mitchell qui devait de l'argent à Morgan et devait absolument montrer qu'il était à la tête d'un patrimoine suffisant pour le rembourser ; comment des pools d'investisseurs étaient organisés pour pousser les actions à la hausse, etc.

Tous les épisodes de l'affrontement entre Pecora et Mitchell font la « une » des journaux. Alors que les crises bancaires se succèdent, Pecora n'a pas hésité à discréditer la première d'entre elles. Et ses accusations portent. Le 26 février 1933, Mitchell démissionne. Le 21 mars, il est arrêté pour fraude fiscale. Après six semaines de procès, défendu par l'un des avocats les plus réputés qui dénonce la diabolisation et la « psychologie de foule » à l'égard de son client, il est acquitté. Le gouvernement le poursuit au civil et la Cour suprême statue en 1938 qu'il doit 1,1 million de dollars au fisc. Il négocie un compromis à l'amiable et, après avoir remboursé Morgan en lui abandonnant plusieurs maisons, il développe sa propre banque d'affaires et meurt, de nouveau riche, en 1955.

Mais la commission Pecora porte également ses fruits côté politique. Le juriste a réussi à montrer les turpitudes de Wall Street et la nécessité urgente d'une régulation. Roosevelt applaudit. Il demande d'ailleurs à Pecora de poursuivre ses investigations pour maintenir la pression sur les financiers qui voudraient l'empêcher d'avancer, ce qui donnera quelques bons moments lors de l'interrogatoire de Jack Pierpont Morgan au mois de mai. Il montre que le magnat de la finance n'a pas payé d'impôt au cours des dernières années, profitant de la déductibilité des moins-values boursières pour réduire ses revenus. Rien d'illégal, mais comme l'explique merveilleusement le spécialiste d'histoire fiscale américain Joseph J. Thorndike [15], en période de crise, personne ne fait la différence entre optimisation, évasion et fraude fiscale ; tous ces comportements sont considérés comme antidémocratiques, notamment par Roosevelt dont les mandats seront marqués par une lutte permanente contre l'optimisation fiscale agressive. Pecora montre également que Morgan permettait à certains « amis », de qui il attendait un soutien en retour, d'acheter des actions à des prix inférieurs à ceux du marché, sa « liste préférentielle » incluant aussi bien des républicains comme l'ex-président Coolidge ou l'aviateur Charles Lindbergh, que des démocrates comme Owen D. Young, John R. Raskob et même William H. Woodin, tout juste nommé secrétaire du Trésor par Roosevelt [16] !

Ferdinand Pecora aurait souhaité prendre la tête de la nouvelle institution créée par le président pour réguler la Bourse, la Securities and Exchange Commission, la SEC. Mais on lui préfère Joseph P. Kennedy, le père du futur président, dont la fortune tient en partie aux manipulations de marché dénoncées par Pecora ! Ce dernier est bien nommé membre de la SEC, mais démissionne au bout de six mois pour devenir juge à la Cour suprême de New York. En 1950, il tente vainement de devenir maire de New York et retourne à sa vie d'avocat dans le secteur privé avant de mourir en 1971. Les plus de 12 000 pages d'auditions et le rapport final de la commission Pecora restent encore aujourd'hui un témoignage très instructif et captivant des dérapages de la finance américaine des années 1920 [17].

Une demande de régulation

Lorsque Roosevelt prend les rênes du pays en mars 1933, les crises bancaires à répétition entretiennent l'idée d'une nature instable de la finance et des dangers qu'elle peut faire peser sur l'économie et la société. La commission Pecora a mis en évidence le comportement des financiers, « minorité organisée » dont l'objectif est d'accaparer la richesse nationale et dont les pratiques suscitent « une sombre réflexion sur le niveau d'éthique de la fraternité bancaire ». Le rapport final de la commission, publié en juin 1934, reviendra également sur le refus des Bourses de toute forme de régulation au motif que leurs acteurs seraient à même de se discipliner tout seuls :

> « Pendant l'orgie spéculative des années 1928 et 1929, les autorités boursières n'ont fait aucun effort approprié pour freiner l'activité sur leurs marchés. Au contraire, elles ne considéraient pas comme de leur responsabilité de décourager une spéculation excessive et de prévenir le public que la valeur des titres était amplifiée à l'excès [18]. »

La demande de régulation des banques et des marchés est très forte de la part du public, de la presse et des parlementaires.

Mais Roosevelt doit commencer par éteindre le feu. Le jeudi 2 mars 1933, deux jours avant son investiture, vingt et un États américains ont déjà fermé leurs banques pour éviter la faillite. Les autres États suivent le même chemin, y compris celui de New York, le principal centre financier, après bien des hésitations. Le président Hoover aurait-il dû intervenir au niveau fédéral pour calmer la panique ? Un important débat juridique a eu lieu alors pour savoir s'il en avait le droit sur la base de pouvoirs d'urgence conférés au président des États-Unis en 1917, au moment de la guerre, et toujours *a priori* en vigueur. Helen Burns, la documentaliste en chef de la bibliothèque de droit de la Réserve fédérale de New York, qui a publié un passionnant ouvrage d'analyse des combats juridiques et politiques de Roosevelt pour réguler la finance, raconte comment celui qui allait bientôt prendre la tête du pays a été convié par Hoover à une réunion sur le sujet à la Maison-Blanche. Roosevelt avoue qu'il s'est lui aussi interrogé sur la possibilité d'utiliser ce vieux texte mais qu'il ne veut en rien apporter sa caution aux choix de Hoover : « J'attendrai à mon hôtel, Monsieur le président, pour savoir ce que vous décidez [19]. » Les événements iront plus vite que les discussions : le jour où Roosevelt devient officiellement président des États-Unis, le samedi 4 mars, tous les États ont fermé leur système bancaire et la finance américaine est paralysée.

Le nouveau gouvernement agit vite et Raymond Moley, l'un des principaux conseillers de Roosevelt, n'hésite pas à souligner combien les hommes de Hoover travaillent en harmonie avec le nouveau pouvoir pour tenter de maîtriser la crise durant la nuit qui précède l'investiture du nouveau président[20]. Dès le 5 mars, constatant que leurs dirigeants n'ont rien à proposer pour régler le problème, les banques sont fermées officiellement partout dans le pays pour trois jours, une fermeture finalement prolongée jusqu'au 13 mars qui voit les établissements des grandes villes rouvrir progressivement. La première puissance économique et politique mondiale a vécu sans système bancaire pendant plus d'une semaine ! Le pouvoir du gouvernement de fermer les banques, de les inspecter et de prendre la décision de les fermer ou de les rouvrir est acquis par le vote, le 9 mars, de l'*Emergency Banking Act*, une loi présentée, votée par le Sénat, par la Chambre des représentants et signée par le président en deux heures !

Cette première étape passée, Roosevelt va s'attaquer au problème de fond et changer les règles du jeu de la finance. De ce point de vue, cette période est souvent perçue comme une sorte d'âge d'or par tous ceux qui souhaitent un contrôle public fort de la finance, un moment où, dans un climat de crise, une farouche volonté politique a imposé sa loi au secteur financier.

En fait, Roosevelt a peu abordé le thème de la régulation financière durant la campagne. Le sujet ne faisait *a priori* pas partie des priorités politiques du président au moment de sa prise de fonction, à en croire Raymond Moley et l'historien Arthur M. Schlesinger[21]. Ceux qui, comme Rexford G. Tugwell, autre proche conseiller de Roosevelt, voulaient profiter de la crise pour s'affronter directement aux banquiers, y compris par le biais de nationalisations, ont été exclus des débats entourant le président[22].

Mais celui-ci finira par se lancer dans la bataille de la régulation. Un combat rude et de tous les instants. Pour parvenir à ses fins, le président Roosevelt a montré une habileté politique certaine, y compris vis-à-vis de ses propres troupes. Et son objectif était moins de faire rendre gorge aux financiers que de trouver des compromis permettant d'obtenir une plus grande stabilité, tout en sauvegardant la rentabilité des banques. Avec, pour but ultime, la promotion d'un financement bon marché de la croissance américaine. Un programme plus réformiste que révolutionnaire. Mais qui a complètement changé la donne intellectuelle, en mettant à mal l'idée d'une capacité de la finance à s'autoréguler et qui a montré son efficacité pratique en ouvrant une période de plusieurs décennies de stabilité.

Quatre ans de batailles politiques

Entre 1913, date de naissance de leur Banque centrale, et 1933, les États-Unis n'ont pratiquement pas fait évoluer leur régulation financière. Mis à part le *McFadden Act* de 1927, qui interdisait aux banques de s'installer dans plusieurs États, ce qui a contribué à la multiplication du nombre de petites banques locales dont une bonne partie disparaîtront dans les années 1930, et qui permettait également aux banques commerciales nationales, qui le faisaient déjà mais dans une situation d'incertitude juridique, d'ouvrir des filiales de banque de marché.

Confronté à l'effondrement de la Bourse, le président Hoover déclare en décembre 1929 qu'« il est désirable que le Congrès considère une révision d'une partie des lois bancaires ». Un débat s'ouvre sur le sujet dès février 1930 et au Sénat en avril, mais les années 1930 et 1931 sont marquées par quelques mesures d'urgence visant à répondre à la crise sans avancées en termes de régulation. Et en décembre 1931, à nouveau, Hoover peut affirmer « je recommande une rapide amélioration des lois bancaires » sans traduire ses paroles en actes politiques.

Au Sénat, le démocrate Carter Glass, à l'origine de la création de la Fed en 1913 avec le président Wilson, met sur la table une proposition de loi en janvier 1932 qui vise trois objectifs : inciter la Fed à faire pression sur les banques pour limiter les prêts spéculatifs et le montant des prêts que les Fed régionales peuvent accorder aux banques en échange de la remise d'actifs financiers comme garantie ; permettre aux banques de s'installer dans l'État qu'elles souhaitent ; imposer aux banques commerciales de se débarrasser de leurs filiales de banque de marché. De son côté, le député démocrate Henry Steagall dépose en avril un projet de loi visant à assurer une protection des dépôts des clients des banques.

Ces propositions provoquent immédiatement une levée de boucliers de la part des financiers privés. Comme le raconte dans le détail Helen Burns, ils nient la réalité de la crise qui se déroule sous leurs yeux en assurant qu'ils sont capables de s'autoréguler, que la loi ne peut pas décider de supprimer la spéculation, qu'une Banque centrale ne peut pas décider du niveau des besoins de financements locaux, que les banques commerciales doivent conserver leurs filiales financières pour permettre un bon financement des entreprises, etc. Le projet d'une assurance des dépôts suscite les mêmes critiques virulentes au motif que cela suggère au public que les banques pourraient ne pas les rembourser, ce qui accentue la panique ; les grandes banques qui contribueraient plus aux ressources du fonds paieraient finalement pour les plus petites, moins bien gérées. Les débats sont violents lors d'auditions au Sénat ou à la Chambre des représentants et dans la presse, les financiers privés revenant presque toujours aux trois mêmes idées : l'autorégulation est efficace, toute centralisation des pouvoirs de régulation publique est nuisible, et on ne change pas les règles du jeu en période de crise.

Deux autres sources d'opposition sont présentes. L'une provient du sénateur populiste Huey Long, qui bloque l'avancée des projets de Glass début 1933 par l'un des fameux *filibusters* dont la politique américaine a le secret, une forme d'obstruction parlementaire qui permet à un élu de parler indéfiniment afin de retarder voire d'empêcher un vote – pour une illustration cinématographique, voir le célèbre film de 1939 de Frank Capra *Mr Smith Goes to Washington* (*Monsieur Smith au Sénat*), où un sénateur joué par le jeune James Stewart poursuit son *filibuster* jusqu'à l'épuisement. L'autre opposition provient des Fed régionales, emmenées par celle de New York, qui contestent la centralisation du pouvoir entre les mains des dirigeants de la Fed.

Il faut attendre l'arrivée au pouvoir de Roosevelt pour que l'impulsion politique définitive soit donnée et que les projets aboutissent par la promulgation de nouvelles lois en 1933, 1934 et 1935.

Un « Glass-Steagall Act » qui n'existe pas !

Après avoir pris les mesures d'urgence nécessaires au sauvetage du système bancaire, le président s'attaque au dossier de la régulation financière dès la mi-mars 1933. Grâce à la commission Pecora, la première loi, le *Securities Act*, voit le jour dès le mois de mai. Le président de la Bourse de New York, Charles Whitney, a bien essayé de mener la fronde, mais sans succès. Il l'a fait par foi dans la capacité des marchés à s'autoréguler, mais peut-être aussi pour des motifs plus personnels : la justice découvrira en 1938 qu'il a détourné de l'argent... pour tenter de combler ses pertes grandissantes à la Bourse ! Emprisonné à Sing Sing en avril 1938, il en sortira pour bonne conduite en août 1941.

La loi de 1933 se contente pourtant de réclamer un enregistrement et une meilleure information sur les titres financiers offerts au public pour éviter les activités douteuses des années 1920 – les banques incitaient les épargnants à acheter tout et n'importe quoi pour toucher leurs commissions. Le rapport final issu du travail de Pecora donne maintes illustrations de la façon dont les banquiers ont joué contre leurs clients, notamment sur la base de titres d'endettement émis dans les pays émergents latino-américains (Brésil, Chili, Cuba, Pérou, etc.). Il faudra attendre juin 1934 pour qu'un nouvel *Securities Exchange Act* crée une institution de contrôle des marchés, la SEC, avec la charge d'éviter la manipulation des cours, d'imposer un modèle minimal de reporting comptable des sociétés cotées, de contrôler les marges sur les transactions et l'utilisation du crédit pour les transactions financières.

En attendant, le 10 mai 1933, le sénateur Glass propose un nouveau projet de loi de régulation financière, bientôt suivi par le député Steagall qui, le 17, introduit le même texte à la Chambre des représentants. Dès le 16 juin, Roosevelt peut signer son *Banking Act* qui comporte trois points importants.

D'abord, la séparation des activités de banque commerciale et de banque d'affaires : les premières n'ont plus le droit de souscrire des titres émis par des émetteurs privés pour les revendre au public et ont un an pour se séparer de leurs filiales financières ou devenir banques d'affaires. C'est cette partie du *Banking Act* qui le fera baptiser « *Glass-Steagall Act* » du nom de ses promoteurs, même si officiellement aucune loi ne porte ce nom. La loi ne fait d'ailleurs que confirmer et rendre obligatoire un mouvement amorcé par la commission Pecora : le successeur de Charles Mitchell a déjà annoncé en mars 1933 que la City Bank se séparait de sa filiale financière, suivie quelques jours plus tard par la Chase National Bank [23].

Ensuite, un mécanisme d'assurance des dépôts est créé sous la responsabilité de la Federal Deposit Insurance Corporation (FDIC) pour protéger les déposants de la faillite éventuelle de leur banque, avec un taux de protection dégressif en fonction du montant accumulé sur le compte. Les banques sont ainsi mises à contribution pour nourrir un fonds destiné à payer le coût de la crise en cas de faillite.

Enfin, les pouvoirs du Federal Reserve Board sont renforcés par rapport aux Fed régionales afin de permettre une meilleure coordination de la fourniture de liquidités au système financier par la Banque centrale.

Comme dans le cas des marchés, le gouvernement Roosevelt s'y prendra à deux fois pour réguler le système bancaire. Le président remet en effet le sujet sur la table à l'automne 1934, ce qui conduit à une nouvelle proposition de loi en février 1935. Celle-ci comporte trois points, dont deux sont destinés à contenter les banquiers pour leur faire accepter le troisième : le titre 1 adoucit les conditions des calculs du FDIC ; alors que la loi de 1933 imposait aux hauts cadres des banques de rembourser les prêts personnels reçus de leurs établissements avant le 1er juillet 1935 ou de démissionner, le titre 3 étend la période de grâce car ils sont nombreux à ne pas l'avoir fait encore ; quant au titre 2, il renforce fortement les prérogatives du Federal Reserve Board en lui donnant le contrôle complet de la fourniture de liquidités aux banques et même aux institutions non bancaires – grâce à la section 13.3, devenue fameuse après la crise des subprimes car la Fed l'a utilisée pour aider les banques d'affaires en difficulté – et en lui octroyant la possibilité d'approuver ou non les gouverneurs que choisissent les membres des Fed régionales.

Cette centralisation du pouvoir qui amène enfin la Fed à jouer le rôle de véritable Banque centrale fait hurler les banquiers. La presse financière se mobilise. *Business Week* écrit par exemple que « le gouvernement est en train d'installer une dictature économique dans ce pays par la simple procédure qui consiste à confisquer le contrôle complet de notre système bancaire et de crédit », rien de moins ! Winthrop Aldrich, le patron de la Chase, qualifie la loi d'« instrument d'autorité despotique » et James H. Perkins, qui a remplacé Mitchell à la tête de la City Bank, affirme qu'elle « place dans les mains d'un conseil le pouvoir d'imposer de manière arbitraire la politique monétaire du pays »[24]. Dans un vaste effort, les banquiers envoient des courriers à leurs clients et à leurs actionnaires pour leur demander de se mobiliser contre cette évolution.

Le pouvoir des Banques centrales de définir la politique monétaire, à la fois le niveau du taux d'intérêt et le volume de liquidités qu'elles sont disposées à prêter aux banques, est jugé tellement nécessaire au début du XXIe siècle que l'on s'étonne du ridicule de la virulence avec laquelle les banquiers privés des années 1930 ont cru devoir se mobiliser. Qui plus est, sans résultat : après bien des débats au Sénat et à la Chambre des représentants, Roosevelt signe un nouveau *Banking Act* le 25 août 1935[25]. Désormais, la Banque centrale des États-Unis est dirigée par un conseil des gouverneurs de sept membres nommés par le président et confirmés par le Sénat, et le secrétaire au Trésor n'en fait plus partie. La politique monétaire est décidée de manière centralisée par un Federal Open Market Committee formé des gouverneurs et de cinq représentants des douze Fed régionales qui y siègent à tour de rôle. Une organisation toujours en place depuis.

Comment Roosevelt a manipulé Carter Glass

Alors que les premières propositions de régulation financière étaient formalisées de manière assez avancée en 1932, seule la victoire de Roosevelt et sa prise de fonction officielle ont permis la signature des lois de 1933, 1934 et 1935. Il aura donc fallu six années après le krach de 1929 pour définir et mettre en œuvre les nouvelles règles du jeu de la finance américaine, l'essentiel étant réalisé au cours des deux dernières années.

L'une des raisons de ce succès a été l'implication du président Roosevelt. Il a suivi de près les dossiers et donné les impulsions politiques nécessaires. Il a également su entretenir un climat politique favorable à son projet. Selon les informations fournies par Helen Burns, on peut comprendre qu'afin de maintenir la pression sur les financiers il a laissé courir les bruits d'une possible nationalisation du secteur bancaire, réclamée par l'un de ses conseillers économiques Rexford G. Tugwell, à laquelle il n'était pas lui-même favorable. En 1933, Albert C. Agnew, juriste à la Fed de San Francisco, pouvait ainsi déclarer publiquement : « Soit les banquiers de ce pays réaliseront qu'ils sont les gardiens de l'argent qu'on leur a confié et ils se conduiront en conséquence, soit la banque cessera d'être une activité privée et deviendra purement régalienne. »

Il a également encouragé Pecora à poursuivre son travail. Le mandat de la commission a été étendu après sa prise de fonction, les auditions ont continué et le rapport final n'a été remis qu'en juin 1934. Dans l'intervalle, même si aucun événement comparable à la chute de Charles Mitchell n'a eu lieu, la presse s'est fait régulièrement l'écho des débats, notamment durant l'épisode Morgan, contribuant à mettre en évidence les comportements douteux des financiers. Dans le même temps, habilement, Roosevelt n'a cessé d'envoyé des messages de conciliation aux banquiers, notamment, on le verra ci-après, dans le choix des nominations à quelques postes clés.

Roosevelt a aussi magnifiquement manipulé celui qui, au sein de son parti, aurait pu lui nuire sur ces dossiers, le vieux sénateur Carter Glass. Même s'il a laissé son nom à une loi de régulation financière imposant aux banques une restructuration de leur métier, Glass fait partie des démocrates conservateurs très attachés à la décentralisation des pouvoirs et à une intervention réduite de l'État. « En tant que père du *Federal Reserve Act*, promoteur d'une législation correctrice en discussion au Congrès, ancien secrétaire au Trésor de Woodrow Wilson et leader du Parti démocrate sur les questions bancaires, il était le choix logique » pour être nommé secrétaire au Trésor, souligne Helen Burns. Et, de fait, Roosevelt lui propose le poste début 1933. Mais pas seulement pour une question de logique : il cherche à lier Glass aux futures décisions du gouvernement. Sa nomination libère également un siège au Sénat pour un de ses proches. Enfin elle envoie à la communauté d'affaires un signal rassurant : Glass s'est toujours prononcé en faveur de l'équilibre budgétaire et de la lutte contre l'inflation. Il est également proche des milieux bancaires, en particulier de la maison Morgan. Ce qui fait d'ailleurs enrager une partie de l'entourage de Roosevelt, qui voit d'un mauvais œil ce partisan des politiques déflationnistes qui, de plus, n'a pas soutenu le président lors des primaires.

Glass hésite à accepter. À soixante-quinze ans, il est de santé fragile. Surtout, il ne se sent pas à l'aise avec ce président dont il ne sait pas vraiment quel type de politique il mettra en place. Par exemple, lors de la campagne présidentielle, Glass a forcé son parti à clarifier sa position sur le rattachement du dollar à l'étalon-or qu'il considère comme un impératif. Dévaluer le dollar pour tenter de gagner en compétitivité serait pour lui une hérésie, qui plus est source d'inflation. Mais il n'est pas sûr que Roosevelt s'y tienne. Il l'empêche de choisir l'un de ses proches, ancien banquier de chez Morgan, comme vice-secrétaire des Finances. En février, Glass finit par refuser le poste.

L'objectif du président est désormais d'éviter que le sénateur ne joue les trouble-fête. Il choisit Duncan Fletcher pour diriger le Comité bancaire du Sénat. Il donne sa caution aux auditions médiatiques de Pecora que Glass n'apprécie pas et envers lequel il aurait développé une forme de jalousie qui l'incitera à le critiquer publiquement – à moins que, comme le suggère Michael Perino, la motivation du sénateur ait été de protéger certains de ses anciens assistants devenus banquiers chez Morgan au moment où son dirigeant était mis sur le grill par Pecora.

Le président passe outre l'avis de Glass qui lui indique qu'il n'a pas le pouvoir de fermer les banques. Il ne le prévient pas de son choix de nommer Mariner Eccles à la tête de la Fed en novembre 1934 et encore moins de son projet de renforcer la centralisation du pouvoir au sein de l'institution, mesure contre laquelle Glass s'est battu de toutes ses forces en 1913. On peut même supposer qu'il ment à Glass sur le sujet, ce dernier déclarant en mars 1935 que le président lui a dit ne pas soutenir le projet qu'il signera quelques mois plus tard ! Enfin, en sortant de l'étalon-or en janvier 1934, il fait fi de toutes les positions publiques de Glass selon lequel sortir du taux de change fixe serait « immoral » et « un déshonneur ». Par fidélité à son parti, Glass soutiendra la candidature de Roosevelt aux élections de 1936, mais dénoncera ensuite une centralisation autocratique du pouvoir. Il n'a pas compris que, depuis son refus d'entrer au gouvernement en février 1933, il a été politiquement marginalisé par Roosevelt.

Les trois leçons de Roosevelt

À l'évidence, le président américain a joué un rôle clé dans l'établissement d'un nouveau consensus intellectuel, aux États-Unis puis dans le reste du monde, en faveur d'une régulation politique de la finance. Mais à la lecture du petit livre de la chercheuse américaine Ellen D. Russell [26] on comprend que la quête de stabilité n'était pas son seul objectif. Roosevelt cherchait également à assurer la rentabilité du système bancaire. Quatre grandes décisions y ont contribué.

D'abord, l'assurance des dépôts. Roosevelt a longtemps été opposé à cette mesure, ce qu'il exprime encore le 8 mars 1933 ! Mais il se laisse convaincre. En redonnant confiance aux ménages américains, la mesure les a non seulement incités à remettre sur leur compte l'argent retiré entre 1929 et 1932, mais la progression des dépôts bancaires a été rapide dans les années qui ont suivi, permettant aux banques, qui se sont battues contre cette mesure, de profiter d'un accroissement de ressources.

Ensuite, le contrôle des taux d'intérêt. La célèbre *Regulation Q* du *Banking Act* de 1933 interdit la rémunération des dépôts à vue et plafonne celle des dépôts à terme. Les intérêts versés par les banques ont alors significativement chuté. Non seulement elles ont récupéré des ressources, mais celles-ci sont devenues moins coûteuses.

Les économistes Kris J. Mitchener et Gary Richardson insistent de leur côté sur une évolution rarement commentée. Jusqu'au début des années 1930, les banquiers étaient assez largement responsables, sur leurs propres deniers, d'une éventuelle faillite. Le principe dominant était celui de la *double liability* : en cas de faillite, l'actionnaire était engagé pour au moins deux fois la valeur de son capital investi. Mais, avec la vague de faillites bancaires qui se répand aux États-Unis, le capital des actionnaires, dont le nombre s'est élargi avec la vague spéculative des années 1920, est fortement déprécié et ils n'ont absolument pas les moyens de procéder à la nécessaire recapitalisation des banques ! Les lois bancaires de 1933 et 1935 vont donc instaurer une responsabilité limitée.

Les États américains instaurant cette nouvelle règle de manière différenciée, Mitchener et Richardson ont pu en mesurer les conséquences et leurs résultats sont nets : là où leur capital est protégé par une responsabilité limitée, les banquiers n'hésitent pas à enfler leur bilan et à prendre plus de risques, en empruntant plus pour se développer. Les banques prêtant à des taux d'intérêt plus élevés que ceux auxquels elles empruntent, plus elles accroissent leurs activités par l'emprunt, plus leur rentabilité s'accroît. Le ratio de levier, qui mesure la taille de l'activité des banques comme un multiple du capital qu'elles détiennent (plus il est faible, moins les banques ont recours à l'endettement), est ainsi supérieur dans les États où la responsabilité est limitée. Globalement, après la Seconde Guerre mondiale, le ratio de levier se stabilise à un niveau double de celui d'avant le New Deal, signe d'un recours accru à l'endettement par les banques, source supplémentaire de l'accroissement de leur rentabilité [27].

Enfin, le *Banking Act* de 1935 a durci les conditions nécessaires pour ouvrir un établissement bancaire. L'ère de la « banque libre » héritée du XIXe siècle, où un maigre capital suffisait à ouvrir un établissement local, avait conduit à une prolifération de petites banques rurales. Certaines, déjà bien à la peine, ont disparu dans les années 1920, et elles ont été les premières victimes de la crise. Ainsi, d'un pic de 30 000 banques au début des années 1920, le nombre passe à 25 000 en 1929 et tombe vers 15 000 en 1933 après les vagues de faillites. À partir de 1934, le FDIC recense les établissements et évalue leur nombre à un peu plus de 14 000 – autour de 13 500 en 1940 –, niveau qui restera à peu près stable jusqu'au début des années 1970. Les banques renouent avec les profits dès 1935 et retrouvent dans les années qui suivent des niveaux de rentabilité (ratio profits sur capital) de l'ordre de 7-7,5 %, un peu inférieurs aux 8 % et plus de la seconde moitié des années 1920, mais dignes d'intéresser les investisseurs, le comportement spéculatif en moins. En limitant la concurrence et en assurant des ressources peu coûteuses aux banques, Roosevelt a tenu par diverses mesures à leur donner les moyens de leur rentabilité future en même temps qu'il fermait la porte à leurs activités les plus spéculatives.

Le résultat fut probant avec pratiquement quarante années de croissance et de stabilité financière. On peut tenter de tirer trois leçons de son expérience.

La première est que la régulation financière est un dossier politique, pas technique. Le président américain s'est donné comme objectif de détruire la finance spéculative. Pour y parvenir, il a géré politiquement la demande sociale de régulation, combattu l'opposition politique et financière à ses projets tout en développant une attitude de compromis.

La deuxième est que les solutions ne se trouvent généralement pas en une fois. Faisant face à une opposition politique forte et ayant bien d'autres chantiers en cours pour remettre l'économie américaine sur pied, Roosevelt s'y est repris à trois reprises et sur plusieurs années pour calibrer ses mesures de régulation.

La troisième leçon est que la définition d'une régulation financière postcrise s'inscrit dans un triangle dont les trois sommets sont la rentabilité des établissements, la stabilité financière et la fourniture de crédits bon marché à l'économie. Il n'est pas possible de tenir les trois critères en même temps. On peut avoir des banques rentables qui distribuent des crédits bon marché grâce à un environnement concurrentiel mais cela signifie généralement qu'elles

Figure 2. *Le triangle d'incompatibilité de Roosevelt*

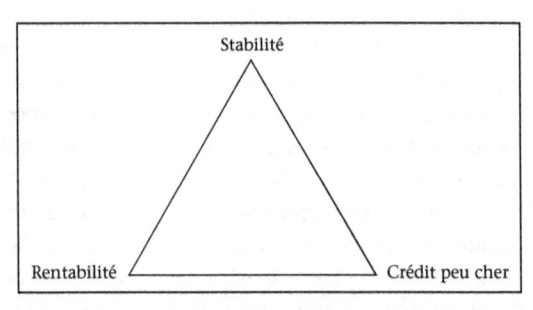

```
                    Stabilité
                       /\
                      /  \
                     /    \
                    /      \
                   /        \
         Rentabilité ———————— Crédit peu cher
```

prennent beaucoup de risques, ce qui se termine souvent en crise. On peut avoir des banques nationalisées qui distribuent des crédits bon marché à tout va en étant stables mais sans rentabilité, obligeant l'État à faire en permanence son devoir d'actionnaire, c'est-à-dire à les renflouer. On peut enfin avoir des banques stables et rentables grâce à une réduction de la concurrence qui leur permet de distribuer des crédits pas forcément bon marché, une sorte de prix à payer pour la stabilité mais qui n'obère pas forcément la croissance. C'est ce mélange subtil qu'a réussi Roosevelt. Avec des banques moins concurrencées par la relative fermeture du marché aux nouveaux entrants, aux coûts des ressources maîtrisés et bien encadrés, les États-Unis ont pu bénéficier d'un système financier mis au service de la croissance.

Il est une dernière leçon à tirer de cet épisode, mais ce n'est pas Roosevelt qui pouvait nous la donner. Un tel modèle ne tient que si les trois branches tiennent, avec des régulateurs qui régulent et des banques qui acceptent une rentabilité limitée dans un cadre de concurrence limitée. Quand tout est progressivement remis en cause, comme ce sera le cas à partir des années 1970, c'est que l'on emprunte à nouveau le chemin qui mène à la crise. Ceux qui ont subi le dérapage des subprimes et ses suites sont là pour en témoigner.

5

Qu'est-ce qu'une crise financière ?

> « Pendant des années, on a répété des fables sur l'innovation financière et le dynamisme du secteur bancaire réputés favorables à l'économie dans son ensemble. »
>
> Adair TURNER, *La Tribune*, 8 février 2010

> « Est-ce une nécessité fatale que le crédit doive grossir, pourrir et mourir dans un spasme de terreur ? »
>
> John MILLS, *On Credit Cycles and the Origin of Commercial Panics*, 1868

> « Il existe des causes communes à la remontée des inégalités et à la fragilisation des régulations financières qui ont entraîné cette crise majeure. »
>
> Paul KRUGMAN, *Alternatives économiques*, 2010

Si l'on veut lutter efficacement contre les méfaits de l'instabilité financière, il faut être à même d'en identifier les ressorts profonds. Les quatre grandes crises que l'on vient de présenter offrent des similitudes qui laissent à penser qu'il existe des points communs dans les logiques de dérapage de la finance. On les trouve à la fois dans des mécanismes financiers, des comportements psychologiques, des rapports de force sociaux, politiques et idéologiques, chez les banquiers privés et les régulateurs publics, dans des comportements légaux et illégaux, etc. Ce qui suit est une tentative de mettre un peu d'ordre dans ces dimensions multiples. De ce point de vue, même si pour la clarté d'exposition on a tendance à présenter une suite d'enchaînements déterministes, gardons à l'esprit que l'ensemble fait système, que les différentes parties interagissent, que leur temporalité est multiple et s'étend de plusieurs mois à plusieurs années (*voir le schéma en fin de chapitre pour une présentation synthétique*).

Pour présenter ce schéma des crises, nous nous appuierons sur celles étudiées précédemment et en profiterons pour vérifier à chaque étape si celle des subprimes suit le même modèle. Ce qui permettra d'en saisir l'originalité comme les éléments récurrents sans avoir à la raconter encore une fois, tant les ouvrages la présentant ont été nombreux [1].

Au départ, une simple perte d'équilibre

Pour l'économiste américain Hyman P. Minsky, la réflexion sur les crises doit être bâtie sur l'hypothèse selon laquelle « l'instabilité financière correspond au fonctionnement endogène et normal du comportement d'une économie capitaliste [2] ». Même si ses travaux, qui datent essentiellement des années 1970 et 1980, portent surtout sur la façon dont l'évolution des structures de financement de l'investissement productif peut déraper et occasionner des récessions, Minsky propose plusieurs intuitions fortes sur les mécanismes d'euphorie financière qui précèdent les krachs, dont l'historien Charles Kindleberger a fait son miel.

L'une des observations souvent citées de Minsky est que les crises se préparent dans les « périodes de tranquillité » [3], moments où « le plein-emploi est atteint et soutenu », ce qui correspondrait aux seuls instants où les financiers sont tentés de développer les nouveaux produits toxiques qui portent en germe la future crise, car « l'innovation financière est une caractéristique de nos économies lorsqu'elles se portent bien » [4]. L'argument présente une certaine fragilité : depuis les années 1970, les grands pays industrialisés n'ont guère connu de périodes soutenues de plein-emploi, ce qui aurait dû nous protéger de l'instabilité financière. Un remarquable document de travail publié dès 1986 par la Banque des règlements internationaux (BRI), le club des banquiers centraux, montre que les innovations financières sont alors en plein développement aux États-Unis, alors même que le pays est marqué par la crise et un important chômage. À cette aune, le Japon aurait dû être le cœur de l'innovation financière mondiale, ce qu'il n'a pas été. L'expérience de John Law montre également que l'on peut multiplier les innovations dans une économie atone.

Pourtant, l'argument de Minsky n'est pas dénué d'intérêt pour notre époque. Nous le verrons, une partie des produits financiers toxiques qui ont amené à la crise des subprimes ont grandi dans le sillon des innovations des années 1980 pour prendre forme aux États-Unis dans la seconde moitié des années 1990, au moment où l'économie américaine connaissait une amélioration sensible de sa situation d'emploi. Si l'on veut remonter plus loin et pointer le moment où les financiers commencent à s'émanciper des contrôles publics mis en place par Roosevelt et les autres pays à sa suite, il faut se situer dans l'Angleterre de la fin des années 1950 avec la création du marché des eurodollars, des dollars déposés et prêtés en dehors des États-Unis. Comme l'a démontré le chercheur Gary Burn, c'est l'alliance entre la Banque d'Angleterre et les élites financières de la City pour faire de Londres la première place financière mondiale qui, pendant les Trente Glorieuses, crée les débuts de la finance *offshore* contemporaine, échappant aux contrôles publics [5].

Pour tenter d'affiner l'argument de Minsky et lui donner plus de force, appuyons-nous sur les leçons de régulation financière établies par Roosevelt. Le président américain a établi un cadre réglementaire visant à imposer des contraintes aux financiers tout en assurant un certain niveau de rentabilité compatible avec le dynamisme de l'activité, quitte à ce que le financement de l'économie ne soit pas le meilleur marché possible. Les crises sont en gestation dès que cet équilibre triangulaire est rompu : lorsqu'il y a déréglementation financière – subie (contournement) ou choisie (volonté politique) – et/ou lorsque les financiers cherchent à accroître leur rentabilité au-delà de ce que permet le dynamisme de l'activité et/ou lorsque l'on met en avant la nécessité d'un financement de l'économie au coût le plus bas possible.

Ainsi les « fleuristes » hollandais du XVIIe siècle ont-ils développé de nouveaux produits financiers en contournant les législations en vigueur, pour que les investisseurs gagnent de l'argent même lorsque les bulbes étaient en terre ; John Law a proposé un moyen de réduire le coût du financement de l'État et créé des fortunes dans une économie pourtant apathique ; les trusts américains de 1907 étaient sous-réglementés et offraient des rendements importants ; la réglementation financière est quasi inexistante dans les années 1920 et la course aux rendements des capitaux sans mesure, etc. À chaque épisode, au moins deux côtés du triangle de Roosevelt ont été rompus, signe qu'une bulle possible était en train de naître. On peut alors mettre en évidence, avec Minsky et Kindleberger, le rôle joué par les innovations financières dans la rupture d'équilibre.

Des innovations non contrôlées

En matière de finance, les innovations sont principalement destinées à placer les capitaux, gérer les risques, offrir des moyens de paiement, spéculer, contourner des réglementations, organiser des fraudes. Pour ce faire, elles prennent la forme de nouveaux produits, de nouveaux acteurs ou de nouvelles règles. Dans tous les cas, elles jouent un rôle très ambivalent.

Lorsque les financiers inventent le livret d'épargne, la carte de crédit, le distributeur de billets de banque ou un contrat qui permet à Air France d'acheter son carburant dans six mois à un prix fixé aujourd'hui afin de se prémunir contre une hausse éventuelle du prix du baril, les innovations sont utiles, contrôlées et ne produisent pas de risques tels qu'elles puissent être source, en cas de problème, d'une crise financière nationale ou mondiale.

En revanche, les innovations financières non ou insuffisamment contrôlées politiquement peuvent nourrir l'instabilité. Ce fut le cas des billets à effet hollandais, des primes de John Law, des nouveaux acteurs comme les trusts américains du début du XXe siècle ou les compagnies de garantie immobilière des années 1920. De ce point de vue, il n'a jamais existé de passé idéal où les innovations n'auraient eu pour objectif que de faciliter l'activité économique de la sphère réelle.

Dans le passionnant document de travail de la BRI mentionné plus haut, on peut lire qu'une théorie idéale des innovations financières « devrait expliquer toutes les innovations, l'ordre dans lequel elles arrivent et pouvoir les replacer dans un vaste ensemble de contextes historiques. Il n'existe aucune théorie de l'innovation qui remplisse tous ces critères [6] ». De fait, le sujet n'a guère intéressé les économistes. On en serait ainsi réduit à ne pouvoir fournir pour chaque développement d'innovation financière que des explications *ad hoc*. Pourtant, à bien lire ce document, même s'il est centré sur l'analyse des évolutions à l'œuvre dans les années 1980, on voit poindre trois grandes caractéristiques de l'innovation financière nuisible qui semblent généralisables.

La première est d'être des armes de concurrence massive. Elles sont inventées et mises en œuvre d'abord et avant tout, comme dans les autres domaines, pour gagner un avantage sur les concurrents. Mais, contrairement à l'innovation qui amène sur le marché de nouveaux produits (Internet, par exemple), dans la finance elle vise à obtenir une part plus grande des placements ou de la gestion des risques réalisés par d'autres dans d'autres conditions. Plus la concurrence est élevée, plus l'innovation est présente pour gagner des parts de marché. Elle est l'outil d'un jeu à somme nulle qui sert en premier lieu à des transferts de revenus. Les fleuristes hollandais veulent attirer l'argent des riches au détriment de l'art, John Law veut celui des nobles plutôt qu'il aille se placer chez les frères Pâris, les trusts celui des Américains, etc.

La deuxième est qu'elles sont systématiquement établies pour naviguer par beau temps. Elles offrent des moyens de placement ou de gestion des risques qui paraissent toujours formidables parce qu'ils reposent sur l'idée que, la banque et la finance étant par essence des secteurs peuplés de gens sérieux, intelligents et calmes, leur utilisation ne peut qu'être bénéfique pour ceux qui les achètent. Leurs inventeurs sont incapables d'envisager un retournement de cycle, sans même parler d'un krach. C'est pourquoi elles conduisent à sous-estimer les risques et contribuent à créer un sentiment d'euphorie financière. Toutes les crises passées en revue l'illustrent parfaitement.

La troisième repose sur leur capacité à offrir des services de contournement réglementaire, légal ou fiscal. Les billets à effet hollandais contournent la loi sur les ventes à découvert, Law propose des titres au porteur pour que les investisseurs n'aient pas à préciser leur identité et la provenance de leur argent, Ivar Kreuger utilise le Liechtenstein pour dissimuler l'argent qu'il a soutiré aux investisseurs américains, etc.

Pour comprendre comment la crise des subprimes aura finalement lieu, retraçons à grands traits le parcours des innovations qui ont peu à peu sapé l'équilibre mis en place par Roosevelt.

Nous avons déjà mentionné la première innovation importante, née dans l'Angleterre de la fin des années 1950. La deuxième étape date des années 1970. En 1971, le président Nixon décide de dévaluer le dollar, mettant fin au régime de changes fixes instauré après guerre, qui mourra officiellement en 1973. Dès l'année qui suit, les paris perdus sur le marché des changes mettront à terre deux banques, l'américaine Franklin National Bank et l'allemande Herstatt, et les années 1970 verront se développer à nouveau les produits dérivés censés protéger contre les variations de change. À partir du livre de Simon Johnson et James Kwack, de celui d'Ellen D. Russell et du rapport de la commission d'enquête américaine sur la crise des subprimes [7], on suit l'ensemble des innovations qui poussent plus loin la remise en cause des règles établies dans les années 1930.

En 1977, Merrill Lynch, une banque d'affaires, propose à ses clients des comptes qui placent l'argent reçu sur les marchés mais donnent également la possibilité d'avoir un carnet de chèques, une façon d'attirer les dépôts des banques commerciales. Les années 1970 sont d'ailleurs le moment du développement des organismes de placement collectif où les épargnants achètent une part d'un fonds regroupant tout un ensemble d'investissements. Offrant des taux d'intérêt attractifs, ces fonds de placement vont rapidement grossir, tandis que la *Regulation Q* plafonne toujours les intérêts proposés par les banques à leurs déposants, une mesure, rappelons-le, édictée par Roosevelt pour protéger le coût de la ressource pour les banques.

En réponse, en 1978, la banque commerciale Bankers Trust commence à placer auprès de ses clients des titres d'emprunt à court terme émis par les entreprises, une activité de banque d'affaires, une autre manière de contourner le plafonnement. Le cas, porté devant les tribunaux, sera finalement validé par la justice en 1986. Entre-temps, le gouvernement de Ronald Reagan a supprimé la *Regulation Q*. Un engrenage de libéralisation se met en branle. Puisque le coût de leurs ressources augmente, les banques commerciales demandent à pouvoir acheter des actifs plus rémunérateurs, c'est-à-dire plus risqués, ce qu'elles obtiennent. Les conditions du crédit immobilier sont déréglementées dès 1982 avec la généralisation des prêts à taux variables et la possibilité d'emprunter avec peu d'apport personnel.

La séparation banque d'affaires/banques commerciales est déjà largement remise en cause et la banque Citicorp, dont les comportements de son ancêtre dénoncés par la commission Pecora ont amené au *Glass-Steagall Act*, se vengera en donnant le coup de grâce à la loi : en 1999, elle fusionne avec Travelers, qui comprend une compagnie d'assurance et la banque de marché Salomon Smith Barney, entrant de plain-pied dans des activités de banque d'affaires. Cela fait près de trente ans que la phase de libéralisation de la finance est lancée et le Congrès américain avalise la fusion en mettant fin à la loi datant des années 1930.

L'autre domaine d'innovation qui conduira à la crise des subprimes concerne les produits dérivés. Gillian Tett, journaliste au *Financial Times*, a brillamment raconté comment la banque d'affaires américaine J. P. Morgan a fait naître, à partir de 1994, les produits toxiques qui empoisonneront bientôt la finance mondiale. On y comprend dès le début que les experts qui travaillent sur la protection contre le risque de non-remboursement des crédits ne sont pas motivés par le bien-être général mais par la quête d'une invention rémunératrice qu'ils n'auront de cesse de « perfectionner ». C'est à partir de ce moment-là que se développent les *Collateralised Debt Obligations* (CDO) : des obligations dont le remboursement est censé être garanti par un ensemble de crédits immobiliers mêlés à d'autres crédits (prêts aux étudiants, à la consommation, etc.). Ces amalgames de crédits étaient vendus par titrisation – une pratique consistant à transformer n'importe quel actif, comme un prêt immobilier, en titre financier – après que les courtiers et les banques eurent empoché leurs commissions. En outre, sachant que les règles internationales de contrôle des risques obligeaient les banques à mettre du capital de côté pour couvrir de tels prêts risqués, ce qui a un coût, elles ont pu, grâce à la titrisation, faire plus de business en éludant les contraintes.

Des banques d'affaires comme Lehman Brothers, Merril Lynch et autres UBS ont acheté ces CDO. Pour en retirer le maximum de bénéfice, elles ont imaginé de les placer dans des « SPV », des *Special Purpose Vehicle*, sociétés *ad hoc* sans foi ni loi, non régulées et prêtes à tout. Ces sociétés sollicitaient les investisseurs financiers en leur proposant des obligations dont le remboursement était garanti par leur portefeuille de CDO, créant du même coup un réseau opaque de distribution des risques dans toute la finance mondiale. Qui détenait finalement quels risques ? Au moment du déclenchement de la crise, nul n'en savait rien, ni les financiers privés ni les régulateurs.

Jeu concurrentiel à somme nulle dont les armes principales sont la sous-estimation des risques et le contournement des lois, les innovations financières sont potentiellement dangereuses. Répétons-le, certaines peuvent être utiles : une banque ne peut accorder à un ménage un crédit immobilier à taux fixe alors qu'elle se finance à taux variable que parce qu'elle utilise des produits dérivés. Mais les trouvailles des petits génies de la finance ont rarement pour objectif de permettre un financement plus stable des acteurs économiques, individus ou entreprises. Elles sont plutôt destinées à jouer sur les marchés ou à permettre aux banques et autres fonds spéculatifs d'offrir à leurs clients des produits complexes et taillés sur mesure, à haute valeur ajoutée et donc à fortes commissions. Comme l'a analysé avec justesse Robert Boyer dans un document de travail paru en novembre 2008, « le développement complet des innovations privées pousse le système financier vers la crise systémique et montre leur incompatibilité avec l'impératif de stabilité financière [8] ».

Une déréglementation subie ou voulue

Une fois mises en place, les innovations mettent les pouvoirs publics devant le fait accompli : des règles ont été contournées, des risques pris au nom de la nécessité de fournir un financement meilleur marché à l'économie. Les régulateurs doivent-ils accepter le mouvement ou tenter de le contrer ? Les dirigeants hollandais ont laissé faire. Le Régent a laissé John Law développer sa frénésie d'innovations, l'Écossais n'étant jamais en panne d'idées pour attirer les capitaux vers ses entreprises hasardeuses. Les chambres de compensation américaines ont bien essayé de réguler les trusts au début du XXe siècle, mais ces derniers ont refusé, etc.

Une fois les innovations lancées et leur aspect rémunérateur démontré, une course aux profits s'engage entre acteurs financiers, explique Kindleberger. La concurrence est vive et la seule façon de prendre sa part est généralement d'aller un peu plus loin dans les paris et la prise de risque, ce qui nourrit l'instabilité financière. À ce stade, il est très difficile pour les régulateurs de stopper la machine. Les enjeux sont devenus importants, aussi bien pour les investisseurs alléchés par les nouvelles perspectives de rendement que pour les intermédiaires qui touchent leurs commissions tout en misant pour eux-mêmes.

Gillian Tett raconte dans un remarquable chapitre comment les régulateurs américains s'inquiétaient déjà des marchés de produits dérivés dès 1987 – le rapport de la BRI publié en 1986 traduisait les mêmes craintes. De 1992 à 1994, d'importantes batailles politiques auront lieu aux États-Unis autour d'une possible régulation de ces marchés, à chaque fois gagnées par les financiers. La dernière aura lieu en 1998 lorsque Brooksley Born, alors à la tête de la Commodity Futures Trading Commission (CFTC), le principal régulateur des marchés de dérivés américains, cherchera à lancer une réflexion sur la nécessaire régulation de ces marchés dont il voyait croître les risques.

L'administration Clinton, en particulier Robert Rubin, le secrétaire au Trésor, et Lawrence Summers qui le remplacera à ce poste peu après, ainsi qu'Alan Greenspan, alors dirigeant de la Banque centrale des États-Unis, tueront dans l'œuf cette ultime tentative. Pire, Summers signera en novembre 1999 un rapport sur les dérivés OTC (*Over The Counter*, de gré à gré, dont les conditions sont directement négociées entre financiers sans recourir à des contrats ni à des prix standards) qui conclura que, de manière « à promouvoir l'innovation, la concurrence, l'efficience et la transparence sur les marchés de dérivés de gré à gré, à réduire le risque systémique et à permettre aux États-Unis de maintenir leur leadership sur ces marchés en développement rapide, ces dérivés devraient être exemptés de toute régulation fédérale [9] ». Il sera entendu : en décembre 2000, le Congrès américain vote la loi CFMA (*Commodity Futures Modernization Act*), immédiatement signée par le président Bill Clinton, qui déréglemente le marché des produits dérivés de gré à gré et le soustrait à toute surveillance publique. Entre décembre 2000 et son plus haut en juin 2008, le marché aura été multiplié par sept. Invité du Global Progressive Forum organisé par les socialistes du Parlement européen en avril 2009, Bill Clinton avouera que son plus grand regret en matière économique aura été d'avoir dérégulé les contrats de produits dérivés...

Une fois libérée de toute contrainte, la course aux profits liée aux innovations met en œuvre trois mécanismes qui forment le cœur de l'usine à fabriquer du risque et de l'instabilité.

Les effets secondaires de la course aux profits, acte I : la bulle de crédits

La course aux profits liés aux innovations ne devient une bulle que lorsque les banques entrent en jeu pour apporter aux spéculateurs les crédits qui vont leur permettre de multiplier les prises de risque. « L'idée selon laquelle l'emballement spéculatif et les krachs qui s'ensuivent reposent sur une instabilité intrinsèque du crédit est ancienne », écrit Charles Kindleberger dans son *Histoire mondiale de la spéculation financière* [10]. De fait, dès 1865, le baron James de Rothschild affirme devant une commission d'enquête française sur la circulation monétaire que, « si les spéculateurs peuvent compter sur un crédit illimité, personne ne peut dire l'ampleur de la crise qui s'ensuivra [11] ».

En 1868, l'économiste britannique John Mills écrit un article d'une grande prescience sur les mécanismes qui lient spéculation, crédits et crises financières. Bien avant Keynes, il affirme que les bulles spéculatives et de crédits sont avant tout une question psychologique, fondée sur la volonté des financiers de croire tous ensemble qu'ils vivent une période différente, qu'ils sont les témoins privilégiés du développement d'une « nouvelle économie » dont les innovations sont sources de profits élevés et infinis. On entre alors dans une période dangereuse où « le crédit et la spéculation interagissent comme stimulants réciproques. En poussant les prix et les profits à la hausse, l'inflation de crédits incite à promouvoir la spéculation ; et la spéculation ne peut se poursuivre qu'en multipliant les instruments du crédit [12] ». Qu'il soit utilisé pour acheter des billets à effet hollandais, des actions de la Compagnie du Mississippi ou un actif immobilier, le crédit pousse la demande qui fait monter les prix. Plus riche, celui qui a demandé un crédit à son banquier peut retourner le voir pour faire valoir sa plus grande richesse et réclamer plus de crédit, qui, de nouveau utilisé, pousse plus loin la demande et les prix, etc.

Dans un bilan de la littérature sur les crises publié en 1938, le professeur Jean Lescure mentionne un vaste ensemble de réflexions économiques sur ce qu'il appelle les « crédits de complaisance » ou les « abus de crédits », dont les publications s'étalent entre 1870 et 1929 [13]. On y retrouve notamment les travaux de l'école ultralibérale autrichienne, en particulier ceux développés par Ludwig von Mises et Friedrich Hayek. À l'occasion d'un long article publié en 1928, Mises montre bien que l'école autrichienne ne croit pas à la fin des cycles ni à l'avènement d'une nouvelle économie aux perspectives de profits sans fin. La crise menace toujours, endogène au système bancaire : poussés par leur soif de profits, les banquiers ont tendance à pousser le crédit outre mesure ; ils inondent l'économie de financements et font baisser les taux d'intérêt en dessous du niveau qui assurerait un financement sain de l'économie, ouvrant la porte au crédit spéculatif [14]. Dans son article « Monetary theory and the trade cycle » (« La théorie monétaire et le cycle du commerce ») paru en 1929, Hayek réclame plus de transparence des bilans bancaires pour pouvoir mieux les surveiller [15].

Mais l'intérêt de l'approche autrichienne s'arrête là. Pour Mises, il y a excès de crédit dès que les banques distribuent un montant de crédits supérieur à la somme de leurs encaisses métalliques et de leurs dépôts à vue... ce qui est le cas dans tout système bancaire moderne ! De plus, la solution proposée par les Autrichiens pour gérer les bulles de crédits, qui consiste à laisser mourir tous ceux qui ont trop emprunté, a donné toute sa mesure après la chute de Lehman Brothers : le système bancaire mondial a failli faire naufrage et l'économie mondiale avec !

Toutes les crises présentées sont devenues des bulles financières à partir du moment où elles étaient soutenues par une bulle de crédits. Les économistes américains Barry Eichengreen et Kris Michener ont même qualifié celle de 1929 de « boom de crédits qui a mal tourné ». Le constat est identique pour la crise des subprimes. Mais, contrairement à ce qui est souvent mis en avant, la forte progression de l'endettement immobilier des ménages américains (ou irlandais ou espagnols, ces deux pays ayant également connu une bulle immobilière), notamment les plus pauvres, n'est pas le principal coupable : une montée des défauts de remboursement des Américains victimes d'un excès d'endettement immobilier aurait, au plus, posé problème aux banques du pays ayant mal choisi leurs débiteurs, et provoqué une crise locale et circonscrite. La bulle de crédit qui a causé le plus de dommages concernait les acteurs de la finance : entre décembre 2002 et décembre 2008, l'endettement du secteur financier américain a progressé de 28 %, celui de la zone euro de 40 % et celui du Royaume-Uni, probablement le plus touché par la crise, de 74 % ! Ces crédits ont nourri l'achat des produits financiers toxiques créés par les innovations et c'est ce mélange qui a transmis le virus de la crise à l'ensemble du système financier américain et international. Quand les bulles de crédits nourrissent la spéculation sur les innovations des acteurs financiers, la bulle d'actifs suit et le krach pointe.

Les effets secondaires de la course aux profits, acte II : une mauvaise gouvernance des risques

L'enchaînement innovations non contrôlées-course aux profits-bulle de crédits-bulle du prix des actifs a été bien vu par Kindleberger et est très bien explicité par le rapport de 2008 du CAE sur les crises financières de Robert Boyer, Mario Dehove et Dominique Plihon. Mais ces approches éludent la dimension microéconomique de la crise. Dans le système de Law, les comptes de la Banque générale puis de la Banque royale dissimulent la véritable nature risquée de la progression des crédits décidée par son dirigeant et sans aucun contrôle. La commission Pecora a mis en évidence un système de rémunération des patrons de banques qui incite à la prise de risque, sans égard pour l'avenir de l'établissement et encore moins pour la stabilité générale du système. Le même problème a été mis en évidence dans le cas de la crise des subprimes, ouvrant tout le débat sur les bonus des traders et des dirigeants des banques. Bref, au-delà de ses dimensions macroéconomiques, l'instabilité financière se nourrit de la mauvaise gouvernance des risques des acteurs financiers.

À la fin 2008 et au premier semestre 2009, un ensemble de superviseurs financiers de sept pays (Allemagne, Canada, États-Unis, France, Japon, Royaume-Uni et Suisse) se sont réunis pour juger de la qualité du contrôle des risques des plus grands établissements financiers mondiaux. Ils ont interrogé leurs dirigeants et demandé des évaluations de leur système de contrôle. Leur rapport, publié en octobre 2009, offre un état des lieux précis de la gouvernance des risques dans les vingt plus grandes institutions financières de la planète au moment de la crise. Le résultat est affligeant. Il montre que les problèmes rencontrés sont à la fois d'ordre technique, méthodologique et politique.

Une technologie inadaptée. — Pour surveiller correctement leurs risques, les établissements financiers doivent disposer de données de bonne qualité sur les paris pris sur les différents marchés financiers et de crédits sur lesquels ils interviennent, dans différents pays, avec des contreparties multiples. Cela réclame des systèmes informatiques complexes capables de compiler et d'agréger des données de nature différente, de les analyser et de produire des évaluations régulières et fiables des risques. Cela pose des problèmes de méthode, sur lesquels on reviendra, mais aussi des problèmes d'organisation des systèmes informatiques. D'après les superviseurs, les technologies de l'information des grands établissements financiers mondiaux sont « inadaptées à une surveillance précise de l'exposition aux risques [16] ». Par exemple, l'une des grandes banques mondiales indique qu'il lui faut une journée pour agréger ses différentes expositions au risque vis-à-vis d'un autre établissement financier avec lequel elle est en relations d'affaires importantes. Or, après la chute de Lehman Brothers, pour avoir une idée exacte de leur solidité, il aurait fallu que les établissements financiers puissent connaître immédiatement leurs positions agrégées de risques vis-à-vis de plus d'une douzaine de contreparties !

Le plus dramatique, c'est que les spécialistes sont depuis longtemps au fait de ce problème [17]. Mais les banques n'ont pas jugé bon de mettre les moyens pour régler une question devenue de plus en plus complexe au fil des années avec la sophistication croissante des innovations financières présentes sur le marché.

Pour être sérieuse, cette inadéquation de l'infrastructure logistique n'est pourtant que le problème le plus mineur. Car, même en admettant que d'énormes progrès soient réalisés en la matière, les informations recueillies seraient utilisées dans le cadre de méthodes d'analyse des risques qui restent profondément déficientes.

Une méthodologie défaillante [18]. — Les grands établissements financiers mondiaux dépensent beaucoup de temps et d'argent pour mettre au point des instruments perfectionnés de mesure des risques. Rien moins que des ingénieurs de la NASA (National Aeronautics and Space Administration) et autres polytechniciens de haut vol ont été mobilisés pour développer un indicateur à la fois puissant, précis et facile à interpréter des aléas de la finance et de la meilleure façon de s'en prémunir.

Ils ont cru découvrir ce Saint-Graal avec un concept au nom barbare de VaR ou *Value at Risk*, une mesure des pertes potentielles liées aux paris risqués. La VaR fait son entrée dans la finance vers 1993, lorsque la banque d'affaires américaine J. P. Morgan, qui a mis l'instrument au point, décide de le rendre public. Quand une banque ou un investisseur calcule sa *Value at Risk*, il procède à une estimation statistique du maximum des pertes éventuelles qui pourraient résulter des paris qu'il a pris ou qu'il souhaite prendre sur les marchés financiers. Cette perte potentielle est mesurée sur un intervalle de temps donné (correspondant plus ou moins au temps nécessaire pour se retirer du jeu – pour « déboucler sa position », disent les experts – ou à l'horizon de mesure de la performance du portefeuille de placements), avec une probabilité donnée (en général, 95 % ou 99 %).

Ainsi, si une banque qui joue sur les marchés au jour le jour annonce une VaR de 10 millions d'euros au niveau de confiance de 99 %, cela veut dire qu'au cours des cent prochains jours il n'y a, en moyenne, que 1 % de « chance » qu'elle perde plus de 10 millions en une journée. Ce calcul n'indique donc pas la perte maximale réelle que peut subir la banque – elle peut tout perdre si elle a tout placé dans une société qui fait brusquement faillite – mais la probabilité que cette perte soit supérieure à la VaR.

Pour arriver à ces résultats, les ordinateurs moulinent dur. Ils doivent intégrer sur une longue période les cours de Bourse, de taux de change, etc., de tous les actifs financiers concernés, leur faire subir des traitements statistiques sophistiqués qui réclament un nombre important d'hypothèses. Le tout pour déterminer une VaR agrégée pour l'ensemble des placements réalisés quotidiennement sur les différents marchés mondiaux ! C'est ce qui a séduit les financiers : la possibilité d'avoir un indicateur unique de suivi des risques, bâti sur des techniques scientifiques de haut niveau mais facile à interpréter (quand il monte, c'est que les risques croissent et inversement). Un chiffre magique !

Il a été consacré lorsque le Comité de Bâle sur le contrôle bancaire, qui regroupe les régulateurs des établissements financiers à la BRI, puis la Commission européenne ont permis aux banques utilisant leurs modèles de définir elles-mêmes, grâce à la VaR, le montant de capital qu'elles doivent mettre de côté, et qui ne leur rapporte rien, pour se protéger en cas de difficulté. Les experts qui dénonçaient les lacunes énormes du recours à la VaR en matière de contrôle de risques ont prêché dans le désert pendant des années. Il a fallu attendre un choc de l'ampleur de la crise des subprimes pour que le débat s'ouvre enfin.

Les calculs de la VaR reposent essentiellement sur des probabilités évoluant selon ce que les statisticiens appellent une « loi normale » – dont on connaît mieux la fameuse représentation par une courbe en cloche que le nom. L'important, pour les financiers, c'est de connaître la probabilité de se retrouver loin de la moyenne, loin du haut de la cloche, ce qui est mesuré par l'écart-type. Ainsi, quand un professeur note ses élèves sur vingt, si tout le monde obtient dix, la moyenne des notes est de dix et l'écart-type est de zéro, tous les élèves sont à la moyenne. Cependant, si la moitié de la classe reçoit un zéro et l'autre moitié vingt sur vingt, la moyenne est toujours de dix, mais l'écart-type est de dix. Selon que l'on ait obtenu zéro ou vingt, que l'on ait fait zéro ou 20 millions de pertes, on n'est évidemment pas dans la même situation.

Avec une loi normale, vous êtes sûr de trouver 95 % des gens – ou des pertes – à plus ou moins deux écarts-types autour de la moyenne. D'où la panique de David Viniar, le directeur financier de Goldman Sachs, lorsqu'il avoue au début de la crise : « on a vu des choses qui étaient à vingt-cinq écarts-types, pendant plusieurs jours de suite ». Pour donner un ordre d'idées, la probabilité de faire des pertes supérieures à huit écarts-types est de un jour... sur l'ensemble de la durée de vie de notre univers ! Il est aussi probable de constater une fois vingt-cinq écarts-types que de gagner plus de vingt fois de suite au Loto [19]... Bref, alors qu'elle est censée prévenir des conséquences d'un dérapage des marchés, la VaR mesure d'autant mieux les effets des crises sérieuses... qu'il ne s'en produit pas ! Comme l'analyse fort justement en septembre 2008 Jean-Pierre Landau, un ancien vice-gouverneur de la Banque de France, « en exagérant un peu, on peut dire que la finance moderne s'est construite en pratique, si ce n'est en théorie, sur une tolérance implicite et une ignorance admise des événements extrêmes [20] ».

Autre faille de la méthode, elle n'est pas adaptée à un monde d'innovations financières ! Les modèles statistiques sur lesquels elle s'appuie fonctionnent d'autant mieux qu'ils disposent d'un long historique de données. Quand les actifs toxiques liés aux prêts subprimes n'ont que quelques années d'existence, leur efficacité s'en trouve amoindrie. De plus, ils sont surtout adaptés aux situations où les montants des pertes et des gains possibles sont assez proches. Or les actifs liés aux subprimes « produisent des flux de revenus réguliers quand tout va bien mais provoquent de lourdes pertes quand tout va mal », pointe Claudio Borio, de la BRI, dans une remarquable analyse parue dès mars 2008 [21].

Ajoutons que les modèles anticipent la capacité des établissements de réduire ou d'éliminer leur position de risque en cas d'accroissement de celui-ci, sans prendre en compte le caractère rapidement illiquide du marché en période de crise, c'est-à-dire l'impossibilité de diminuer son risque en vendant ses actifs car il n'y a plus d'acheteurs, ce qui s'est produit après la faillite de Lehman Brothers. Comme l'explique Jon Danielsson de la London School of Economics, les lois de la finance ne sont pas comme les lois de la nature : « la finance n'est pas la physique ; elle est plus complexe ». Quand un ingénieur étudie les lois de la physique pour construire un pont, il peut bâtir un ouvrage solide, car la nature ne réagit pas aux choix de l'ingénieur. En finance, dès que l'on étudie les propriétés statistiques du prix d'un actif, les financiers réagissent à l'information donnée par le modèle, adaptent leurs stratégies et affectent ce qui est observé. La finance est trop humaine pour être modélisée !

La quasi-totalité des critiques techniques de la VaR évoquées ci-dessus ont été exprimées dès le milieu des années 1990 [22]. Un mathématicien de renommée internationale, Benoît Mandelbrot, a notamment montré combien la supposition selon laquelle les prix des actifs financiers suivent une loi normale conduit « à une grave sous-estimation des risques de ruine financière dans une économie de marché libre et globale [23] ». Car, pour Mandelbrot, « les sautes de cours extrêmes sont la norme sur les marchés financiers – et non des aberrations que l'on peut ignorer » et « les turbulences des marchés ont tendance à survenir groupées ». De plus, « la puissance du hasard suffit à créer des structures fantômes et des pseudo-cycles qui, aux yeux de tout le monde, apparaissent prévisibles » alors qu'ils ne le sont pas. Bref, les prix des actifs ne suivent pas du tout la sage loi normale mais plutôt des probabilités qui obéissent à un hasard sauvage. Ne pas en tenir compte, c'est mal mesurer les risques, montre Mandelbrot. Heureusement pour ceux qui aiment la navigation, les architectes navals ne se comportent pas comme les financiers, conclut le mathématicien. Ils ne conçoivent pas leurs bateaux « uniquement pour les 95 % de jours où la mer est clémente, mais aussi pour les 5 % restants, lorsque la tempête souffle [24] ».

Les défauts d'une méthode de contrôle des risques ramenée à un chiffre technique ont également été mis en évidence depuis longtemps [25]. Un contrôle des risques efficace ne se réduit pas à des algorithmes. Une organisation des responsabilités et des procédures de contrôle bien établies, avec un véritable pouvoir donné aux contrôleurs, est nécessaire. De l'affaire Kerviel à la crise des subprimes, on comprend combien les grands intervenants sur les marchés de capitaux souffrent non seulement d'incohérence interne dans leurs dispositifs de contrôle des risques, mais ont également beaucoup de difficultés à imposer et à maintenir leurs standards et leurs exigences prudentielles au sein même de leur groupe.

Les déboires de la banque J. P. Morgan, en 2012, en sont sans doute le meilleur exemple. L'histoire commence début avril 2012, lorsque la presse révèle qu'une filiale londonienne de la banque américaine, CIO, réalise des pertes importantes. Le responsable ? Un trader français, Bruno Iksil, baptisé « la baleine de Londres », les baleines étant ces très riches joueurs de casino prêts à parier, et à perdre, de grosses sommes en un claquement de doigts. Les dirigeants de la filiale parviennent à convaincre leur hiérarchie que les risques sont plus faibles que ce que dit la presse et que les pertes sont temporaires. Jamie Dimon, le patron de J. P. Morgan, qualifie alors la nouvelle de « *tempest in a teapot* ». On connaît la suite : une perte de plus de 6 milliards de dollars !

Que s'est-il passé ? La banque a commissionné une enquête interne qui a rendu ses résultats en janvier 2013. La banque n'a pas su développer d'outils de contrôle à la mesure de la complexité croissante des activités et des risques pris par sa branche anglaise. Pire : l'équipe en charge du contrôle des risques dans la filiale manquait de personnel ; une partie de l'équipe n'avait pas les compétences nécessaires et le comité de suivi des risques se réunissait quand il avait le temps ! Les grands établissements bancaires comme J. P. Morgan regroupent plusieurs milliers de filiales dont la direction ne peut assurer un contrôle centralisé efficace, ni garantir qu'il sera effectif au niveau local. Les risques pris par les grandes banques de la planète sont devenus difficilement contrôlables.

Le rapport ne prend pas de gants avec les techniques de modélisation de la banque et le suivi de la VAR censés mesurer le niveau possible de pertes liées aux paris pris par la filiale. Ces modèles, défectueux, sous-estimaient les risques. Ce n'est pas rassurant quand on sait que les méthodes de suivi des risques des autres grandes banques internationales sont proches de celles utilisées par la banque américaine... dont, on vient de le voir, elle a été l'inventeur au début des années 1990 !

Le rapport remis aux actionnaires d'UBS le 18 avril 2008 pour expliquer les déboires de la banque sur le marché des CDO est un autre modèle du genre. On y lit que les autorisations de prise de risques sont demandées après que les risques ont été pris. Mieux : lorsque les limites de risque établies en interne sont dépassées, en avril 2007, on change la méthode pour pouvoir prendre plus de risques ! Il y est également montré que les comités de surveillance des risques n'ont rien fait, préférant la progression des revenus et la réduction du retard sur la concurrence à l'appel à la prudence.

La remarquable enquête des trois journalistes du quotidien belge *Le Soir* Joan Condijts, Paul Gérard et Pierre-Henri Thomas sur les difficultés de la banque Fortis, publiée en 2009, est un autre modèle du genre [26]. On peut y lire qu'en novembre 2006, moment clé pour la banque, deux écoles s'affrontent, l'une poussant l'établissement à s'engager fortement sur le marché des CDO qui rapportent tellement à leurs concurrents, l'autre faisant preuve de circonspection face aux risques encourus. Lorsque le premier camp l'emporte, le second réussit à imposer une règle de perte maximale : dès qu'une position de risque fait perdre plus de 20 millions à la banque parce que la valeur des titres détenus a chuté, l'établissement doit vendre pour limiter ses pertes. Fortis est rentrée très tard, en 2005-2006, sur le marché des produits toxiques et les premières pertes importantes arrivent dès février 2007... suscitant immédiatement le non-respect de la règle établie : les risque-tout font valoir qu'elle ne représente pas une limite absolue de pertes acceptables mais un clignotant à surveiller !

Au-delà des problèmes de méthode, la maîtrise des risques dans les grands établissements financiers mondiaux est ainsi au cœur de batailles politiques internes. Un rapport de force permanent s'établit entre les contrôleurs de risque et les traders et commerciaux, toujours prêts à franchir la ligne pour toucher leurs commissions. La qualité de l'arbitrage de ce rapport de force définit celle du contrôle des risques. À l'évidence, les contrôleurs ont perdu la bataille au cours des années 2000. La défaillance du contrôle politique des risques représente la troisième explication de la mauvaise gouvernance des établissements privés.

Un rapport de forces défavorable aux contrôleurs.
— Dans son édition du 7 avril 2008, l'hebdomadaire britannique *The Economist* publiait un drôle d'article intitulé « Confessions d'un gestionnaire des risques ». Écrits par le *risk manager* en chef d'une grande banque internationale, ces aveux anonymes sur les relations entre commerciaux et contrôleurs des risques illustrent parfaitement la nature des batailles qui se jouent dans les grands établissements financiers : d'un côté, les commerciaux passent des semaines à monter une affaire censée rapporter gros à l'établissement et à eux-mêmes en termes de bonus ; de l'autre, les contrôleurs, considérés comme un centre de coûts, réagissent d'instinct sur une proposition qu'ils ont reçue une heure avant la réunion qui

doit décider si la banque s'engage ou non dans la transaction. « La pression sur le département du risque pour aller de l'avant et approuver les transactions [est] immense. »

Dans le cas de J. P. Morgan, le rapport interne mentionne ainsi que « certains contrôleurs des risques ne se sentaient pas suffisamment indépendants des opérationnels du CIO et ne se sentaient pas la légimité de poser des questions dérangeantes, de critiquer les stratégies de trading ou d'affirmer fortement leurs inquiétudes de manière efficace ».

Dans un tel contexte, il revient au conseil d'administration de définir la stratégie de risque acceptable. Malheureusement, comme le constate l'enquête des superviseurs mentionnée plus haut, « dans la plupart des entreprises l'évidence d'une participation active des conseils d'administration dans la définition, la surveillance de l'appétit au risque de l'entreprise, et le fait de comprendre l'exposition courante aux risques faisait défaut ». Bref, les membres des conseils d'administration n'étaient pas du tout investis dans une volonté de contrôler les dérapages possibles de leur établissement, préférant laisser croître les revenus afin d'accroître les profits de l'entreprise et les bénéfices qu'ils pouvaient en tirer. Ils ne cherchaient pas à obtenir les informations de base nécessaires pour faire leur travail : mesure de l'évolution des risques, comparaison avec les limites fixées *a priori*, niveau de capital nécessaire pour faire face à un retournement des marchés, actions à entreprendre en cas de problème, etc.

Lorsque l'on s'aperçoit avec Michel Aglietta et Sandra Rigot que le conseil d'administration de Lehman Brothers comptait un amiral en retraite, une actrice et un producteur de théâtre, ce dernier faisant partie du Comité de contrôle des risques, on comprend mieux pourquoi il n'était pas au sommet d'une compréhension des risques pris par l'établissement[27] ! Mais l'incompétence n'explique pas tout. Il y a eu clairement, de la part de la majorité des établissements, une volonté de ne pas passer à côté d'un business juteux dont profitaient leurs concurrents. Nous reviendrons sur les conditions psychologiques qui expliquent pourquoi un banquier pense qu'il a toujours plus intérêt à avoir tort avec les autres que raison tout seul.

Il faut également souligner que ces problèmes de gouvernance interne n'ont fait l'objet d'aucune étude sérieuse de la part des cabinets de conseil et d'audit ou des agences de notation. Ces « contrôleurs extérieurs », censés travailler à donner aux dirigeants et aux investisseurs la meilleure information possible sur les entreprises, sont passés complètement à côté de leur rôle. Mais ce n'est qu'un second rôle. La mauvaise gouvernance des risques dans les établissements financiers tient d'abord à leurs insuffisances techniques, à leur méthodologie erronée et, comme le déclarait Chuck Prince, le patron de la grande banque américaine Citigroup, en juillet 2007, au fait que tous ces dirigeants sont persuadés que « tant que la musique joue, il faut se lever et danser » – il sera bien temps d'arrêter les prises de risque excessives quand la crise sera là. Maîtriser la finance réclame donc d'intervenir plus sur les modes de gouvernance interne de la finance que sur les agences de notation. Car, même chez ceux qui voyaient monter la crise, le pouvoir de ceux qui voulaient prendre toujours plus de risques a été, à de rares exceptions près, le plus fort.

Des mécanismes d'assurance qui n'assurent pas.
— Les économistes mettent souvent en avant l'existence d'un aléa moral, le fait que les financiers, persuadés que l'État interviendra toujours pour réparer leurs bêtises, n'hésitent pas à en faire. Mais le marché lui-même est également source d'aléa moral en fournissant de fausses assurances à ceux qui prennent des risques. On a vu ainsi que, lors de la spéculation sur les tulipes, le marché a sûrement pu continuer à monter quelques semaines de plus grâce au fait que certains acheteurs disposaient de la garantie d'être remboursés en cas de retournement du marché. Dans les années 1920, des compagnies de garanties immobilières offraient des assurances de crédits, proposant, en échange d'une prime d'assurance, de se substituer à un éventuel débiteur défaillant.

La mise à disposition de mécanismes d'assurance a joué un rôle encore plus important dans la crise des subprimes. Comme le raconte Gillian Tett [28], tout commence en 1993 lorsque Blythe Masters, petit génie de la finance chez J. P. Morgan, réfléchit au moyen d'éviter à la banque de porter le risque lié aux dédommagements que la compagnie pétrolière Exxon va devoir payer après le naufrage de son pétrolier *Valdez*. Exxon est client de longue date et, lorsque l'entreprise demande à J. P. Morgan l'ouverture d'une ligne de crédit de 4,8 milliards de dollars pour payer une amende alors estimée à 5 milliards, la banque ne peut refuser.

Elle se demande comment se défaire du risque. À l'automne 1994, Masters a une solution : Morgan propose à la Banque européenne pour la reconstruction et le développement (BERD), dont les prêts sont destinés à aider la transition des pays d'Europe de l'Est, de diversifier ses sources de revenus de façon simple. Si la BERD accepte de rembourser au cas où Exxon se révélerait incapable de le faire, J. P. Morgan lui paiera chaque année une belle commission équivalente à une prime d'assurance. Et la BERD accepte.

Un contrat qui va lancer la carrière malheureuse et destructrice de cette innovation. Comme l'écrit Tett, « au fur et à mesure qu'elle avançait, Masters était en train d'écrire l'histoire. Personne ne savait vraiment quelle commission la BERD devait toucher ni même comment appeler ce "produit" » [29]. Il sera finalement baptisé *Credit Default Swap* (CDS), en français « couverture de défaillance ».

Il faudra attendre plusieurs années pour que ce type d'instruments soit produit en quantité industrielle. Les plus anciennes statistiques disponibles, fournies par l'ISDA (International Swaps and Derivatives Association), l'association professionnelle des acteurs intervenant sur les marchés de produits dérivés, ne remontent qu'à 2001. On y voit qu'entre la fin 2001 et le premier semestre 2008, à son plus haut, le marché des CDS a progressé de… 8 548 % !

Comment ne pas se réjouir de la multiplication des produits d'assurance dans ce monde risqué ? Malheureusement, les CDS sont également devenus des instruments de spéculation grâce à une caractéristique assez particulière : on peut acheter l'assurance d'être remboursé par un débiteur, même si on ne détient aucune créance sur celui-ci ! On appelle cela des CDS à découvert. Comme si on pouvait acheter une assurance contre le vol de la voiture de son voisin et toucher des indemnités au cas où cela se produirait !

L'incitation à voir la voiture disparaître est grande... L'économiste Jacques Adda explique :

> « Pour ses partisans, l'existence du marché des CDS facilite l'accès aux marchés des débiteurs les moins sûrs en permettant aux créanciers de s'assurer contre le risque de défaut. La possibilité d'acquérir les CDS à découvert, en augmentant le volume des transactions, aurait pour effet d'accroître la liquidité du marché, ce qui permet à qui veut se couvrir de le faire plus facilement [30]. »

Sauf que, très étroit, le marché des CDS est facilement manipulable.

Dans un remarquable document, assez technique, publié en août 2009, qui s'appuie sur une enquête auprès d'une trentaine d'acteurs financiers, la Banque centrale européenne (BCE) explique pourquoi le marché des CDS est devenu une forte source d'instabilité financière. C'est d'abord un marché très concentré où cinq grandes banques vendent plus de 90 % des contrats d'assurance : J. P. Morgan, Goldman Sachs, Morgan Stanley, Deutsche Bank et Barclays. Ainsi, lorsqu'une crise survient et emporte de nombreux acteurs, la contrainte de remboursement tombe sur un nombre limité d'acteurs qui sont à leur tour fragilisés. Avec la chute de Lehman Brothers, l'assureur américain AIG (American International Group) était également l'un des acteurs majeurs de la vente de CDS. L'entreprise a dû être nationalisée par le gouvernement américain qui a veillé au respect des contrats. On s'est alors aperçu que les acheteurs de CDS provenaient des différentes parties du monde, en particulier de France, la Société générale étant la première bénéficiaire des contrats, suivie par Goldman Sachs, Deutsche Bank, Merrill Lynch, Calyon, la filiale de banque de marché du Crédit agricole, UBS et d'autres.

On découvre ainsi, deuxième risque, que le marché des CDS lie entre eux de nombreux établissements, accroissant le risque de contagion au moment des crises. Une étude publiée en 2013 confirme que les banques, en particulier les plus importantes et les plus risquées, considérées comme systémiques, ainsi que des fonds spéculatifs et des gestionnaires d'actifs financiers représentent des sources de contagion clés en cas de crise sur le marché des CDS [31].

Le troisième risque est celui de la liquidité. Les banques qui ont proposé des CDS peuvent toujours penser que, si une crise les met en difficulté, elles pourront les revendre. Sauf qu'en période de stress plus personne ne veut détenir ces produits d'assurance. Enfin, le document de la BCE montre à quel point le marché des CDS est complexe ; il est bien difficile de savoir ce qui s'y passe vraiment. On en a eu une illustration après la faillite de Lehman Brothers : les premières estimations qui suivent la faillite de la banque portant sur le niveau des contrats censés couvrir un risque de faillite de Lehman se sont établies à 360 milliards de dollars. En octobre, on apprenait que le montant était en fait de... 72 milliards. Le marché des CDS a également pour caractéristique que, pour mettre fin au contrat, un acheteur d'assurance signe un contrat sur une transaction inverse pour annuler les effets de la première. Une fois prises en compte ces multiples transactions, les transferts réels d'argent liés à la chute de Lehman se sont élevés à seulement 5,2 milliards de dollars. Entre les premières estimations qui ont contribué à nourrir la panique générale et les paiements effectués, le fossé a finalement été énorme. L'existence d'un marché de soi-disant assurance, complexe, opaque, concentré, contagieux et peu liquide ne fait que contribuer à accroître l'instabilité financière.

Une mauvaise gouvernance publique ? — Les partisans de l'autorégulation des marchés ont, très tôt après la crise, cherché à en faire porter la responsabilité par l'État américain, coupable d'avoir encouragé les prêts aux personnes les plus défavorisées pour promouvoir une nation de propriétaires (selon la loi dite *Community Reinvestment Act* ou CRA), notamment *via* la titrisation des prêts immobiliers – achat, regroupement des prêts et émission de titres garantis par les remboursements de ces prêts – réalisée par les agences publiques Fanny Mae et Freddy Mac. La faute serait donc à chercher du côté d'une mauvaise gouvernance des risques par les acteurs financiers publics.

Une étude est venue appuyer leur démonstration. Réalisée par l'économiste Edward Pinto, elle a révélé que, sur les 55 millions de prêts immobiliers en cours aux États-Unis en 2008, 27 millions étaient des prêts à risque et que, sur ce total, un peu plus de 19 millions étaient directement le fruit du CRA, de Fanny Mae, Freddy Mac et des garanties apportées par l'Administration fédérale du logement [32]. Soit 70 % des prêts immobiliers risqués. Mais ces données ont étonné de nombreux experts. Le Government Accountability Office (GAO), l'équivalent de la Cour des comptes aux États-Unis, a montré dans un rapport qu'il y avait 4,6 millions de prêts immobiliers à risque. D'autres experts estiment que les agences gouvernementales détenaient seulement un tiers des prêts à risque.

Comment expliquer de tels écarts ? David Min, le responsable du suivi des politiques financières au Center for American Progress, a voulu comprendre. En dix-huit pages denses d'études statistiques, il montre qu'Edward Pinto a tout simplement inventé ses propres définitions et ses propres découpages statistiques pour gonfler la responsabilité des acteurs publics, présentant alors des données « soit fausses, soit grossièrement déformées [33] ».

Agacé par tous les arguments avancés par les conservateurs et les libéraux, Barry Ritholz, dirigeant d'Equity Research, une entreprise de recherche quantitative sur la finance, a fini par lancer un défi sur son site, proposant à tous ceux qui pensent pouvoir démontrer que le CRA et les politiques publiques sont responsables de la crise de parier entre 10 000 et 100 000 dollars de leur propre argent qu'il parviendra à démonter leurs arguments [34]. Pinto ne s'y est pas risqué. Et personne d'autre d'ailleurs. Cela n'empêche pas des responsables du Parti républicain ou des éditorialistes libéraux de continuer à répéter que la faute de la crise revient à l'État. Malheureusement pour eux, les preuves se font toujours attendre. Cela ne signifie pas que Fanny Mae et Freddy Mac soient irréprochables. Mais elles ne peuvent être tenues pour les principales responsables du dérapage de la finance américaine.

Les effets secondaires de la course aux profits, acte III : comment la fraude s'empare de la finance

« Lors d'un boom, les fortunes se font, les gens deviennent avides de gains, et les escrocs entrent en scène pour tirer profit de cette avidité. » Charles Kindleberger avait compris depuis longtemps que les crises financières s'accompagnent de comportements délictueux. Ce qu'il résume très bien : « La propension à escroquer et à être escroqué évolue de concert avec la propension à spéculer. » Il en donne de nombreux exemples dans le cinquième chapitre de son livre. Et l'histoire lui donne raison : il y a vraisemblablement eu quelques épisodes de fraudes au moment de la crise des tulipes et, de Ponzi à Kreuger en passant par quelques autres de moindre envergure, les années 1920 ont connu leur lot d'escrocs.

L'affaire Madoff. — La crise des subprimes restera quant à elle marquée par le scandale Madoff, révélé le 11 décembre 2008, lorsque le financier jusqu'alors respecté est arrêté pour avoir mis en œuvre une fraude parente de celle de Carlo Ponzi en 1920. Madoff est l'archétype de l'escroc. Derrière sa bonhomie et sa sociabilité reconnue, « Bernie » a tout du flambeur : appartement de luxe à Manhattan, villa balnéaire aux États-Unis, villa sur la Côte d'Azur, trois yachts… Fin décembre 2008, alors qu'il est en résidence surveillée et que les enquêteurs cherchent ce qu'il reste de ses actifs, il envoie à des membres de sa famille ce que son avocat appellera « quelques objets personnels intimes » : seize montres, en or ou incrustées de diamants, de chez Cartier et Tiffany, colliers, bagues et broches de diamants, colliers de jade, etc., le tout estimé à plus d'un million de dollars. Madoff était aussi un philanthrope. Mais, qu'il vive dans le luxe ou qu'il fasse l'aumône, il le faisait avec l'argent des autres. Et, pour cela, il lui fallait trouver des proies crédules.

Établi dans la finance depuis les années 1960, la notoriété de Bernard Madoff a commencé à grandir dans les années 1980 et 1990. Au moment de son arrestation, cela faisait donc sûrement des décennies qu'il trompait son monde. Pour cela, il fallait que les entrées restent durablement plus importantes que les sorties. Les épargnants étant payés rubis sur l'ongle dès qu'ils le demandaient, comment Madoff a-t-il réussi à attirer en permanence de nouveaux capitaux ?

Ses contacts avec les milieux fortunés américains ont été soulignés à l'envi et représentaient une première source de revenus. Mais ils ne lui auraient pas permis de durer autant. Madoff a surtout bâti un réseau de rabatteurs qu'il rémunérait grassement pour leur travail. Ces « fonds nourriciers » ou ces « fonds de fonds » servent d'intermédiaires et orientent les détenteurs de capitaux vers les meilleurs placements. Ils prennent pour cela des commissions importantes à leurs clients, auxquelles s'ajoutaient les rémunérations offertes par Madoff. Un business juteux qui n'incite pas à aller regarder de trop près ce que l'investisseur fait des capitaux... Parmi ces fonds, Access International Advisers, dont l'un des dirigeants, Thierry Magon de La Villehuchet, se donnera la mort dans son bureau fin décembre 2008 après la révélation d'un scandale auquel il ne s'attendait pas. Ces intermédiaires travaillent pour la plupart dans la plus grande opacité comptable et fiscale, situés qu'ils sont, dans l'affaire Madoff, en Suisse, aux îles Caïmans, aux Bermudes, en Irlande, à Singapour... Dans son livre paru en avril 2011, le commissaire divisionnaire Jean-François Gayraud ajoute un élément à l'analyse du travail des fonds nourriciers en montrant que les responsables de trois d'entre eux, parmi les plus importants, entretenaient ou avaient entretenu des liens troubles avec la mafia [35], faisant de Bernard Madoff l'un des points de passage possibles du blanchiment de l'argent sale.

Les banques ont représenté un autre canal d'alimentation de Madoff. Certaines, comme le Crédit suisse, UBS, Banco Santander, proposaient des produits Madoff à leurs clients fortunés. D'autres, comme HSBC, la Royal Bank of Scotland ou BNP Paribas, prêtaient des sommes importantes aux fonds nourriciers. Avec de beaux revenus dans l'un et l'autre cas. Contrairement aux systèmes Ponzi habituels, Madoff ne promettait pas de retours sur investissements faramineux mais seulement de l'ordre de 10 %, et conseillait aux investisseurs de lui confier peu de capitaux au début et d'en apporter plus s'ils étaient contents de ses services. Il a commencé aux États-Unis avant d'élargir ses sources de revenus à l'Europe, puis au Moyen-Orient, à l'Asie du Sud-Est, et il commençait à toucher la Chine. Sa course aux capitaux était telle qu'il commençait à attirer l'épargne de petits porteurs : aux États-Unis, certains se regroupaient pour réunir les 100 000 dollars nécessaires à un placement proposé par des banques locales ; en Europe, des apports de 50 000 dollars semblaient possibles.

Le dernier maillon de la chaîne est la SEC. En dépit d'informations reçues dès 1999 et de huit contrôles en seize ans, le régulateur boursier américain n'a rien vu. L'ambiance idéologique favorable au libéralisme et à la déréglementation financière, le peu de moyens de contrôle de l'organisme auront achevé de soutenir ce qui apparaît comme l'escroquerie la plus longue et la plus mondialisée de l'histoire de la finance. Il aura fallu la crise financière sans précédent de 2008, après la chute de Lehman Brothers, pour que de nombreux investisseurs, souhaitant récupérer leur argent, mettent Madoff en porte à faux : il lui manquait 7 milliards de dollars. Sans cette crise, la fraude aurait pu durer encore longtemps.

Une autre affaire a défrayé la chronique : celle du milliardaire texan Sir Robert Allen Stanford, conseiller très influent des dirigeants d'Antigua et Barbuda dont il a fait sa base arrière pour flouer environ 30 000 clients de 7 milliards de dollars, sur la base d'une escroquerie pyramidale révélée début 2009. Tous les traits de la face sombre de la finance internationale y sont : arnaque, paradis fiscaux, corruption politique, blanchiment d'argent de la drogue, avec double jeu éventuel pour aider les autorités américaines à suivre les circuits de l'argent de ladite drogue [36]. Le commissaire Gayraud évoque également tous les « mini-Madoff » que la crise a révélés et dont les fraudes s'étalent entre 5 et 700 millions de dollars, illustrant ainsi le fait que les comportements financiers délictueux ont été bien plus répandus que les quelques cas les plus médiatisés.

Une fraude systémique. — L'approche à la Kindleberger centrée sur quelques « voyous providentiels », pour reprendre l'expression de Jean-François Gayraud, ne suffit pas à expliquer la place et le rôle de la fraude dans les phases d'euphorie et de crise financière. Les travaux du spécialiste américain William Black, un ancien régulateur ayant joué un rôle important dans la résolution de la crise des caisses d'épargne américaines des années 1980-1990, permettent de franchir une étape supplémentaire.

Sur le plan factuel, Black insiste à juste titre sur l'importance des prêts immobiliers frauduleux au cours des années 2000 : ils ont fourni une partie significative de la matière première qui a nourri les innovations financières ayant débouché sur la crise. Selon son estimation, on compte de 500 000 à plus de 600 000 prêts frauduleux, une véritable épidémie dont le risque avait été mentionné dès 2004 par le FBI [37].

Sur un plan plus analytique, William Black a développé dans un livre paru en 2005 la notion de « *control fraud* ». Elle vise à montrer que les comportements délictueux du secteur privé sont bien plus importants et généralisés que l'existence de quelques voyous ne le laisse supposer. Black explique que la fraude de contrôle correspond aux opérations délictueuses réalisées par les dirigeants d'entreprises lorsqu'ils profitent de leur position de pouvoir pour contourner les mécanismes de contrôles internes et externes et en tirer un profit personnel. Le danger tient au fait que ce genre de fraudes se produit généralement par vagues et peut créer des risques systémiques [38]. La commission Pecora a mis en évidence ce genre de comportement chez les dirigeants des grandes banques dans les années 1920 ; la crise des caisses d'épargne américaines et la série des Enron, Worldcom, Parmalat, etc., au début des années 2000, en ont fourni d'autres exemples. Le nombre impressionnant de prêts subprimes frauduleux en est une nouvelle preuve.

S'inspirant en partie de Black, le commissaire Gayraud propose plusieurs leçons sur les liens entre criminalité et finance, qui ont à ses yeux valeur d'exemplarité pour toutes les crises financières. D'après lui, la finance est très vulnérable aux appétits des criminels et, comme pour William Black, les grandes fraudes financières se produisent par vagues, elles contournent et même pervertissent les sources de contrôle (cabinets d'audit, juristes, régulateurs, etc.) ; les fraudeurs les plus dangereux sont issus des entreprises ; les fraudes sont facilitées par le manque de moyens des régulateurs ; les systèmes de rémunération du type stock-options incitent aux comportements douteux [39].

Si toutes ces approches ont l'intérêt d'associer concepts économiques et criminologiques, elles ne convainquent pas le juge Jean de Maillard. Les approches à la William Black négligent selon lui « les raisons pour lesquelles tel dirigeant bascule dans la fraude tandis qu'un autre, placé dans les mêmes conditions, n'y tombera pas ». De plus, elles ne répondent pas à une question importante : « Pourquoi et comment des fraudes commises individuellement par des dirigeants motivés par leur seul intérêt personnel peuvent-elles entrer en résonance les unes avec les autres jusqu'à constituer un effet de système, capable, nous dit-on, de détruire jusqu'au marché lui-même [40] ? » Pour Jean de Maillard, il faut aller plus loin : le système financier n'est pas victime du comportement de dirigeants rationnels qui, confrontés à une opportunité de fraude, la réalisent, il intègre la fraude dans son propre fonctionnement. Bien au-delà de l'utilisation de la finance par le crime organisé, par quelques grands fraudeurs ou par des dirigeants d'entreprises tentés de se servir, la fraude systémique est intrinsèque au fonctionnement de la finance.

Afin d'éviter tout malentendu, précisons qu'aucun des auteurs n'écrit que les financiers sont tous des malfaiteurs et encore moins des mafieux ! Mais il est vrai que les frontières entre le licite et l'illicite apparaissent extrêmement poreuses et que les comportements transgressifs font partie du fonctionnement « normal » de la finance. Selon Jean de Maillard, ces derniers recouvrent trois modalités : le placement dans des actifs qui ne peuvent donner les rendements recherchés que par la manipulation et la transgression des lois du marché ; l'utilisation de techniques de dissimulation comptable et d'habillages juridiques (hors-bilan et paradis fiscaux) ; la multiplication des innovations financières comme outils de contournement [41].

Tous dénoncent la cécité des économistes sur le sujet. L'économiste, nous dit Jean-Baptiste Say dans son *Cours complet d'économie politique pratique* de 1840, n'étudie les « phénomènes que sous le point de vue qui peut jeter du jour sur sa science. Dans un gain frauduleux, il verra un déplacement de richesse lorsque le moraliste y condamnera une injustice [42] ». Rappelons également la célèbre réflexion de l'économiste Léon Walras dans ses *Éléments d'économie politique pure* publiés en 1874 : « Qu'une substance soit recherchée par un médecin pour guérir un malade, ou par un assassin pour empoisonner sa famille, c'est une question très importante à d'autres points de vue, mais tout à fait indifférente au nôtre [43]. » On ne s'étonnera donc pas que les économistes aient longtemps négligé de s'intéresser à la criminalisation de la finance ; la question est censée ne pas les concerner.

Les crises historiques étudiées tendent pourtant à prouver le contraire. La bulle financière de Law comporte une dimension de dissimulation comptable quant aux crédits distribués par la Banque générale et la Banque royale ; Charles Morse, la famille Heinze et d'autres financiers du même acabit transgressaient les lois du marché [44] ; *idem* pour les grands banquiers des années 1920, comme l'a montré la commission Pecora. Le rapport final de la commission d'enquête sur la crise financière publié aux États-Unis début 2011 pointe notamment le comportement d'un Antonio Mozilo, le patron de Countrywide Financial, écrivant dans un courriel d'avril 2006 : « Dans toute ma carrière, je n'ai jamais vu de produits aussi toxiques », parlant des prêts immobiliers pourris que sa société distribuait et allait continuer de distribuer [45].

Nous avons déjà évoqué les transgressions volontaires des politiques internes de contrôle des risques que pointe également le rapport (*voir chapitre 1*) au sujet de Lehman Brothers ou de Citigroup, où des contrôleurs qui repèrent la montée des risques et encouragent à la prudence sont pointés du doigt comme mauvais sujets, marginalisés, voient leurs responsabilités et leurs rémunérations réduites, quand ils ne sont pas licenciés. La commission d'enquête rappelle également l'utilisation du hors-bilan par Citigroup pour dissimuler une partie de son activité qui, sinon, aurait imposé de détenir plus de capital et serait donc devenue plus coûteuse et moins rentable. Ainsi, sans cette dissimulation, le rapport actifs/capital affiché par la banque aurait été de quarante-huit pour un, au lieu des vingt-deux pour un annoncés aux investisseurs et aux régulateurs [46]. De même, Lehman Brothers a sous-estimé le rapport entre le total de ses activités et son capital, cette fois en utilisant une technique comptable – baptisée Repo 105 – lui permettant de retirer de ses comptes de nombreuses transactions juste avant le rendu trimestriel. Des transactions sans aucune substance économique, uniquement destinées à dissimuler l'état réel de la société. Rappelons également que Goldman Sachs a réglé une amende de 550 millions de dollars aux États-Unis et de 20 millions d'euros au Royaume-Uni en 2010 pour solder l'affaire Abacus, un produit financier vendu par l'un des employés à certains clients alors même qu'il avait été conçu pour s'écrouler et profiter au fonds spéculatif de John Paulson, qui pariait sur la chute de sa valeur.

On pensait avoir fait le tour des comportements douteux. Mais on a appris, le 28 juin 2012, que la banque britannique Barclays était condamnée par la justice américaine, un régulateur financier américain et un régulateur britannique à 450 millions de dollars d'amende. Le forfait ? Avoir manipulé le London Interbank Offered Rate (Libor), le taux d'intérêt sur le marché interbancaire, où les banques se prêtent de l'argent entre elles (en dollars, livres sterling, yens, francs suisses, etc.), ainsi que l'Euribor, où elles se prêtent en euros. Ces taux déterminent une partie du coût de financement des banques. Ils servent donc de référence pour fixer les taux auxquels elles-mêmes vont ensuite prêter aux particuliers, aux entreprises, aux autres acteurs financiers, etc. Il s'agit de variables clés du fonctionnement quotidien de la finance mondiale. Le Libor est fixé à Londres : l'Association britannique des banques reçoit chaque matin l'annonce des taux auxquels les banques disent pouvoir prêter ou emprunter et établit ainsi un taux de référence mondial.

Les enquêtes ont montré qu'entre 2005 et 2009 Barclays avait soit manipulé ses annonces avec la complicité d'autres banques, pour que les taux aillent dans le sens qu'elle souhaitait pour ses paris spéculatifs, soit menti sur le niveau auquel elle disait pouvoir emprunter, fin 2007 et fin 2008, pour faire croire qu'elle était en bonne santé et que les autres banques lui faisaient confiance – alors même que ces dernières avaient des craintes et lui demandaient des taux plus élevés qu'aux autres. Les documents mis au jour révèlent un comportement conscient et organisé.

Cette amende n'a été que le premier résultat d'une enquête menée par une douzaine de régulateurs financiers auprès de vingt grandes banques mondiales. Elle a montré que, parmi les plus grands acteurs du système bancaire mondial, la manipulation frauduleuse de l'une des variables clés du fonctionnement de la finance internationale était largement répandue.

Et ce n'est pas fini. Le 13 décembre 2009, Antonio Maria Costa, alors directeur de l'Office des Nations unies contre la drogue et le crime, avait créé la surprise en déclarant au journal britannique *The Observer* qu'au second semestre 2008 « l'argent de la drogue était le seul capital liquide prêt à s'investir » et, surtout, que durant cette période « des prêts interbancaires étaient financés par de l'argent provenant du commerce de la drogue et d'autres activités illégales. Il y a des signes indiquant que certaines banques ont été sauvées de cette façon ».

John Le Carré en a fait son miel, publiant en 2010 un roman [47] dans lequel le blanchisseur en chef de la mafia russe, qui souhaite échapper à des règlements de comptes internes, demande l'aide des services secrets britanniques en échange d'informations sur les personnalités de la City et du monde politique impliquées dans le blanchiment. La place financière de Londres y est désignée comme une plaque tournante du trafic d'argent sale et de la fraude fiscale, ce que des études ont montré par ailleurs [48].

La masse imposante de liquidités distribuée alors par les Banques centrales à toute banque en difficulté rendait *a priori* minime la nécessité de recourir à des fonds occultes. Mais une autre enquête du même journal a montré en avril 2011 que l'une des plus grosses banques américaines, Wachovia, avait blanchi entre 2004 et mai 2007 près de 380 milliards de dollars d'argent mexicain, ce qui aurait sûrement perduré si elle n'avait pas été percée à jour après deux années d'enquête du fisc et de l'administration antidrogue américains. Ce qui laisse la porte ouverte aux soupçons que d'autres banques aient pu continuer à développer ce genre d'activités durant la crise, comme le laisse à penser Antonio Costa.

Le rôle des paradis fiscaux. — Le rôle des paradis fiscaux, souvent considérés comme des territoires permettant uniquement d'échapper au fisc, dans la crise reste largement sous-estimé. Et pourtant, même s'ils ne sont pas la cause de la crise, il est difficile de penser qu'elle aurait pu avoir lieu, ou qu'elle aurait connu la même intensité, sans leur existence.

Un rapport du GAO montre dès 2008 qu'une partie du système bancaire fantôme établi par les institutions financières américaines pour développer les actifs toxiques l'a été aux îles Caïmans. Un territoire dont les flux financiers internationaux affichent une tendance très particulière : les arrivées et sorties de capitaux y sont très liées, confirmant son rôle de simple intermédiaire. Surtout, les mouvements de capitaux y ont explosé jusqu'aux années 2007-2008, au moment de la bulle de crédits qui nourrissait celle des subprimes aux États-Unis. Après la faillite de Lehman Brothers, la dynamique a fortement ralenti et, depuis la crise des banques européennes de l'été 2011, l'activité est largement en baisse... Notamment après que plusieurs banques, en particulier françaises, ont réduit leurs business en dollars. On voit par où passaient en partie ces activités... Une donnée résume bien les activités douteuses des Caïmans : alors que la City de Londres ne gère que quatre fois plus de capitaux (5 670 milliards d'actifs contre 1 400 milliards), son secteur financier emploie cent fois plus de personnes (360 000 personnes contre 3 650) ! La finance des Caïmans comporte peu d'activités réelles et sert plutôt à enregistrer des transactions fictives à des fins fiscales et de prise de risques douteuses. C'est le lot des centres financiers *offshore* que de gérer des flux d'argent disproportionnés par rapport à leur taille et de servir de zones d'opacité financière.

Un rapport du Conseil d'analyse économique franco-allemand affirme : « C'est un fait qu'une fraction substantielle de l'innovation financière fait intervenir d'une manière ou d'une autre les facilités et dérogations de tous ordres offertes par les Territoires non coopératifs », le nom poli pour paradis fiscaux, en précisant que, « d'un point de vue quantitatif, l'estimation circule suivant laquelle les deux tiers des transactions de gré à gré (OTC) sur dérivés de crédit impliquaient les Territoires non coopératifs », sans autre précision ou source.

Les déboires de la banque britannique Northern Rock, l'une des premières à faire quasiment faillite dès 2007, sont dus à un excès d'endettement à court terme dissimulé dans sa filiale Granite, enregistrée à Jersey. La première banque d'affaires américaine à faire faillite est Bear Stearns, touchée par les déboires de ses fonds spéculatifs installés pour partie à Dublin, pour partie aux Caïmans ; *idem* pour les fonds irlandais de l'allemande Hypo Real Estate. L'Islande se retrouve endettée sur plusieurs générations pour rembourser les prêts qui lui permettent de dédommager les clients britanniques et hollandais des filiales de ses banques installées à Guernesey (Landsbanki) et sur l'île de Man (Kaupthing).

Selon l'une des personnes impliquées dans la procédure de faillite de Lehman Brothers, pour régler les conditions de cette dernière, « vous devez d'abord comprendre quelles filiales emploient les salariés. Vous pouvez vous retrouver face à une organisation qui présente un bilan important mais pour qui personne ne travaille »[49], signalant en creux l'utilisation des paradis fiscaux pour y loger de manière fictive des activités afin d'échapper à la loi et au fisc. Le rôle de la Suisse, du Luxembourg, des Îles Vierges britanniques ou des Bermudes dans le scandale Madoff et celui d'Antigua dans le scandale Allen Stanford ont été mis en évidence. Sans oublier l'anecdote qui veut que la crise ait officiellement débuté lorsque BNP Paribas a fermé trois de ses fonds, dont le premier, Parvest, est de droit luxembourgeois. Les principaux événements de cette crise passent par les pratiques transgressives liées aux paradis fiscaux.

Finalement, quelles que soient leurs différences d'analyse et d'interprétation, tous les auteurs travaillant sur les aspects frauduleux des crises financières se retrouvent sur le même constat que résume simplement Jean-François Gayraud : « La dérégulation économique et financière est criminogène [50]. » Et l'on a vu auparavant en quoi les politiques de déréglementation financière constituent l'une des étapes des crises. D'autant qu'elles sont alimentées par les demandes de ceux qui profitent des gains de la libéralisation financière pour en réclamer toujours plus. C'est là l'un des canaux de transmission essentiels entre inégalités et crises financières.

Les inégalités, carburant de la crise

Charles Kindleberger a bien saisi le lien entre innovations, course aux profits, bulle de crédits et bulle d'actifs. Mais il a oublié le rôle des politiques de déréglementation, l'accroissement des risques lié à leur mauvaise gouvernance, et sous-estimé celui de la criminalité au sens large, qui dépasse les simples cas de fraudes. Il a également omis de s'intéresser à l'un des éléments importants de la dynamique des crises financières : les inégalités.

Indiquons d'emblée que l'existence d'inégalités sociales n'est une condition ni nécessaire ni suffisante des dérapages de la finance. À partir d'une liste de vingt-cinq crises sur lesquelles ils disposaient de données suffisantes, les économistes Anthony B. Atkinson et Salvatore Morelli ont établi en 2011 que seules dix crises avaient été précédées d'une montée des inégalités (en Corée du Sud, Islande, Malaisie, Suède, etc.). Huit autres suivaient une période de stabilité ou d'inégalités décroissantes dans la répartition des revenus (Finlande, Japon, Norvège, etc.) [51]. Mais les deux auteurs ont fait le travail à l'envers : ils sont partis d'une liste de crises financières, puis ont cherché dans quelle mesure chacune d'elle était précédée d'une montée des inégalités. Sans surprise, ils ont trouvé que celles-ci ne pouvaient être une cause explicative unique des crises. Tout ce chapitre montre que les mécanismes de dérapage sont multiples, complexes et enchevêtrés. Il aurait été plus intéressant de recenser tous les cas où les inégalités ont fortement progressé et de vérifier combien ont été suivis de crises financières, et pourquoi.

Toutes les crises que nous avons présentées se sont déroulées dans le contexte d'un niveau élevé d'inégalités. Concernant la crise de 1929 et celle des subprimes, les deux plus importantes de l'histoire, les travaux de Thomas Piketty et Emmanuel Saez montrent une dynamique croissante d'inégalités dans les décennies qui précèdent la crise.

Figure 3. *La crise de 1929 et la crise des subprimes suivent une période de forte montée des inégalités*
(Part dans le total des revenus*, en % du total)

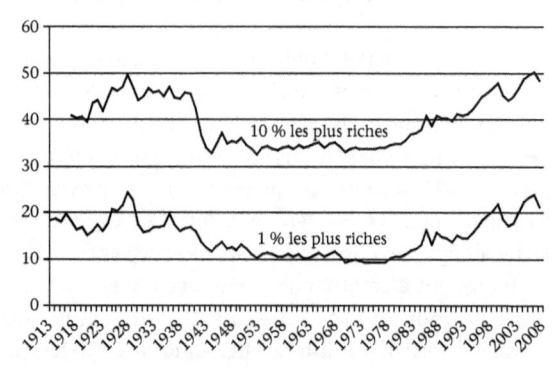

* Y compris gains en capital.
Source : T. Piketty et E. Saez.

Grâce aux travaux publiés par les économistes Thomas Philippon et Ariell Reshef, on sait que les périodes de libéralisation financière s'accompagnent d'une très forte montée des salaires des professionnels de la finance relativement aux autres rémunérations. Philippon conclut qu'avant la crise des subprimes les professionnels de la finance étaient payés 40 % de trop par rapport à leur niveau élevé de formation et à la probabilité de perdre leur emploi. Une étude d'Olivier Godechot a estimé qu'en France environ la moitié (48 %) de la forte augmentation de la part des revenus salariaux allant aux 0,01 % les plus riches entre 1996 et 2007 était le fait des rémunérations dans la finance (23 % s'expliquent par la progression des rémunérations dans les services aux entreprises et 8 %

seulement par l'augmentation des revenus des artistes, sportifs, etc.), qui ont donc largement contribué à la montée des inégalités.

Olivier Godechot a également comparé l'évolution des salaires de quelques métiers de l'élite salariale en analysant l'« évolution des salaires du top 100 des cadres de la finance, du top 100 des cadres hors finance (et hors divertissement), du top 100 des chefs d'entreprise, du top 25 des sportifs, et du top 20 des salariés du secteur cinéma, télévision et vidéo (dont la plupart sont des acteurs). Entre 1996 et 2007, les salaires ont augmenté de 1,5 dans ce dernier groupe, de 3,3 dans le sport et pour les P-DG, de 3,6 pour les cadres hors finance, et de 8,7 pour le top 100 des cadres de la finance ». Deux études antérieures avaient montré le même phénomène au Royaume-Uni et aux États-Unis : l'évolution des salaires dans la finance a été l'une des causes principales de l'augmentation des inégalités avant la crise [52].

Si on peut donc montrer que dérégulation financière et inégalités salariales vont de pair, cela ne nous dit rien sur la façon dont ces inégalités participent ou pas à nourrir l'instabilité financière. Au-delà du constat historique qui indique que plusieurs périodes de fortes inégalités ont également été marquées par des bulles spéculatives, il faut pouvoir répondre à la question de Paul Krugman [53] : y a-t-il un lien de causalité entre les deux phénomènes ou bien sont-ils le résultat de causes communes ?

Lien de causalité ou causes communes ? — Pour les deux chercheurs Jon D. Wisman et Barton Baker, la réponse ne fait aucun doute : les inégalités représentent une « cause déterminante profonde » des crises financières. Ils avancent pour cela trois raisons.

La première tient à ce que les riches donnent le *la* en matière de placement d'épargne. Leurs données montrent que lorsque, de 1992 à 1998, les 10 % d'Américains les plus riches privilégiaient les placements financiers, de 1998 à 2001, ceux qui avaient de l'argent à placer ont suivi. Lorsque, sur la période 1995-2001, les riches ont fait progresser la part des placements immobiliers, les autres ont encore suivi entre 2001 et 2004. Les riches entraînent donc le reste de l'épargne derrière eux, amplifiant les mouvements liés à leurs propres stratégies. L'argument semble corroboré par les données, mais n'explique pas en quoi les inégalités sont une cause déterminante des crises financières. Même dans une période de faibles inégalités, il y a toujours une partie de la population qui reste relativement plus riche que les autres et dont les stratégies de placement peuvent avoir un effet d'entraînement sans que l'on note l'existence d'une bulle. À moins que l'effet joue moins en période d'inégalités réduites ? L'étude des deux chercheurs ne permet pas de conclure.

Ils avancent alors une deuxième raison : lorsque les riches deviennent très riches, les classes moyennes, qui souhaitent absolument maintenir leur statut social et ne pas paraître déclassées, font tout pour s'approcher le plus possible du mode de vie des plus aisés. Ceci de trois façons : en diminuant leur épargne pour pouvoir consommer plus, en augmentant leurs heures de travail pour gagner plus et en accroissant leur endettement. Trois points nettement confirmés par les statistiques qu'ils fournissent pour les États-Unis des années 2000. Les historiens pourront s'amuser à vérifier si tel est également le cas lors d'épisodes équivalents mais, même si cela était, cela n'avancerait guère la compréhension des dérapages de la finance : en quoi augmenter les heures supplémentaires ou diminuer le taux d'épargne devrait-il provoquer une crise financière ?

L'argument de l'accroissement de l'endettement doit être examiné de plus près car il est également utilisé par Michael Kumhof et Romain Rancière, deux économistes du FMI, dans un document de travail publié en novembre 2010, ainsi que par Paul Krugman dans un article d'octobre 2010. Là encore, les données ne laissent pas de part à l'ambiguïté : le ratio de la dette des ménages américains ramenée au PIB « a pratiquement doublé entre 1920 et 1932 et, également, entre 1983 et 2007, atteignant des niveaux bien plus élevés qu'en 1932 ». Mais cet endettement excessif aurait dû entraîner, au plus, une hausse des défauts de paiement des ménages, mettant en danger les banques qui ont effectué les prêts.

Cela s'est effectivement produit pour de nombreuses familles, provoquant une dégradation de leur situation patrimoniale, en particulier chez les pauvres, une montée des saisies immobilières et la nécessité de passer de longues années à utiliser leurs revenus pour se désendetter plutôt que pour consommer, ce qui pèse sur la demande intérieure américaine.

Cela n'explique toujours pas pourquoi la banque d'affaires Lehman Brothers, pas vraiment spécialisée dans les prêts aux classes moyennes et pauvres, est passée à la trappe. Ni pourquoi le système bancaire mondial a failli s'écrouler ensuite. La crise a pris l'ampleur qu'elle a connue parce que les innovations financières non contrôlées, CDO (*Collateralised Debt Obligations*), CDS (*Credit Default Swap*), SIV (*Special Investment Vehicle*), etc., ont répandu le virus du risque, parce qu'une bulle de crédits, une mauvaise gouvernance des risques, etc., ont donné son ampleur à la crise. La montée de l'endettement des pauvres et des classes moyennes ne suffit pas à provoquer une crise financière mondiale.

L'influence politique des riches. — La troisième raison avancée par Wisman et Baker semble la plus pertinente : lorsque les riches deviennent très riches, ils gagnent, collectivement et en tant que dirigeants d'entreprises, un pouvoir politique et idéologique très important, qu'ils peuvent mettre au service de leurs intérêts et de ceux de leur activité économique. De fait, si l'on rapproche l'indice de déréglementation financière établi par Philippon et Reshef des données sur les inégalités de revenus de Piketty et Saez, on ne peut qu'être frappé par la concomitance de leur évolution.

Y a-t-il un lien direct entre les deux et comment s'inscrivent ces évolutions dans la mécanique des crises financières ? Au fil de la littérature, on observe que les riches utilisent leur pouvoir de trois façons : en demandant des produits financiers à très haut rendement pour accroître encore plus leur richesse, ce qui exige des innovations, en influençant les politiques en faveur de la déréglementation afin de pouvoir prendre tous les risques qu'ils veulent (et pour diminuer leurs impôts, ce qui pose d'autres problèmes que

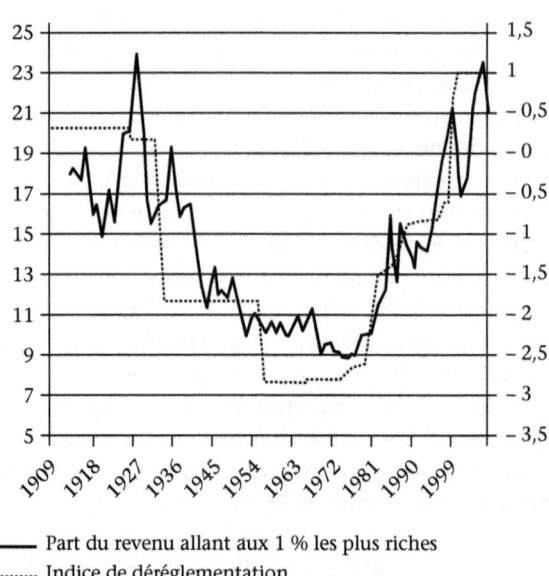

Figure 4. *Un lien entre pouvoir financier et pouvoir politique*

—— Part du revenu allant aux 1 % les plus riches
·········· Indice de déréglementation

Source : À partir des données de Picketty et Saez, Philippon et Reshef.

nous ne traiterons pas ici) et en établissant un climat intellectuel propice à la promotion de leurs intérêts. Examinons ces trois points.

La demande d'innovations financières non contrôlées résulte-t-elle de la demande des riches ? Nous avons vu que les innovations récentes avaient plutôt fait l'objet d'un effet d'offre de la part des financiers. Le livre de Galbraith sur la crise de 1929 va dans le même sens. Nul doute que les fonds spéculatifs et autres établissements qui gèrent l'argent des plus aisés soient en quête de stratégies de placements innovantes, mais l'offre de produits semble précéder la demande, même si celle-ci vient ensuite soutenir le marché de l'innovation.

L'idée selon laquelle les riches investisseurs sont associés aux dirigeants, eux-mêmes extrêmement fortunés, des grandes banques pour exercer une forte influence politique est très présente dans le livre de Simon Johnson et James Kwak [54]. Plusieurs canaux d'influence sont mis en évidence.

Il y a d'abord le fait qu'ils sont des contributeurs importants des campagnes politiques, qu'elles soient générales, comme les présidentielles, ou plus ciblées vers les parlementaires susceptibles d'exercer un rôle important en matière de régulation bancaire et financière.

Il y a ensuite les ponts entre politique et finance qui permettent aux dirigeants des banques d'occuper des positions de pouvoir au sein de l'appareil d'État. Ainsi Robert Rubin, secrétaire au Trésor de Bill Clinton, aussi bien que Henry Paulson, celui de George Bush, venaient-ils de chez Goldman Sachs. Les allers et retours ne sont pas nouveaux, mais pour Simon et Kwak ils ont pris une dimension différente au cours des décennies 1990 et 2000 : d'une part, les hommes de pouvoir sont de plus en plus venus des banques d'affaires, avec des comportements plus risqués que les anciens leaders venant des banques commerciales et, d'autre part, à mesure que les innovations rendaient la finance plus complexe, les *insiders* de Wall Street ont pris des places de plus en plus nombreuses au sein du gouvernement, ce qui leur donna une influence énorme sur la définition des politiques et contribua à bâtir des réseaux d'influence permettant de faire prévaloir la vision de Wall Street.

De plus, les dirigeants d'entreprises très fortunés engagent d'autant plus facilement leurs entreprises dans du lobbying visant à accroître leurs privilèges. Trois économistes ont ainsi étudié les efforts en la matière de l'industrie financière sur la période 2000-2006 et leurs résultats sont consternants [55]. Seize projets de loi visant à contraindre les pratiques douteuses de prêts immobiliers ont avorté du fait de la pression politique exercée par le monde de la finance. De même, les établissements les plus acharnés contre la régulation sont ceux qui ont pris le plus de risques. On ne peut donc que suivre les auteurs lorsqu'ils concluent que « les efforts de lobbying des établissements financiers peuvent contribuer à l'accumulation de risques et menacer la stabilité du système financier ».

Enfin, les sociétés inégalitaires donnent l'opportunité aux riches de promouvoir les idées qui justifient leur domination et leur richesse comme un état naturel et normal du monde. Ils s'appuient pour cela sur les experts, au premier rang desquels les économistes, qui, par choix personnel, intellectuel ou financier, acceptent de servir de caution idéologique à tous les mécanismes de dérapage expliqués dans le présent chapitre.

Le rôle des économistes. — John Law avait réussi l'exploit de fournir le cadre intellectuel de son aventure tout en la menant concrètement. On a également vu dans le chapitre précédent que Galbraith expliquait combien les fonds d'investissement des années 1920 considéraient comme un *must* de disposer de leur économiste maison prêt à soutenir leurs stratégies.

En ce qui concerne la crise des subprimes, le remarquable documentaire pédagogique de Charles Ferguson *Inside Job*, sorti sur les écrans fin 2010, comporte une vingtaine de minutes assez terribles sur la façon dont certains économistes ont mis leurs idées aux ordres de la finance pour en tirer un profit personnel. Les réponses embarrassées de Frederic Mishkin, ancien membre de la Banque centrale américaine, sont souvent risibles. Il quitte le navire en pleine crise, en août 2008, parce que, dit-il, il avait « un manuel à mettre à jour » ! Mis en cause pour avoir touché de l'argent pour écrire un rapport louant la bonne santé de la régulation financière en Islande quelques mois avant la chute du pays, les balbutiements de sa réponse prêteraient à sourire si l'on n'avait pas en tête les conséquences dramatiques de la crise sur le pays. Richard Portes, de la London Business School et président du CEPR (Centre for Economic Policy Research) britannique, le plus important think tank économique britannique, est dénoncé pour les mêmes raisons. L'Américain Martin Feldstein, ancien conseiller économique de Ronald Reagan et membre du conseil d'administration d'AIG, ne regrette rien et préfère se murer dans le silence. Le plus agressif est Glenn Hubbard, ancien conseiller économique de George W. Bush.

Mais la responsabilité des économistes va au-delà des compromissions individuelles de tel ou tel. La « science » économique dominante a fourni le cadre intellectuel permettant de justifier la supposée innocuité des innovations financières risquées, le besoin de déréglementer la finance et la nécessité de laisser les marchés financiers libres d'agir. L'argument ultime étant que les crises financières étaient devenues, tout simplement, impossibles ! Comment les économistes en sont-ils arrivés à défendre une telle idée, qui plus est en récompensant régulièrement ses défenseurs par le prix de la Banque de Suède en économie ? Cette histoire intellectuelle a été maintes fois racontée ; nous n'en présenterons ici que le schéma général [56].

L'idée principale est que les marchés financiers sont « efficients », c'est-à-dire que les cours des actions, des taux de change, des prix du pétrole, etc., reflètent toujours toute l'information disponible les concernant. Leurs prix ne fluctuent que lorsque de nouvelles informations apparaissent qui sont alors intégrées dans les prix des actifs ; les écarts de rendement financier des différents actifs reflètent les différents niveaux de risque attachés à chacun. Ajoutez à cela l'idée selon laquelle les produits dérivés représentent un parfait système d'assurance permettant au propriétaire d'un actif de transférer quand il le souhaite le risque à un autre acteur, moyennant rémunération, et les marchés financiers deviennent des lieux où les bulles spéculatives sont impossibles, puisque le marché identifie à coup sûr les risques encourus en leur donnant un prix. Le marché s'autodiscipline. Une conclusion qui complétait, dans le monde de la finance, celle de la théorie dominante sur les politiques économiques, selon laquelle les États ne commettent que des bévues, la main invisible du marché assurant la meilleure situation possible pour tous.

Ces idées, largement intégrées par les élites dominantes, universitaires et politiques, ont fini par trouver grâce auprès des régulateurs : une photo, qui a fait le tour de la blogosphère économique début 2008, montre plusieurs hauts responsables américains de la régulation financière accompagnés de lobbyistes privés réunis en 2003 et armés de sécateurs et de tronçonneuses, prêts à mettre en pièces une pile de documents symbolisant les textes de la réglementation bancaire [57]...

D'après Simon et Kwak, « la finance universitaire a produit des outils importants qui créeront des nouveaux marchés et de vastes nouvelles sources de revenus pour Wall Street. Mais son rôle a peut-être été encore plus important par l'idéologie qu'elle a mise en œuvre [58] ».

D'après Joseph Stiglitz, « plus que les économistes ne sont sans doute prêts à l'admettre, l'économie était passée du statut de discipline scientifique à celui de supporter le plus enthousiaste du capitalisme de libre marché [59] ». Et les économistes sont à inclure dans la longue liste de ceux qui sont à blâmer pour la crise :

> « Parce qu'ils ont fourni le cadre intellectuel utilisé par les régulateurs financiers pour justifier leur inaction et par les banquiers centraux pour affirmer que les bulles étaient impossibles, [...] les économistes ont également bâti les modèles sur lesquels s'appuient les banquiers centraux pour dire qu'il suffit, pour assurer une croissance durable, d'avoir une faible inflation sur les marchés des biens, sans se préoccuper de l'évolution du prix des actifs (immobilier, actions, etc.). Enfin, ils ont également contribué à façonner les idées des dirigeants. Les hommes politiques ne sont pas économistes. Ils obéissent aux jugements du moment. Or, durant ces vingt-cinq dernières années, les économistes ont affirmé qu'il n'était pas nécessaire de réguler la finance. Tout ceci a contribué à rendre la crise possible [60]. »

Pourquoi certains économistes se sont-ils comportés de la sorte ? « Par idéologie. Ils aimaient ces modèles parce qu'ils donnaient la "bonne" réponse. Les économistes ne sont pas arrivés à leurs conclusions en utilisant les modèles, les présupposés libéraux étaient là avant », conclut férocement Stiglitz.

Nulle surprise dans ce constat désabusé d'économistes plus préoccupés d'idéologie que de science. Pour les économistes français de la première moitié du XXᵉ siècle, Charles Gide et Charles Rist, « les croyances religieuses ou morales, les convictions politiques et sociales, les sentiments et les préférences individuels, jusqu'aux expériences et aux intérêts personnels, jouent ici leur rôle et contribuent à déterminer l'orientation de chacun » des économistes [61]. Pour John Kenneth Galbraith : « Nous croyons aussi avoir suffisamment expliqué que la science économique ne vit pas à l'écart de son contexte, à l'écart de la vie économique et politique contemporaine qui lui donne forme, ni à l'écart des intérêts, implicites et explicites, qui tentent de la façonner selon leurs besoins [62]. »

Ou, pour le dire comme le réputé mathématicien et économiste français Edmond Malinvaud, « la recherche macroéconomique n'est pas parfaitement orthogonale à la dimension idéologique [63] ». Mais laissons le dernier mot à Maurice Allais, Prix de la Banque de Suède, pour qui, « à toutes les époques de l'histoire, le succès des doctrines économiques a été assuré, non par leur valeur intrinsèque, mais par la puissance des intérêts et des sentiments auxquels elles paraissent favorables ». Et de conclure : « la science économique, comme toutes les sciences, n'échappe pas au dogmatisme, mais le dogmatisme est ici considérablement renforcé par la puissance des intérêts et des idéologies [64] ». On ne peut mieux exprimer le rôle joué par les économistes de l'approche dominante durant la crise des subprimes, d'autant plus au service des intérêts des riches et des puissants que ceux-ci le sont devenus. En ce sens, crise sociale (montée des inégalités), crise idéologique et crise financière sont indubitablement liées.

L'aveuglement au désastre

Tous les mécanismes que nous avons analysés jusqu'ici ont nourri des bulles spéculatives diverses à travers l'histoire. Mais ces dérapages n'avaient rien d'inéluctable. Le plus souvent, ils avaient été anticipés par leurs contemporains. Des pamphlets circulaient dans la Hollande de 1636-1637 pour dénoncer la crédulité de ceux qui pensaient que les prix des billets à effet ne cesseraient jamais de monter. Cantillon et Daniel Defoe ont dénoncé la folie du système de Law avant sa chute, Galbraith rappelle que le banquier Paul Warburg avait prévenu de l'imminence d'une crise générale, auquel on peut ajouter le chroniqueur financier du *New York Times* Alexander Noyes, instruit d'avoir été aux premières loges de la crise de 1907. De même, le dérapage des subprimes avait été prévu par beaucoup. Certains financiers, avocats, associations de consommateurs, l'hebdomadaire *The Economist*, des agents du FBI, des contrôleurs des risques, et même quelques économistes, avaient alerté sur une crise possible.

Pourquoi ceux qui gardent l'esprit clair ne sont-ils jamais écoutés en période d'euphorie financière ? D'après l'économiste français André Orléan, ces moments s'accompagnent toujours d'un « aveuglement au désastre »[65]. Pour comprendre quelles sont les forces qui y poussent, il faut rappeler avec Orléan qu'« un actif financier, dans sa définition la plus large, est un droit sur des revenus futurs. Estimer sa valeur signifie prévoir au mieux ce que sera ce flux de revenus, pour toute la durée de l'actif ». Or, personne ne connaissant le futur, il est impossible de déterminer un prix « objectif » d'une action, d'une devise, etc. Vous avez beau utiliser les techniques statistiques les plus sophistiquées, vous restez dans le domaine de l'incertitude. Les estimations de ce que devrait être le prix de tel ou tel actif incluent donc toujours une part de jugements, d'opinions, de croyances.

Dans ces conditions, lorsque tel économiste, Robert Shiller par exemple aux États-Unis, affirme que son pays connaît une bulle immobilière quelques années avant le début de la crise, il ne peut le justifier « objectivement », puisqu'il n'existe aucune valeur incontestable du prix des maisons ou de tout autre actif financier pris dans une bulle. Les investisseurs préféreront toujours choisir l'opinion qui leur dit que tout va bien et qu'ils peuvent continuer à gagner de l'argent sans problème. Hyman Minsky utilise le même argument : « Puisque ceux qui expriment des doutes n'ont pas de discours à la mode, le plus convenable pour les points de vue établis est d'ignorer les arguments tirés des théories non conventionnelles, de l'histoire et d'analyses institutionnelles[66]. »

André Orléan avance que trois mécanismes viennent renforcer l'aveuglement.

Le premier tient à la maxime « Cette fois, c'est différent ». Tout ce que l'on a pu apprendre sur les crises serait inutilisable dans le cas concerné, car l'économie et la finance fonctionneraient différemment désormais, ce qui justifie les hausses des prix de tel ou tel actif.

On a vu dans le chapitre précédent que l'économiste britannique Lionel Robbins avait dénoncé cette croyance dès les années 1920. De même, l'argument de la « nouvelle économie » a justifié la bulle boursière de la fin des années 1990 et celui de la foi en une « grande modération » – la fin des cycles économiques et de l'inflation – la bulle des années 2000.

Le deuxième mécanisme est la confiance en la « sagesse des foules » supposée : les marchés intégreraient toute l'information disponible, notamment celle touchant aux risques éventuels. Comment quelques individus isolés pourraient-ils avoir raison contre cette force rationnelle qu'est le marché ? De plus, comme l'ont montré depuis de nombreuses années les travaux d'André Orléan, les investisseurs, même s'ils sont persuadés que c'est de la folie, ont tout à fait intérêt à se tromper avec les autres. Car, « pour gagner de l'argent sur un marché, l'important n'est pas de détenir la vérité, c'est-à-dire de connaître quelles sont les vraies valeurs des actifs, mais bien de prévoir les mouvements du marché lui-même », explique Orléan. Ainsi, pour reprendre le fameux exemple du concours de beauté proposé par Keynes, l'objectif n'est pas de déterminer qui est selon ses propres critères la plus jolie fille, ni qui on pense que les autres choisiront comme la plus jolie fille, mais qui on pense que les autres penseront que tout le monde choisira comme la plus jolie. En ce sens, les investisseurs qui achètent encore et toujours ne sont pas irrationnels ; simplement, au lieu d'utiliser une rationalité « fondamentale » qui serait liée à l'état réel des choses, ils mobilisent une rationalité « autoréférentielle » qui s'appuie sur les phénomènes d'opinion des autres investisseurs.

Enfin, un troisième mécanisme tient à l'idée, dénoncée par Galbraith dans plusieurs ouvrages, que les gens qui gagnent de l'argent sont forcément intelligents et ne peuvent pas se tromper dans leur estimation de ce qu'il est bon d'acheter ou pas. Ce qui pourrait expliquer la tendance des personnes aisées à suivre avec retard les stratégies de placement des plus riches, et renforcer le mimétisme dans l'aveuglement des risques pris.

Pour finir, comme l'écrivait Charles Kindleberger, « il est en général vain d'essayer de convaincre les spéculateurs de leurs erreurs par des discours [67] ». Seul le krach leur prouve qu'ils sont allés trop loin.

Comment les États ont sauvé la finance

Car les bulles finissent toujours, nous dit Kindleberger, par un « stade critique », auquel il a consacré tout un chapitre : « La période de détresse peut durer des semaines, des mois, voire même des années, ou tout au contraire se concentrer sur quelques jours. Mais tout est lié à un changement d'anticipation avec le passage d'un état de confiance à un état où cette confiance dans l'avenir n'existe plus. » « Définie de manière générale, la panique correspond à la destruction, dans l'esprit, d'un ensemble de croyances », écrivait déjà John Mills en 1868, avant de décrire parfaitement la course à la liquidité, c'est-à-dire la volonté de tous les investisseurs de se débarrasser de leurs actifs dont le prix chute, contribuant ainsi à accélérer les difficultés, pour se procurer du cash, le seul placement qui n'est plus risqué à leurs yeux. Lorsqu'on en arrive là, explique le chercheur Jérôme Sgard dans son livre sur *L'Économie de la panique*, le marché ne joue plus son rôle de coordination des agents privés, il n'existe tout simplement plus :

> « Si sa capacité d'autostabilisation est rompue, le marché ne produit plus les forces de rappel qui pourraient le remettre dans le bon chemin, puisque, justement, il vient de s'évanouir dans la nature. La main invisible d'Adam Smith flotte dans le vide, et, typiquement, ce sera à la main droite de l'État de mettre un terme à cette crise systémique [68]. »

Une intervention extérieure au marché, celle de l'État, est alors nécessaire pour calmer la panique. Ce genre d'interventions n'a rien d'évident, comme on le comprend en suivant pas à pas la façon dont les autorités publiques ont réagi à la crise des subprimes [69]. Après le déclenchement de la crise financière en août 2007, on imaginait que le système bancaire mondial, pris la main dans le sac de ses excès, allait traverser quelques années de vaches maigres avec l'aide de la liquidité fournie par les Banques centrales, sans conséquences majeures sur l'activité. Puis, dans un deuxième temps, de la faillite de la banque d'affaires américaine Bear Stearns en mars 2008 à la renationalisation des agences de garanties publiques immobilières Fanny Mae et Freddy Mac début septembre, on a découvert que les montants de paris très risqués engagés par de nombreux établissements financiers étaient bien supérieurs à ce que l'on imaginait au départ. Mais on estimait encore que le risque demeurerait cantonné à quelques établissements.

La mi-septembre 2008 marque l'entrée dans une troisième phase, celle d'une panique boursière et d'une paralysie des banques et des marchés financiers associées à la faillite de la banque Lehman Brothers. Le temps de la gestion de la crise au coup par coup a alors pris fin. Dans une frénésie d'interventions publiques, ministères des Finances et banquiers centraux ont fait feu de tout bois pour empêcher le système bancaire mondial de s'effondrer et, avec lui, l'ensemble de l'économie. Il leur a fallu un mois pour stabiliser la situation.

La faillite de Lehman Brothers. — Tout s'est joué le week-end des 13 et 14 septembre 2008. Henry Paulson, le secrétaire au Trésor, et Ben Bernanke, le patron de la Banque centrale, constatent le vendredi 12 que deux banques d'affaires, Merrill Lynch et Lehman Brothers, sont au bord de la faillite. Ils passent les deux jours suivants à échafauder une solution : la Bank of America est intéressée à racheter Merrill et la britannique Barclays par Lehman. Le premier *deal* débouche, celui avec la Barclays échoue. D'après Paulson, le gouvernement britannique a bloqué la transaction par crainte de devoir assumer ensuite les risques pris par Lehman. Selon une source interne à la banque d'affaires, les Britanniques étaient prêts à garantir la moitié de la valeur des actifs de Lehman si les Américains garantissaient l'autre moitié, ce que Paulson aurait refusé. En octobre 2010, Alistair Darling, ministre des Finances britannique au moment des faits, avouera avoir opposé son veto au rachat de Lehman en expliquant que les Américains voulaient que le contribuable britannique en garantisse les actifs. L'annonce du rachat aurait peut-être sauvé Lehman mais, dans le cas contraire, les autorités britanniques auraient dû de fait sauver Barclays de son rachat de Lehman[70] ! Quoi qu'il en soit, le dimanche 14 septembre au soir Lehman n'a pas de repreneur.

Paulson décide alors de laisser la banque faire faillite. Trois raisons l'y poussent. Ancien dirigeant de la banque d'affaires Goldman Sachs et proche du Parti républicain, il n'est guère enthousiaste à l'idée d'une intervention directe de l'État dans la finance. La perspective de devoir nationaliser Lehman ne l'enchante pas. Il pense par ailleurs que la faillite d'un établissement aura des vertus à long terme, montrant que, si l'État est prêt à intervenir pour gérer les crises, certains acteurs peuvent disparaître. Une façon de minimiser l'« aléa moral », c'est-à-dire le fait que, assurés d'être de toute façon sauvés par la puissance publique, les banquiers n'hésitent pas à prendre les risques les plus inconsidérés. Enfin, il pense qu'après l'effondrement de Bear Stearns en mars et son rachat par J.P. Morgan les marchés ont eu le temps de se préparer à la disparition d'une autre banque, fût-ce Lehman et ses 630 milliards de dollars d'actifs. Les grands patrons de la finance américaine présents le confortent dans cette idée.

Paulson et Bernanke ont tout de même deux craintes. Ils ont constaté qu'au moment des problèmes de Bear Stearns, en mars, le marché des « repos » (*repurchase agreements*), où les banques d'affaires gèrent leurs liquidités par des emprunts et des prêts de court et très court termes, s'était bloqué, les banques refusant de se prêter les unes aux autres. Pour éviter que cela ne se reproduise, la Fed annonce qu'elle permet aux banques d'affaires de lui apporter une gamme assez large de titres financiers en contrepartie desquels elle leur prêtera de l'argent. De plus, Paulson fait pression sur les établissements financiers privés pour qu'ils annoncent la création d'un fonds privé commun doté de 70 milliards de dollars, ouvert aux établissements en difficulté.

Paulson et Bernanke savent également que des compagnies d'assurance, des fonds spéculatifs et d'autres établissements financiers ont vendu un nombre important de CDS sur les obligations émises par Lehman, c'est-à-dire des assurances où ils promettent à ceux qui les souscrivent de les rembourser si la banque d'affaires était amenée à ne pouvoir payer ses dettes. Ce qui va se produire avec la faillite. Le marché des CDS étant opaque, ils ne peuvent savoir qui sera vraiment touché. Les suites de la faillite ne sont donc pas complètement maîtrisées. Mais ils décident de tenter la manœuvre.

Réactions en chaîne. — Énorme erreur. La faillite de Lehman provoque une série de réactions en chaîne amenant la finance mondiale dans un état de panique totale. Au moment des difficultés de Bear Stearns en mars, les actionnaires avaient perdu leur investissement mais les détenteurs d'obligations émises par la banque avaient été remboursés. Ce n'est pas le cas pour Lehman. Du coup, les vendeurs de CDS sont dépassés et l'un des premiers d'entre eux, l'assureur AIG, fait faillite. Les fonds spéculatifs se mettent à vendre les actions des banques d'affaires, craignant qu'une autre ne passe à la trappe, alimentant une forte baisse des cours boursiers. Et ils se mettent à parier en même temps sur la faillite à court terme des banques, entretenant un mouvement de baisse inexorable. Les trois grandes banques d'affaires indépendantes restantes, Goldman Sachs, J. P. Morgan et Morgan Stanley, fortement attaquées, voient fondre leurs cours de Bourse. Si elles devaient y passer, les cibles suivantes auraient été les banques commerciales. Et, là, c'est l'ensemble du système de distribution américain du crédit, et donc mondial, qui risquait de s'effondrer.

D'autant plus que, dans le même temps, le marché interbancaire part en vrille. Le taux d'intérêt des prêts au jour le jour passe de 3,1 % le 15 septembre 2008 à 6,4 % le 16, avant de baisser ensuite et de connaître un nouveau pic le 30 septembre à 6,9 %. Même à ce taux-là, les banques ont tellement peur de la situation de leurs consœurs qu'elles refusent de prêter.

Et ce n'est pas fini. Une bonne partie des actifs des fonds de placements à court terme – l'équivalent de nos Sicav (Sociétés d'investissement à capital variable) –, qui avaient acheté de la dette à court terme de Lehman en pensant tenir un placement sûr, ne valent plus rien. Le Reserve Primary Fund disparaît. Le marché du financement à trois mois s'écroule, touchant aussi bien les banques que les multinationales, y compris celles en situation solide, qui ont l'habitude d'y recourir pour financer leurs affaires courantes.

Enfin, l'Europe est touchée à son tour, par l'Angleterre. Le 17 septembre, la banque immobilière HBOS fait faillite et passe aux mains de sa concurrente Lloyds TSB, ouvrant une ère où les règles anticoncentration sont mises de côté dans nombre de pays européens. Et tout ça du fait d'une seule faillite !

L'échec de la reprise en main. — Les banques sont prises dans un double piège. Une crise de liquidités, c'est-à-dire une incapacité à trouver des financements de court et moyen termes pour assurer leurs affaires au jour le jour. Et une crise de capital, c'est-à-dire une incapacité à trouver des investisseurs prêts à leur faire confiance alors même que la dépréciation de la valeur des actifs qu'elles détiennent entraîne des pertes qui mangent leur capital, ce qui menace l'existence même des banques.

Le 18 septembre, Paulson, sentant que le système financier mondial est en train de s'écrouler, prend une mesure drastique : il annonce que l'État américain met 700 milliards de dollars sur la table pour racheter les créances toxiques détenues par les banques. En vidant ainsi leurs poubelles, le gouvernement espère qu'elles n'auront plus à courir après le capital et que les marchés boursiers s'apaiseront. Parallèlement, les Banques centrales injectent des dollars et des euros par centaines de milliards pour aider les banques à se refinancer. De plus, la Fed et les autorités monétaires britanniques interdisent aux vendeurs de titres financiers de vendre dans deux heures ou dans deux jours des actions à un prix fixé maintenant, en jouant sur le fait que leur prix va baisser entre-temps et qu'au moment où l'on devra les acheter pour les livrer, on les vendra plus cher que ce qu'on les achète. Cette pratique jusqu'ici acceptée des acteurs du marché est dorénavant qualifiée de « manipulation du marché » !

La réaction des autorités publiques semble d'abord efficace. La Bourse se calme. Un peu. Les démocrates avancent des propositions substantielles pour améliorer le plan Paulson : que l'État puisse rentrer au capital des banques, ce que Paulson répugnait à faire ; que la procédure d'aide des banques soit encadrée démocratiquement, alors que Paulson réclamait une immunité juridique totale et une absence de contrôle politique ; que les dirigeants des établissements aidés soient pénalisés par une réduction de leurs rémunérations. Alors qu'ils s'étaient excités sans limites pendant plusieurs jours, les opérateurs de marché vont patiemment attendre les longues dix journées de négociations entre les démocrates et Paulson, qui leur donne finalement gain de cause. Les dirigeants européens n'ont pas encore pris la mesure de la crise, croyant que l'Europe pourra être épargnée.

Le 25 septembre, coup de tonnerre : le plan est rejeté par une majorité de représentants, les idéologues libéraux dénonçant son « socialisme financier » joignant leurs voix aux parlementaires – républicains, mais aussi démocrates – qui redoutent de se voir sanctionnés, lors des élections de novembre, par des électeurs hostiles au sauvetage des banques. La perte d'autorité du président Bush sur son parti est telle qu'un certain nombre d'élus républicains qui ne se représentent pas ont également voté « non ».

Les réunions de crise s'enchaînent, dont une, homérique, à la Maison-Blanche : John McCain, le candidat républicain à la présidence, y reste silencieux, visiblement dépassé, tandis que Barack Obama questionne sans cesse Paulson ; les parlementaires républicains partent en claquant la porte ; Hank Paulson met un genou à terre (!) devant Nancy Pelosi, la présidente de la Chambre des représentants, pour lui demander que les démocrates ne fassent pas échouer le plan. Et, quand Pelosi lui répond que c'est son propre camp qui est en train de le plomber, Paulson répond la tête basse « Je sais, je sais »...

La double crise, de liquidité et de capital, explose de plus belle et les Bourses flanchent. L'Europe, cette fois, est sérieusement touchée. Le 28 septembre, les gouvernements belge, hollandais et luxembourgeois dépensent 11,2 milliards d'euros pour renflouer le capital de Fortis, dont on apprend qu'elle détient pour 10 milliards d'actifs toxiques. Le 29, la banque allemande Hypo Real Estate doit sa survie à une ligne de crédits de 35 milliards d'euros garantis par le gouvernement d'Angela Merckel. Le même jour, le cours de la banque Dexia dévisse, obligeant les gouvernements belge et français à monter un plan d'urgence aboutissant à la nationalisation de la banque. Les banques britanniques réclament des fonds publics à leur gouvernement. Le 3 octobre, le plan Paulson est finalement voté. L'Europe tente de coordonner ses réponses, mais la réunion du 4 octobre organisée par l'Élysée entre principaux dirigeants européens donne des résultats trop vagues pour calmer les marchés.

Le 8, alors qu'elles ne cessent d'abreuver les banques de liquidités depuis des semaines, les Banques centrales des États-Unis, d'Europe, du Canada, de Suède et de Suisse baissent simultanément leur taux directeur de 0,5 %. Elles indiquent ainsi aux marchés que leur principale préoccupation, au-delà de la gestion de la crise à chaud, est désormais l'amplitude de la récession qui s'installe aux États-Unis et en Europe. Et que, ayant pris la mesure de la crise, elles sont capables d'agir de manière coordonnée, offrant un pilier solide sur lequel les marchés peuvent se reposer pour reprendre confiance. Ce sera, rétrospectivement, le premier pas d'une intervention massive des pouvoirs publics.

Les États entrent vraiment en jeu. — Le 9 octobre 2008, Gordon Brown, Premier ministre britannique, met sur la table un plan de soutien au système bancaire anglais qu'il propose comme modèle d'intervention pour l'ensemble des pays. Il comporte trois dimensions.

D'abord, débloquer le marché interbancaire : puisque les banques ne veulent plus se prêter d'argent à court terme, les Banques centrales doivent annoncer conjointement qu'elles fourniront des liquidités de manière illimitée. Certaines, comme la BCE, l'ont déjà fait. De plus, chaque gouvernement doit proposer à ses banques d'échanger les actifs illiquides – dont personne ne veut – contre des bons du Trésor, sans risque. Ensuite, débloquer les financements de moyen terme des banques : puisqu'elles ne veulent pas se prêter d'argent à cet horizon et que les entreprises commencent également à souffrir de la situation, les États doivent garantir les émissions d'obligations permettant d'obtenir des financements de quelques mois à trois ans. Si la banque ou l'entreprise fait défaut, c'est l'État qui remboursera la dette contractée. La Fed avait pris les devants en annonçant quelques jours auparavant qu'elle était prête à acheter directement ces obligations si elles ne trouvaient pas preneur : ce n'est plus seulement une Banque centrale, mais une banque publique de financements à court terme ! Enfin, il faut recapitaliser les banques importantes et saines : les États doivent renflouer le capital des banques qui ne trouvent plus d'investisseurs. Une nationalisation partielle qui redonne de l'oxygène au bilan des banques et leur fournit des réserves à mettre en face de leurs actifs risqués.

L'idée d'un plan d'action coordonné prend forme alors que démarrent, le 11 octobre, les réunions d'automne du FMI et de la Banque mondiale. Le moment est crucial. Car les marchés semblent proches, le 10, de ce que les traders appellent la « capitulation » – les ventes d'actions et les chutes de cours ont été telles que tout ce qui est sur le marché devient une bonne affaire pour autant qu'un minimum de confiance revienne. La chute brutale des marchés japonais et émergents les jours précédents a montré que les investisseurs américains et européens qui y avaient investi ont largement puisé dans leurs portefeuilles et pourraient être arrivés au moment où ils ne veulent plus se dessaisir de ce qui leur reste. À ce stade, ceux qui veulent acheter sont plus nombreux que ceux qui veulent vendre ; le marché peut repartir à la hausse si on l'aide un peu.

Henry Paulson restant réticent à fournir du capital public aux banques, le communiqué du G7 du samedi 11 ne convainc pas. Heureusement, le dimanche 12, l'Europe arrive à la rescousse. En réunion de crise à l'Élysée, les dirigeants européens s'engagent à une action massive et coordonnée inspirée du menu anglais, chacun y puisant pour mettre en avant ses propres priorités. Du coup, Paulson cède et annonce le 13 qu'il débloque 250 milliards de dollars pour recapitaliser les principales banques américaines. L'Arabie saoudite, l'Australie, l'Inde, la Suisse, etc., annoncent leur plan d'intervention. Au total, plus de 2 500 milliards d'euros viennent à l'appui du système bancaire mondial.

Devant cette volonté de reprise en main de la finance, les Bourses se calment. Certes, les perspectives de croissance n'étant pas bonnes pour 2009, la morosité reste de mise. Mais la panique paraît maîtrisée. Durant la suite du mois d'octobre, les différents plans nationaux se mettent en place. Les banques sont recapitalisées. Le marché interbancaire se remet, doucement, à fonctionner. Les banquiers, gestionnaires de fonds et autres financiers croisent les doigts en espérant que leur wagon ne basculera pas dans le Grand 8. Les banquiers centraux et les ministres des Finances font de même. Chacun attend la confirmation que le moment le plus périlleux de la plus grande crise financière de l'histoire est passé. Ce sera le cas.

La zone euro dans le piège des dettes publiques

Une fois passé le moment de panique le plus aigu, les régulateurs entrent en lice. Entre fin 2008 et fin 2009, les pays du G20 vont se réunir par trois fois pour poser les nouvelles règles du jeu de la finance mondiale. Nous verrons dans le chapitre suivant si les nouvelles régulations qu'ils mettent en œuvre depuis sont susceptibles de réduire fortement la probabilité de nouveaux dérapages ou si elles ne sont que des faux-semblants. Auparavant, revenons sur l'étape suivante de la crise qui a vu la zone euro passer du rôle de victime des contrecoups du malaise américain à celui de protagoniste principal de l'agitation de la finance mondiale.

Dans leur étude sur longue période, les économistes Carmen M. Reinhart et Kenneth S. Rogoff montrent que les crises financières ont très souvent été suivies de crises des dettes publiques [71]. Pour autant, il n'y a rien de « naturel » à cet enchaînement, ni à la durée ou à l'ampleur des difficultés rencontrées par les États pour gérer leurs dettes. Si la zone euro a été particulièrement secouée, c'est parce que trois innovations financières, un choix idéologique et une gestion politique désastreuse de la crise par les Européens se sont combinés pour transformer un petit problème maîtrisable d'accroissement temporaire des dettes en plusieurs mois de tension susceptibles de détruire la zone euro.

Les origines de la crise : trois innovations. — La crise européenne trouve certains éléments d'explication dans des transformations importantes de la finance datant des années 1980. La première tient à l'internationalisation du financement des dettes publiques. Au début de la décennie 1980, en proie à des déficits budgétaires importants et aux règles strictes interdisant aux banques centrales de les financer, le gouvernement américain commence à vendre ses bons du Trésor aux investisseurs étrangers : un appel à l'épargne extérieure qui permet d'accroître le montant des financements possibles et atténue la contrainte de maîtrise des déficits. Les autres grands pays ne tarderont pas à suivre, plaçant ainsi de plus en plus leurs politiques budgétaires sous le jugement instable des investisseurs étrangers. Même avec un taux d'endettement de plus de 200 % de son PIB, l'État japonais ne connaît pas de crise, car il finance ses déficits à l'aide de son épargne nationale.

Presque au même moment, les banques d'affaires, qui étudiaient la situation financière des États et plaçaient leurs emprunts auprès des investisseurs, réduisent leurs coûts en déléguant leurs analyses des dettes publiques aux agences de notation. Celles-ci se consacrent alors quasiment à de la recherche de type universitaire. Elles vont bien changer : Standard & Poor's (S&P) emploie aujourd'hui plus de 6 000 personnes, engagée avec ses deux consœurs dominantes, Moody's et Fitch ratings, dans une course aux profits peu regardante sur la qualité des analyses de risques. Aucune n'a signalé la toxicité des produits financiers liés aux subprimes, et lorsque S&P dégrade la note des États-Unis, le 5 août 2011, elle indique qu'il est désormais plus risqué de prêter au gouvernement américain qu'à Enron à la veille de sa faillite ! Loin d'être le simple thermomètre des dettes publiques, ces agences en sont devenues l'un des virus, rarement capables d'anticiper les problèmes mais souvent sources d'instabilité lorsque leurs avis négatifs sur telle ou telle dette publique vient accroître la fébrilité des investisseurs.

Ces derniers ont mal géré l'innovation majeure qu'a représentée la création de la monnaie unique en 1999. Ils y ont vu la base d'une convergence rapide des économies européennes, ce qu'ils ont traduit par le fait que prêter, par exemple, à l'Allemagne et la Grèce devait se faire au même taux d'intérêt, sans distinction de risque entre les stratégies de compétitivité des pays et leurs capacités à maîtriser les chocs macroéconomiques et financiers. Une erreur d'appréciation dont ils tenteront sans cesse par la suite de ne pas payer les conséquences.

Les origines de la crise : un choix idéologique. — Dans leur livre, Reinhart et Rogoff soulignent le fait que les crises de dette publique qui suivent l'éclatement des bulles ne sont pas tant le fruit des dépenses rendues nécessaires pour sauver le secteur financier, que la conséquence des pertes de recettes fiscales liées aux récessions et à la faible croissance dans lesquelles s'enfoncent les économies.

Or cette évolution est intervenue dans un contexte marqué par plusieurs décennies de politique fiscale visant à réduire l'imposition, en particulier des ménages aux revenus les plus importants et des entreprises. En France, par exemple, l'ensemble des baisses d'impôts consenties depuis 2000 ont causé 400 milliards de dettes supplémentaires, soit 20 points de PIB, selon le rapport remis en 2010 par Paul Champsaur et Jean-Philippe Cotis [72]. Un manque à gagner extrêmement important aux conséquences considérables sur le niveau de dette publique.

Les difficultés rencontrées par les finances publiques après l'éclatement de la bulle financière sont donc apparues dans une situation de généralisation des politiques de baisse d'impôts qui avaient déjà nettement érodé la capacité fiscale des États.

Les origines de la crise : une gestion politique désastreuse. — À l'automne 2009, le nouveau gouvernement de Georges Papandréou révèle que, contrairement aux allégations du pouvoir précédent, le déficit budgétaire grec n'est pas de 3,7 % mais de 12,7 % du PIB, un chiffre finalement porté quelques mois plus tard à 15,4 % ! Il est clair que le pays ne peut pas supporter un tel déficit et doit s'engager dans une politique de rigueur. Nul ne prévoit alors que ce problème budgétaire, qui concerne à peine quelques points de pourcentage de la dette de la zone euro, sera le déclencheur d'une crise qui est loin d'être définitivement réglée cinq ans après et qui aura conduit plusieurs fois l'Europe au bord du gouffre.

Il faut dire que les dirigeants politiques de la zone euro vont accumuler les décisions improvisées, tardives ou à contre-temps. Certes, apprendre à gérer collectivement une crise de dette souveraine pour des pays dont l'article 125 du traité fondateur stipule que ni l'Union, ni les États membres ne peuvent aider à financer le budget de l'un des leurs en difficulté, n'avait rien d'évident. Et l'Europe a montré une capacité d'innovation institutionnelle qui, si elle avait été assumée au lieu d'être forcée par les événements, aurait permis un meilleur contrôle des sautes d'humeur des investisseurs. Rétrospectivement, les élites européennes semblent avoir commis trois erreurs : le refus d'un allègement rapide des dettes publiques ; le refus d'une intervention claire de la Banque centrale européenne (BCE) pour maîtriser les taux d'intérêt ; le choix unique de l'austérité constitutionnalisée comme voie de sortie de crise.

La crise de la dette des années 1980 et celle des pays asiatiques à la fin des années 1990 ont ouvert un débat international sur la nécessité d'organiser un mécanisme de restructuration des dettes souveraines en difficulté. En 2001, le FMI a fait une proposition reposant sur trois principes : en cas de problème de remboursement d'une dette publique à des créanciers étrangers, débiteurs et créditeurs doivent négocier un accord de rééchelonnement (report) ou d'allègement (annulation partielle) de la dette ; tout remboursement est, en attendant, suspendu ; un contrôle des changes temporaire est instauré pour éviter les fuites de capitaux. On imagine ce qu'un tel mécanisme aurait pu apporter à la situation de la Grèce : un allègement de sa dette, auquel il a fallu de toute façon se résoudre, un arrêt des fuites de capitaux et donc une moindre nécessité de recourir à des politiques violentes d'austérité qui, plutôt que de rassurer les investisseurs, ont fini par leur faire craindre un effondrement de la zone euro. Le refus des dirigeants français et l'inflexibilité de Jean-Claude Trichet à la BCE de permettre un allègement des dettes ont longtemps bloqué toute évolution en ce sens. L'argument selon lequel un effacement partiel des dettes aurait inquiété les investisseurs ne tient pas : même sans ces allègements, la zone euro est restée dans une zone de fortes turbulences qu'un accord immédiat aurait peut-être évitée.

De plus, les moments de plus grande nervosité auraient pu être contrôlés par la banque centrale. Celle-ci s'est engagée dans cette voie à reculons à partir de mai 2010 pour finir par l'assumer en 2012 (*voir infra*), alors même que ce genre d'intervention pour maîtriser l'envolée des taux d'intérêt sur la dette publique avait fait ses preuves dans les pays anglo-saxons. Au lieu de cela, les poussées de fièvre régulières autour des dettes souveraines ont fini par fragiliser les banques détentrices de ces titres, en particulier lors de l'été 2011, obligeant la BCE à leur prêter en deux fois (le 21 décembre 2011 et le 29 février 2012) sur trois ans 1 019 milliards d'euros (une partie d'anciens prêts à plus court terme ayant été transformés en prêts sur trois ans, la BCE a en fait apporté 520 milliards de nouveaux financements) afin de briser le cercle vicieux entre crise des dettes publiques et crise bancaire. Une action à l'efficacité toute relative, puisque les banques espagnoles devaient faire l'objet d'un plan de sauvetage spécifique dès le début de l'été 2012, en même temps que l'agitation perdurait sur les titres de dette publique italiens et ibères, obligeant la BCE à une intervention plus radicale en septembre. Beaucoup de temps aurait pu être gagné grâce à une décision plus précoce.

Il faut dire que la fébrilité des investisseurs a été de plus en plus nourrie au fil des mois par la volonté affichée par l'Allemagne, bientôt secondée par la France, de considérer que la seule solution de fond à la crise reposait sur de profonds et durables plans d'austérité, dans une quête permanente de l'équilibre budgétaire inscrite dans la Constitution de chaque pays. Comme les économistes d'aujourd'hui condamnent la volonté des dirigeants politiques des années 1930 de maintenir leur ancrage à l'étalon-or au prix de douloureuses récessions et d'une forte montée du chômage, ceux de demain jugeront la folie des Européens de s'enfermer dans une unique logique dépressive, où l'austérité casse la croissance, réduit les recettes fiscales, accroît les déficits, et appelle encore plus d'austérité.

Il aura fallu attendre fin juin 2012 pour que la persistance de la crise et l'élection d'un nouveau président français incitent les Européens à mettre en œuvre quelques mesures de soutien à la croissance, à renforcer leurs mécanismes de gestion des crises bancaires et de dettes publiques et à amorcer les premiers pas d'une centralisation du contrôle des banques européennes. Pour autant, des tensions subsistaient durant l'été 2012, conduisant la BCE à une intervention plus radicale.

Septembre 2012 : la BCE contre la spéculation. —

Le 6 septembre 2012, la BCE décide d'utiliser sa force de frappe pour lutter contre la spéculation qui a fait grimper les taux d'intérêt de la Grèce, de l'Irlande et du Portugal et touche alors (négativement) l'Espagne et l'Italie, et (positivement, avec des taux d'emprunt très faibles) des pays comme l'Allemagne et la France. Elle lance son OMT (Outright Monetary Transactions) : des achats « sans limite » des titres de dette publique sur le marché secondaire de la dette.

Ce nouvel instrument n'est pas présenté comme une aide aux États, mais comme devant permettre à la BCE de reconstruire les canaux de transmission de la politique monétaire : quand la banque centrale baisse ses taux à court terme, elle souhaite que cela se répercute sur les taux à long terme afin de réduire le coût du crédit et soutenir l'activité. Or, en maintenant les taux élevés, la spéculation obligataire empêche la politique monétaire de fonctionner. La BCE intervient donc pour redonner de l'efficacité à ses interventions sur les taux.

Les pays qui veulent bénéficier de l'OMT doivent s'engager dans un programme de rigueur auprès du MES (Mécanisme européen de stabilité) ou demander un programme de précaution, avant qu'une crise sur les taux ne se déclenche. La BCE l'a souhaité pour trois raisons : l'aide ne doit pas désinciter les pays à réduire leurs déficits budgétaires ; le programme de maîtrise des finances publiques signé avec le MES permet à ce dernier d'acheter des titres de dette publique sur le marché primaire, c'est-à-dire quand les États les émettent, réduisant d'autant la nécessité d'intervention de la banque centrale ; le contrôle politique des programmes économiques est renvoyé aux États, libérant ainsi la BCE qui n'a pas de légitimité en la matière.

La BCE s'autorise à mettre fin à l'OMT quand elle pense que son objectif est atteint, c'est-à-dire que les taux sont revenus à un niveau « normal » ou bien si elle pense que le pays ne fait pas assez d'efforts. Elle le fera en toute indépendance : si elle n'impose pas les programmes d'austérité, elle se fera sa propre idée sur ce que doit être leur contenu et cela guidera son action.

Concrètement, l'OMT se focalisera sur l'achat de bons du Trésor dont la maturité va de un à trois ans, y compris les obligations de plus long terme pour lesquelles il reste trois ans et moins de maturité. Aucune limite quantitative n'est fixée *a priori* ; un message qui a ravi les marchés : l'Espagne et l'Italie ont rapidement bénéficié d'une baisse des taux d'intérêt de leurs emprunts à court terme et même à plus long terme.

Contrairement au programme à l'œuvre depuis 2010 (le SMP [Securities Market Programme], qui l'a conduit à acheter pour 209 milliards d'euros de dette et auquel il est mis fin, les titres achetés étant détenus jusqu'à leur maturité), les transactions de la BCE passant par l'OMT seront entièrement transparentes. La banque centrale ne sera plus un créancier privilégié : en cas de restructuration de la dette, elle prendra ses pertes comme les créanciers privés. Toutes ses dépenses seront « stérilisées », c'est-à-dire qu'il sera retiré du circuit autant de monnaie qu'elle en aura mis.

Une question concernant l'objectif de la BCE restait en suspens à l'annonce de ce mécanisme. Mario Draghi a indiqué qu'il n'avait pas fixé d'objectif précis en termes de taux d'intérêt : interviendrait-il lorsque les taux d'emprunt dépasseraient 5 %, 6 %, 7 % ? À la fin septembre 2012, Olivier Blanchard, économiste en chef du FMI, indiquait que l'Espagne avait besoin de taux d'intérêt de l'ordre de 3 %-4 % pour s'en sortir. Draghi a précisé que l'écart de taux d'intérêt entre pays de la zone euro entrerait en ligne de compte pour la décision d'intervention, mais pas seulement : la disponibilité de liquidités, la volatilité des financements, etc. seraient également prises en compte, ce qui laisse une large marge d'appréciation et donc d'intervention à la banque centrale.

Enfin, les achats de la BCE, en principe illimités, seront limités en pratique. D'une part, la banque centrale ne rachète que les titres de maturité inférieure à trois ans (plus ceux de maturité plus longue pour lesquels il reste moins de trois ans à courir) qui n'existent qu'en quantité limitée. D'autre part, lorsque les banques obtiennent des liquidités de la part de la BCE, comme les fameux 1 000 milliards d'euros reçus fin 2011-début 2012, celle-ci réclame aux banques des garanties sur le remboursement. Les banques laissent alors en garantie une partie des titres de dette publique qu'elles détiennent. La BCE ne pourra donc pas racheter aux banques cette partie des titres qu'elle détient déjà. Ainsi, en septembre 2012, il existait 200 milliards d'euros de titres publics espagnols de moins de trois ans, dont la moitié était déjà immobilisée, en particulier comme garantie auprès de la BCE.

Luc Coene, le gouverneur de la banque centrale belge a apporté fin septembre 2012 une nouvelle précision : une partie de la conditionnalité liée à l'activation du mécanisme de rachat de dette sera liée au fait que les pays qui en bénéficient ne devront pas bouleverser la structure de leur dette pour accroître significativement la part de leur dette à moins de trois ans. Comme l'avait souligné Mario Draghi lors de la conférence de presse annonçant le lancement de l'OMT, il serait stupide pour un gouvernement de trop concentrer sa dette sur des maturités courtes, alors que c'est au contraire l'allongement de celles-ci qui permet de subir moins de pression sur le refinancement.

Pour autant, *dixit* le banquier central, la BCE n'a pas épuisé ses cartouches : elle peut encore baisser son taux directeur à 0 %, en refaisant du LTRO (*Long Term Refinancing Operation* ; des prêts aux banques à trois ans), voire en prêtant aux banques à plus long terme en acceptant en garantie des titres de dette d'entreprises privées.

Mario Draghi a précisé que la décision de créer l'OMT avait été prise à l'unanimité moins une voix : il a bien sûr manqué celle de Jens Weidmann, le patron de la banque centrale allemande, qui a ainsi accepté d'être isolé sur la scène européenne. L'objectif final de la BCE est de créer « un filet de sécurité efficace pour éliminer totalement les risques extrêmes dans la zone euro », a souligné Mario Draghi. Car, de son point de vue, les taux d'intérêt payés par l'Espagne et l'Italie ne résultaient qu'en partie d'une inquiétude légitime quant à leurs finances publiques. Le reste tenait à des craintes injustifiées des investisseurs sur l'avenir de la zone euro. Un constat juste : dommage d'avoir perdu trois ans avant d'agir, car la simple annonce de l'OMT a suffi à faire considérablement baisser les taux d'intérêt espagnols, italiens et même grecs au cours du premier semestre 2013. Enfin, l'année 2014 est censée donner le jour à une Union bancaire européenne qui doit mettre en place un superviseur unique des banques auprès de la BCE, un mécanisme de résolution ordonnée des crises bancaires, la mise en commun de fonds susceptibles d'aider des banques en difficulté et un système européen de garantie des dépôts. Un projet ambitieux, dont les modalités concrètes et le calendrier précis n'étaient pas encore entièrement définis à la mi-2013.

Le film de la crise européenne n'est pas terminé pour autant, et il reste à savoir dans quel état l'Europe sortira de ces années d'austérité généralisée qui la plongent dans une récession durable, l'empêchant de réduire le poids de ses dettes.

Il est en tout cas certain que si elle souhaite éviter à l'avenir ce genre de mésaventure, elle devra joindre ses efforts à ceux des autres grands pays pour mieux encadrer la finance. La question est donc de savoir si les efforts de régulation entrepris par le G20 depuis la fin 2008 conduisent ou non à des produits, des marchés et des institutions financières véritablement régulés. C'est l'objet du prochain chapitre.

Chronologie d'une crise mal gérée

Octobre 2009	**Élections générales en Grèce.** Le nouveau gouvernement socialiste révèle l'ampleur des manipulations budgétaires de son prédécesseur conservateur et le niveau colossal de la dette publique grecque. La crise démarre.
Avril 2010	**Premier plan d'aide à la Grèce.** Les États européens s'accordent sur un prêt de 110 milliards d'euros sur trois ans. Mais la lenteur de la réaction européenne a favorisé la contagion au Portugal et à l'Irlande.
Mai	**Mise en place du FESF.** Face à cette contagion, les États européens instituent pour trois ans un Fonds européen de stabilisation financière (FESF), doté d'une capacité de prêts de 440 milliards d'euros. Parallèlement, la Banque centrale européenne commence à acheter des titres de la dette publique des États en crise sur les marchés secondaires (programme dit SMP, Securities Market Programme).
Mars 2011	**Création du Mécanisme européen de stabilité.** Les États en crise ne pouvant revenir se financer sur les marchés avant longtemps et face au regain de spéculation, les Européens mettent en place un Mécanisme européen de stabilité (MES) permanent, doté d'une capacité de prêt de 500 milliards d'euros à compter de juillet 2012. Ils élargissent les possibilités d'intervention du FESF et baissent les taux d'intérêt des prêts à la Grèce.
Juin-juillet	**La crise grecque reprend.** Il est de plus en plus évident que la Grèce ne pourra jamais rembourser la dette accumulée, encore accrue par la récession.
Été	**Les banques européennes mises à mal.** Les investisseurs, craignant que les États ne peinent à rembourser leur dette, doutent de la santé des banques qui détiennent une bonne partie de ces dettes. Le cours des banques européennes est attaqué. Ces dernières ont de grandes difficultés à trouver des financements, notamment en dollars.
Octobre	**Nouveau plan d'aide à la Grèce.** Les Européens décident d'un nouveau plan de sauvetage incluant une annulation partielle de la dette grecque détenue par les banques privées à hauteur de 100 milliards d'euros.
Décembre	**Projet de nouveau traité.** La spéculation touche l'Espagne et l'Italie. Dans l'espoir de la calmer, Angela Merkel et Nicolas Sarkozy improvisent un nouveau traité. Parallèlement, la BCE injecte 500 milliards d'euros dans le circuit bancaire.

Mars 2012	**Signature du traité sur la stabilité, la coordination et la gouvernance.** Vingt-cinq des vingt-sept États de l'Union y souscrivent (il doit être ratifié par au moins douze pays pour entrer en vigueur au 1er janvier 2013). Parallèlement, la restructuration de la dette privée grecque se termine avec succès. La BCE injecte à nouveau 500 milliards d'euros dans le circuit bancaire.
Mai	**Retour de la crise grecque.** Les nouvelles élections grecques débouchent sur un désaveu massif des partis favorables au plan d'austérité convenu avec la Troïka et relancent la crise. Les banques espagnoles menacent de s'effondrer.
Juin	**Vers une union bancaire européenne et sauvetage des banques espagnoles.** Le 29 au petit matin, les Européens s'accordent sur une nouvelle étape importante. Diverses dépenses de construction d'infrastructures sont décidées pour soutenir la croissance.
	Pour gérer les crises, les fonds de secours (FESF et MES) pourront acheter la dette d'un État asphyxié par la montée des taux d'intérêt et aider directement les banques de la zone en difficulté (pour éviter d'alourdir la dette des États devant soutenir leur secteur bancaire), sous contrôle de la BCE.
	L'Union monétaire franchit une étape en visant l'instauration d'un superviseur bancaire unique, une garantie centralisée des dépôts et la mise en œuvre d'un mécanisme de résolution des crises, destinées à faire payer le coût de futures crises aux actionnaires et aux créditeurs des banques pour réduire le recours à des fonds publics.
	Les banques espagnoles recevront une aide à la recapitalisation pouvant aller jusqu'à 100 milliards d'euros.
Septembre	Le 6, Mario Draghi annonce que la BCE achètera les dettes publiques, de maturité inférieure à trois ans, des pays victimes de taux d'intérêt spéculatifs. Ils devront en faire la demande et accepter en contrepartie les conditions fixées par le MES en termes de maîtrise des finances publiques.
Mai 2013	Plusieurs pays européens obtiennent de reporter la contrainte qui les oblige à ramener leur déficit budgétaire à 3 % du PIB. La Commission européenne commence à admettre que l'austérité imposée en Europe est trop forte.

Figure 5. *Un schéma des crises*

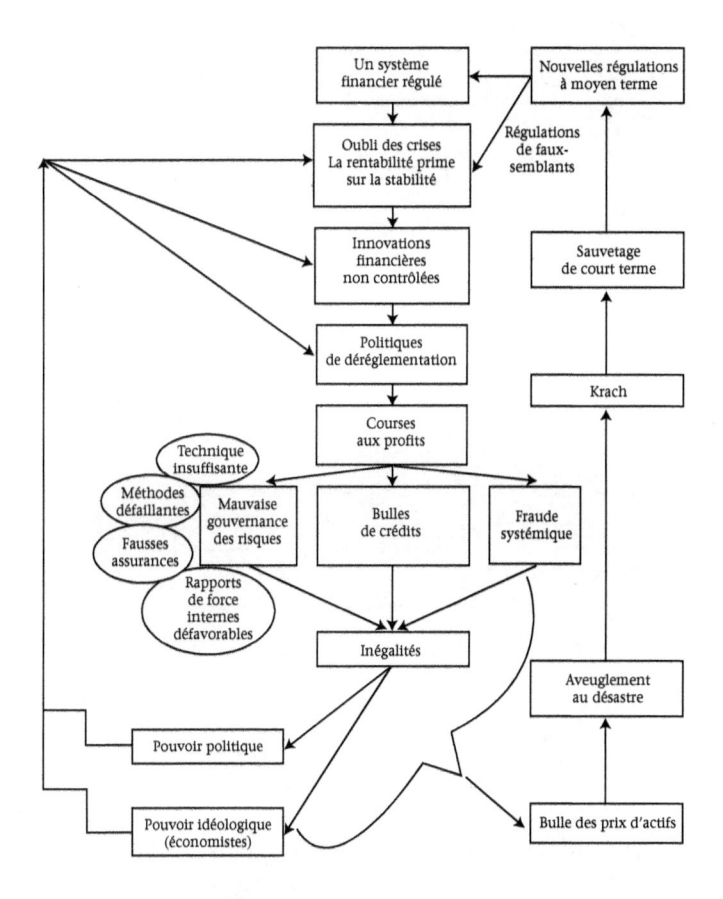

Nous avons tenté de résumer ce chapitre en présentant un schéma synthétique des crises financières. Même si, pour la clarté d'exposition, on a tendance à présenter une suite d'enchaînements déterministes, gardons à l'esprit que l'ensemble fait système, que les différentes parties interagissent, que leur temporalité est multiple et s'étend de plusieurs mois à plusieurs années.

6

Le temps de la régulation

> « Le problème de la prévention des crises n'est pas insurmontable. »
>
> Paul CLAUDEL, « 4 octobre 1930 [1] »
>
> « Le secteur est habile – quelles que soient les réglementations qui lui seront imposées, il imaginera des moyens pour les contourner. La réglementation doit donc être exhaustive et dynamique. »
>
> Joseph STIGLITZ [2]
>
> « Nous pouvons, pour ainsi dire, stabiliser l'instabilité. »
>
> Hyman MINSKY [3]

Une bulle spéculative ne se termine pas avec son éclatement et l'intervention dans l'urgence des pouvoirs publics pour sauver la finance. Lorsque les conséquences économiques et sociales de la crise sont fortes, un débat politique s'ouvre généralement sur la meilleure façon d'éviter que le cataclysme ne se reproduise. Cela a été le cas après les paniques de 1907, des années 1930 et de la crise des subprimes. Le faible impact sur l'économie hollandaise de la crise des tulipes n'a pas donné lieu à un vaste débat de régulation financière et la crise de Law a simplement été suivie du retour à l'ancien système des rentiers vivant de leurs prêts à l'État français.

Mais l'ouverture d'un débat ne préjuge pas de sa conclusion. La crise de 1907 a conduit les États-Unis à créer une Banque centrale, mais dépourvue de véritable mandat et d'outils pour prévenir l'instabilité financière. Dans les années 1930, le président Roosevelt a réussi à changer la donne idéologique et politique en mettant en place de nouvelles règles qui ont conduit à plusieurs décennies de stabilité.

Qu'en est-il du climat de régulation postsubprimes ? Le 10 octobre 2008, quelques semaines à peine après la faillite de Lehman Brothers, le Forum de stabilité financière – devenu ensuite Conseil de stabilité financière –, qui rassemble les principaux régulateurs financiers nationaux, met sur la table un document très complet, qui n'ouvre pas moins d'une dizaine de chantiers de régulation. Un document peu commenté à l'époque, mais qui contient déjà pratiquement tous les grands sujets et propositions discutés les mois suivants [4].

Le G20 de Londres d'avril 2009 va ensuite marquer une rupture dans le discours d'acceptation de la logique d'autorégulation des marchés. En plus du communiqué général habituel de ce genre de réunion, les pays du G20 livrent en effet une « Déclaration sur le renforcement du système financier [5] », très technique, détaillée, longue de six pages et qui fixe un objectif très ambitieux : « Toutes les institutions, tous les marchés et tous les instruments d'importance systémique devront faire l'objet d'un niveau adéquat de régulation et de surveillance. » Le texte pose les principes d'un changement majeur du rôle des Banques centrales, appelées à développer les outils et politiques à même de contrer l'instabilité financière. Il réclame la mise en œuvre d'un contrôle serré de la distribution de crédits par les banques, pour qu'elles arrêtent de nourrir les bulles. Il veut encadrer les marchés de produits dérivés, ces innovations financières qui mettent souvent le feu à la finance. Il exige une régulation des fonds spéculatifs. Il s'attaque aux paradis fiscaux.

Les principes de régulation ainsi dessinés ont été de nouveau validés au G20 de Pittsburgh de septembre 2009. Ils ont servi de base à quasiment toutes les politiques discutées dans les mois qui ont suivi, aux États-Unis, en Europe, au Royaume-Uni, etc. Un processus qui est loin d'être terminé car on discute encore des modalités concrètes d'application de la nouvelle loi de régulation financière *Dodd-Frank* [6], votée le 21 juillet 2010 aux États-Unis, tandis que la Commission européenne n'a fini de mettre sur la table l'essentiel de ses propositions de régulation qu'à l'été 2011 et qu'il reste encore de très longs mois avant de les mettre en œuvre.

Certaines parties du paysage de la nouvelle régulation financière mondiale postsubprimes ne seront entièrement finalisées qu'en 2018-2019.

Faute de disposer d'une image finale, on peut déjà avoir un avis sur l'esquisse et les premiers pas de mise en œuvre, car les grands traits de la nouvelle régulation sont connus. Ils sont multiples, très divers et couvrent un nombre important de dossiers, ce qui rend difficile, pour qui ne les suit pas de près en permanence – à peu près tout le monde ! –, de s'y retrouver. Le schéma des crises élaboré au chapitre précédent permet au moins de classer les différents chantiers ouverts afin de juger dans quelle mesure ils permettent de casser les mécanismes des crises.

On verra alors que nombre des décisions du G20 sont intéressantes. Les postures visant à dénoncer les « G Vains » et à affirmer que rien n'est fait pour changer les pratiques de la finance ne résistent pas à une étude sérieuse. Pour autant, tout ne va pas pour le mieux dans le meilleur des mondes de la régulation. D'abord, parce que l'écart peut être grand entre de bons principes et leur traduction concrète en politiques publiques de qualité. Ensuite, parce que les propositions du G20 présentent des manques. Enfin, parce que certains pays essaieront de minimiser les contraintes et parce que les financiers privés et leurs lobbies s'attachent déjà à raboter les nouvelles règles et à trouver les moyens de les contourner. Cela rend plus que nécessaire d'expliciter les enjeux des combats politiques qui se jouent sur ces questions.

Maîtriser les innovations

À la base des crises, il y a toujours des innovations financières non contrôlées. La première chose à faire est donc de revenir sur les politiques de déréglementation de la principale source d'innovation à risque de ces dernières décennies que sont les produits dérivés de gré à gré. En effet, de la crise qui a frappé le Mexique en 1994 à la crise asiatique de 1997-1998, en passant par la quasi-faillite du fonds spéculatif américain LTCM (Long Term

Capital Management), l'affaire Kerviel, la crise des subprimes et bien d'autres dérapages récents, ces produits ont été de tous les mauvais coups de la finance [7].

On entend souvent que les produits financiers inventés par les scientifiques de la finance seraient trop compliqués pour pouvoir être régulés. C'est faux. Quelle que soit la sophistication des instruments inventés, ils obéissent tous à des mécanismes de base assez simples : ce sont des contrats qui permettent d'acheter, de vendre ou d'échanger demain, à un prix fixé aujourd'hui, des actifs financiers. Le principe n'est d'ailleurs pas nouveau. Le code babylonien d'Hammurabi, écrit il y a près de quatre mille ans, mentionne les premiers instruments de couverture des risques. Le paragraphe 48 stipule que, en cas de mauvaises récoltes, les fermiers ont le droit de ne pas rembourser leur dette. C'est ce que l'on appelle dans la finance moderne une option : la possibilité donnée aux débiteurs de ne pas rembourser leur dette au cas où un événement convenu à l'avance se produirait.

Beaucoup d'ouvrages sur le sujet s'amusent également à rappeler l'histoire de Thalès de Milet telle que racontée par Aristote dans le chapitre 4 du Livre I de la *Politique* :

> « Je citerai ce qu'on raconte de Thalès de Milet ; c'est une spéculation lucrative, dont on lui a fait particulièrement honneur, sans doute à cause de sa sagesse, mais dont tout le monde est capable. Ses connaissances en astronomie lui avaient fait supposer, dès l'hiver, que la récolte suivante des olives serait abondante ; et, dans la vue de répondre à quelques reproches sur sa pauvreté, dont n'avait pu le garantir une inutile philosophie, il employa le peu d'argent qu'il possédait à fournir des arrhes pour la location de tous les pressoirs de Milet et de Chios ; il les eut à bon marché, en l'absence de tout autre enchérisseur. Mais, quand le temps fut venu, les pressoirs étant recherchés tout à coup par une foule de cultivateurs, il les sous-loua au prix qu'il voulut. Le profit fut considérable ; et Thalès prouva, par cette spéculation habile, que les philosophes, quand ils le veulent, savent aisément s'enrichir, bien que ce ne soit pas là l'objet de leurs soins. »

En versant un peu d'argent, Thalès de Milet a acquis le droit de réserver demain, au prix fixé lors de la transaction, la possibilité de bénéficier de tous les pressoirs après lesquels les producteurs d'huile allaient courir.

Mais il est vrai que ce genre de transaction n'a pas connu de grand développement avant la fin du XIXe siècle, aux États-Unis, au moment de la guerre civile. L'histoire en est très bien racontée par le journaliste financier Nicholas Dunbar. Les armées du Nord, dans leur avancée contre les Sudistes, avaient besoin de beaucoup d'avoine pour leurs chevaux. Cette forte demande a fait grimper les prix, au grand dam des militaires. Ils sont alors allés voir les financiers du Chicago Board of Trade, créé en 1848 pour organiser un marché des grains entre les fermiers du Middle West et les populations urbaines de la côte Est. Ceux-ci leur ont parlé d'un nouveau produit financier permettant d'acheter n'importe quel produit dans le futur à un prix connu d'avance, ce que l'on appelle un *future*. En souscrivant des *futures* pour les boisseaux d'avoine, les Nordistes ont garanti le prix de leur approvisionnement.

Il faudra attendre la fin des années 1970 et la volonté des acteurs économiques de se protéger contre les variations excessives des taux de change pour que les produits dérivés reviennent sur le devant de la scène. Et plus seulement pour parier sur les évolutions des marchés de certains biens mais pour développer les paris sur des produits financiers. Sans que personne ne comprenne ce qui se passe ? Non. Dans le rapport de la BRI sur les innovations financières publié en 1986, présenté au chapitre précédent, on lit des choses tout à fait étonnantes. Par exemple, que les banques titrisent de plus en plus leurs crédits, c'est-à-dire les transforment en actifs financiers pour les revendre à d'autres, qu'elles dissimulent une partie de leurs activités dans le hors-bilan grâce aux produits dérivés pour contourner les contraintes réglementaires et accroître le plus possible le rendement de leurs activités. L'ensemble, analyse le rapport, conduit à sous-estimer les risques, à les rendre plus opaques, posant finalement des problèmes de stabilité financière ! La lucidité avec laquelle les régulateurs des années 1980 ont vu monter les innovations financières est frappante. On a l'impression, à lire certains passages du rapport, qu'ils ont été écrits après 2008. Cela montre que les régulateurs financiers peuvent disposer, s'ils s'en donnent la peine, des moyens et des connaissances techniques à même de voir monter les pôles de risques dans la finance.

La question, pour l'après-subprimes, est donc de savoir si le G20 a affiché une volonté politique claire de réguler les marchés de produits dérivés. Il l'a fait, mais de manière insuffisante.

Comment réguler les produits dérivés ?

La quasi-totalité des transactions sur les marchés de produits dérivés se déroulent « de gré à gré », c'est-à-dire entre acteurs financiers, sans que l'on connaisse vraiment les conditions attachées à chaque transaction. Avec le risque de s'apercevoir, trop tard, que tel ou tel acteur a pris trop de risque. Pour remédier au problème, les régulateurs souhaitent que les échanges s'organisent de plus en plus au sein des « chambres de compensation », des institutions privées qui jouent le rôle d'un notaire enregistrant les transactions. Elles établissent aussi quotidiennement les positions nettes des acteurs financiers (ce qu'ils achètent moins ce qu'ils vendent). Elles veillent à ce que tous les joueurs aient de quoi payer au cas où ils perdraient leurs paris en leur demandant de déposer du cash ou des actifs financiers en garantie, ce que les financiers appellent un « collatéral ». Elles se substituent à un joueur défaillant pour rembourser les autres en cas de problème.

Cette évolution va assurément dans le bon sens car elle devrait permettre d'en savoir plus sur les volumes échangés, les prix pratiqués et les risques pris sur ces marchés qui ont été de tous les dérapages financiers depuis plus de trente ans. Pourtant, le passage de la théorie à la pratique est délicat.

Les États-Unis sont plutôt partisans de développer une grosse chambre de compensation mondiale unique. Garry Gensler, le patron de la Commodity Futures Trading Commission – l'un des deux régulateurs américains chargés de surveiller les marchés de produits dérivés avec la SEC, le régulateur boursier –, a déclaré dès la fin 2009 que dès qu'un contrat sur un produit dérivé implique un acteur américain situé aux États-Unis ou ailleurs, il veut le savoir.

Mais la BCE ne l'entend pas de cette oreille. Elle préfère l'établissement de multiples chambres régionales car elle veut pouvoir contrôler les transactions en euros. En effet, que se passerait-il avec une grosse chambre de compensation américaine par laquelle passeraient l'essentiel des contrats si une transaction en euros impliquant des acteurs européens tournait mal ? La Chambre mettrait-elle autant d'enthousiasme à mobiliser ses réserves que si les acteurs étaient américains ? On s'achemine donc vers l'existence d'un réseau informel de chambres de compensation.

Ce qui, selon l'économiste du FMI Manmohan Singh, ne sera pas sans poser de problèmes. Car les acteurs financiers achètent et vendent des produits dérivés partout dans le monde. Établir la position nette de chaque acteur réclamera donc une grande interopérabilité entre les différentes chambres. Et encore, les quelques institutions déjà existantes comme la britannique LCH Clearnet ou l'américaine ICE Trust ne le font que produit par produit (les produits dérivés liés aux taux d'intérêt, par exemple). On n'aura donc pas une vision claire des risques pris par chaque établissement.

D'autant que l'on n'est pas sûr que les financiers accepteront de faire passer la majeure partie de leurs transactions par les chambres. Car acquérir et déposer des garanties a un coût. Et, depuis que le G20 a fait ses propositions, on s'est aperçu que, sur les marchés de gré à gré, banques et fonds spéculatifs déposaient peu de garanties, pour accroître la rentabilité. Les données sur le sujet ne sont pas du tout transparentes mais, selon une enquête de l'ISDA, l'association des professionnels des dérivés, menée il y a plusieurs années, sur les marchés de gré à gré seules 60 % des transactions étaient couvertes par un collatéral (à 85 % en cash). Selon une estimation citée par Singh, le coût de la transition vers les chambres pourrait se monter jusqu'à 2 000 milliards de dollars. De quoi faire tiquer les banquiers et autres fonds spéculatifs. Les régulateurs poussent pourtant cette évolution en indiquant que les acteurs financiers qui ne passeront pas par les chambres devront mettre beaucoup de capital de côté pour couvrir leurs opérations qui resteraient dans le cadre d'échanges de gré à gré. Mais les banques jugeront peut-être que cela reviendra moins cher que de payer des garanties. Il faudrait donc que le capital supplémentaire demandé soit significatif ou, suggère Singh, que l'on taxe les transactions de gré à gré.

Autre problème : si les risques sortent des banques – c'est l'un des objectifs –, ils se retrouvent dans les chambres... qui deviennent de nouveaux nids à risque systémique ! Comme le fait remarquer Singh, avec ce mécanisme les grands établissements financiers « passent le risque aux chambres mais pas les profits »... Cela signifie qu'en cas de grosse crise les Banques centrales devront sûrement fournir de l'argent aux chambres pour les aider et que les régulateurs financiers doivent dès maintenant organiser des processus de faillite ordonnés des chambres pour éviter le genre de panique qui a suivi celle de Lehman Brothers. On en est loin ! On pourrait alternativement, comme le réclame l'économiste Michel Castel, forcer les chambres à contribuer à un fonds de garantie. Ou peut-être vaudrait-il mieux suivre la suggestion de Manmohan Singh : compte tenu du rôle essentiel qu'elles vont jouer, les chambres de compensation devraient être des entités publiques.

Dans ses propositions de régulation des marchés de produits dérivés présentées en septembre 2010, la Commission européenne établit une distinction entre les produits qui peuvent faire l'objet d'un minimum de standardisation, et donc passer par des chambres de compensation, et ceux qui répondent à des besoins très particuliers et qui ne passeront pas par des chambres, car il n'y a pas de prix pour les évaluer, fixer le montant des collatéraux, etc. Ce sont soit des produits destinés à assurer des risques très particuliers soit de grosses entreprises de spéculation ! Dans tous les cas, ils portent d'importants risques. Les acteurs financiers qui s'engageront dans ce genre de contrats devront, dit la Commission, respecter des règles strictes en termes de gouvernance, d'audits et détenir plus de capital au cas où la transaction tournerait mal. Les acteurs financiers vont tout faire pour minimiser ces contraintes ; il aurait fallu annoncer des seuils minimaux de capital.

Enfin, reste le cas des multinationales. Celles-ci sont montées au créneau, des deux côtés de l'Atlantique, pour dire qu'elles utilisaient ces produits financiers sophistiqués pour se protéger contre les variations des prix du pétrole ou du dollar, pas pour spéculer, et qu'elles ne voulaient pas, en étant obligées de passer par des chambres de compensation, en supporter les coûts, et payer pour les bêtises des financiers. Ainsi la multinationale de l'alimentaire Cargill achète-t-elle des dérivés pour se protéger contre les variations des prix des poulets qu'elle revend aux chaînes de restauration. Pas de quoi, *a priori*, susciter une crise financière mondiale !

Sauf que certaines d'entre elles ont déjà laissé quelques plumes dans la spéculation, comme l'allemande Metalsgesellschaft en 1993 sur les dérivés financiers liés au pétrole, l'américaine Procter & Gamble (Pampers, Gillette, Puma, etc.) en 1994 sur des dérivés de change, la japonaise Sumitomo en 1996 sur des dérivés de matières premières (cuivre), etc. Mais l'argument a porté et les entreprises non financières ne seront pas contraintes de passer par des chambres de compensation. L'idée est alors de demander au moins à ces grandes firmes d'enregistrer leurs transactions pour que les régulateurs puissent les surveiller s'ils le souhaitent. Il faudra aussi contrôler que des financiers rusés ne passent pas par des entreprises, par exemple situées dans les paradis fiscaux, pour échapper aux nouvelles règles.

Bref, compte tenu de toutes ces incertitudes, même si l'évolution vers le recours à des chambres de compensation va dans le bon sens, on est loin d'être sûr que cela servira à bien contrôler l'ampleur des risques dans la finance. D'autant qu'il est certain que les financiers réfléchissent et mettent sûrement déjà en œuvre quelques parades. Ils ont obtenu une première victoire en avril 2011 lorsque Timothy Geithner, le secrétaire au Trésor américain, a annoncé que certains dérivés liés aux marchés des changes seraient exemptés des nouvelles règles. Certes, l'exception est étroite puisqu'elle ne correspond qu'à un peu plus de 3 % du marché mondial des dérivés de gré à gré. Mais le principe de laisser des trous dans le filet, même s'ils sont petits, n'est pas sain. Certains pourraient être tentés de s'y engouffrer. Il faudra donc que les régulateurs soient constamment à l'affût et n'hésitent pas à intervenir si de nouveaux produits porteurs de risques apparaissaient.

Finalement, le Conseil de stabilité financière a indiqué, en avril 2013, qu'en dépit de certaines avancées aucun pays n'avait encore mis véritablement en œuvre une réforme complète telle qu'elle a été décrite ci-dessus. Pire, il a pointé plusieurs gros problèmes : des lois nationales potentiellement en conflit les unes avec les autres, ce qui pour des transactions internationales pose un sérieux souci, une information sur ces transactions trop peu disponible, notamment pour les régulateurs, une volonté insuffisamment affirmée des pays à inciter leurs acteurs financiers à passer par les chambres de compensation et par des plates-formes d'échanges contrôlées. Bref, sur les piliers de la réforme, rien n'est encore complètement en place !

On peut, comme le Conseil, se rassurer en expliquant que cette situation n'est pas anormale compte tenu de la complexité et de la nouveauté des réformes entreprises, et en constatant que l'institution fait son travail en publiant tous les six mois un état des lieux de l'insuffisance des réformes, ce qui permet de maintenir la pression. Et en rappelant que l'Europe dispose du cadre juridique nécessaire depuis décembre 2012. Mais il serait temps, plus de quatre ans après en avoir décidé, que les membres du G20 finalisent cette avancée réglementaire.

Et la titrisation ?

On a vu au chapitre précédent que la titrisation, la transformation d'un crédit en actif financier négociable, avait été l'un des vecteurs par lesquels les risques se sont répandus dans l'ensemble du système financier mondial. Les États-Unis et l'Union européenne ont mis en place de nouvelles règles pour maîtriser cette pratique.

Les banques devront être plus transparentes sur leurs opérations de titrisation et devront conserver un minimum de 5 % des risques associés aux crédits qu'elles titrisent. De plus, côté européen, elles devront procéder à une évaluation rigoureuse des risques associés à leurs opérations de titrisation, sous peine de se voir imposer par les régulateurs une surcharge dans le montant du capital qu'elles doivent mettre de côté pour se protéger des éventuels problèmes liés à ce genre d'activités. Les banques qui s'engagent dans des opérations complexes de retitrisation de produits titrisés devront démontrer aux régulateurs qu'elles maîtrisent complètement les risques associés à l'opération, sous peine de se voir imposer un coefficient de 1 250 % pour calculer le montant du capital nécessaire pour se protéger.

Tout cela va dans le bon sens, mais laisse l'impression que l'on se prépare pour la dernière guerre. Le marché des CDOs s'est effondré avec la crise. De 455 milliards à son plus haut en 2006 aux États-Unis, il est tombé à un peu moins de 8 milliards en 2010. La crise a détruit l'intérêt pour ce genre d'instruments désormais très surveillés et qui ont désormais peu de chances de servir de voie de passage pour la prochaine bulle.

Une nouvelle gouvernance mondiale de la finance

Après le contrôle des innovations, il faut s'assurer que leur développement et leur diffusion ne sont pas facilités par des politiques de déréglementation tous azimuts. De ce point de vue, la crise des subprimes a posé les premiers jalons d'une nouvelle gouvernance mondiale de la finance.

Au sommet, on trouve le FSB, Financial Stability Board ou Conseil de stabilité financière. Regroupant banquiers centraux, ministres des Finances et régulateurs financiers de tout acabit, c'est le lieu de formation du consensus international des régulateurs financiers. « Le rôle du FSB sera de construire une doctrine commune des grandes Banques centrales en matière de politique macroprudentielle, tel que le principe en est affirmé par le G20 », affirme Michel Aglietta. Il « est devenu le principal think tank » en la matière, confirme Lord Eatwell, président du Lodge Queens' College de l'université de Cambridge et l'un des meilleurs spécialistes britanniques de la régulation financière[8]. Le FSB est aidé techniquement par les experts de la BRI, véritables maîtres d'œuvre de la définition du cadre réglementaire bancaire et influents techniciens sur les autres sujets. Ils veulent ainsi développer le rôle des collèges internationaux de superviseurs qui suivent, ensemble, des banques présentes dans de nombreux pays.

À ses côtés, le FMI devra passer régulièrement en revue la qualité des systèmes financiers de ses pays membres. Y compris les États-Unis qui, avant la crise, s'y refusaient. L'institution jouera donc sa crédibilité dans l'état des lieux des systèmes financiers nationaux qu'elle fournira régulièrement.

Au niveau inférieur, c'est plus compliqué. Le président Obama voulait donner tous les pouvoirs de la régulation financière à la Fed. Mais, devant l'opposition du Congrès, qui reproche à celle-ci de ne pas avoir agi avant la crise, un nouveau Conseil de stabilité financière (le Financial Stability Oversight Council) regroupant la multitude de régulateurs américains a été créé. Sous le contrôle politique du ministère des Finances, le Conseil devra coordonner les informations permettant de voir monter le risque systémique.

Au Royaume-Uni, un Financial Policy Committee, logé à la Banque d'Angleterre, est en charge du même travail. En France, la loi bancaire de 2013 a créé un Haut Conseil de stabilité dirigé par le gouverneur de la Banque de France. En Europe, une institution équivalente a été mise en place, un Conseil européen du risque systémique (CERS), dirigé par le président de la BCE et chargé de surveiller la finance, de traquer les risques qui s'y développent, d'alerter les dirigeants européens en cas de dérive spéculative forte et d'y mettre fin. De plus, les dirigeants européens ont transformé les trois comités existants de surveillance des banques, des assurances et des marchés financiers, au simple pouvoir consultatif, en trois nouvelles autorités européennes de supervision dotées de pouvoirs accrus (*voir figure 6*).

Elles pourront élaborer des normes techniques européennes, régler les différends entre superviseurs nationaux, agir directement dans un pays dont les autorités financières seront jugées trop laxistes. Elles pourront également alerter sur l'utilisation de produits financiers jugés toxiques et même les interdire temporairement. Elles disposeront de pouvoirs supplémentaires de coordination des régulateurs nationaux en cas de crise. Et elles

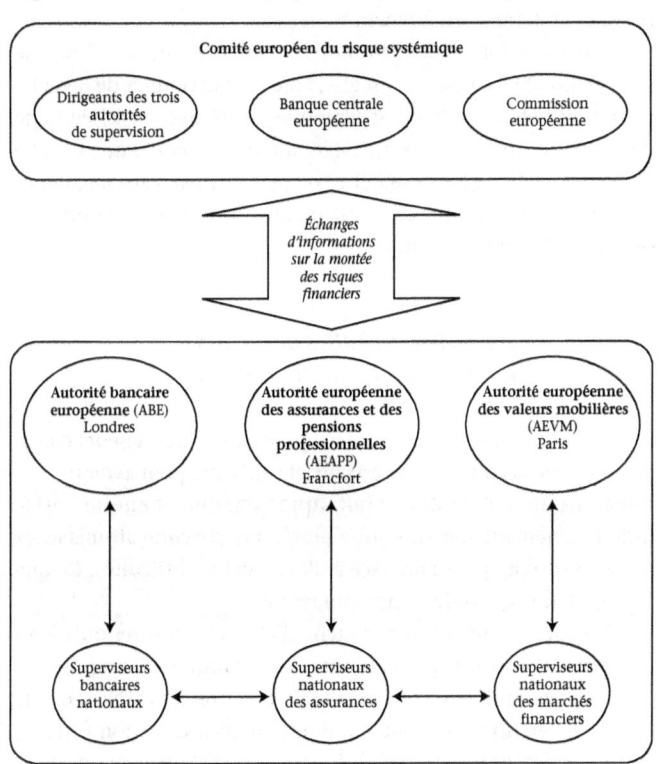

Figure 6. *Une nouvelle gouvernance financière européenne*

```
┌─────────────────────────────────────────────────────────────┐
│              Comité européen du risque systémique            │
│   ┌──────────────┐   ┌──────────────┐   ┌──────────────┐    │
│   │ Dirigeants   │   │ Banque       │   │ Commission   │    │
│   │ des trois    │   │ centrale     │   │ européenne   │    │
│   │ autorités    │   │ européenne   │   │              │    │
│   │ de supervision│  │              │   │              │    │
│   └──────────────┘   └──────────────┘   └──────────────┘    │
└─────────────────────────────────────────────────────────────┘
                            ⇅
                    *Échanges d'informations
                    sur la montée des risques
                           financiers*

┌─────────────────────────────────────────────────────────────┐
│  ┌──────────────┐  ┌──────────────┐  ┌──────────────┐       │
│  │ Autorité     │  │ Autorité     │  │ Autorité     │       │
│  │ bancaire     │  │ européenne   │  │ européenne   │       │
│  │ européenne   │  │ des assurances│ │ des valeurs  │       │
│  │ (ABE)        │  │ et des       │  │ mobilières   │       │
│  │ Londres      │  │ pensions     │  │ (AEVM)       │       │
│  │              │  │ professionnelles│ │ Paris       │       │
│  │              │  │ (AEAPP)      │  │              │       │
│  │              │  │ Francfort    │  │              │       │
│  └──────┬───────┘  └──────┬───────┘  └──────┬───────┘       │
│         ↕                 ↕                 ↕                │
│  ┌──────────────┐  ┌──────────────┐  ┌──────────────┐       │
│  │ Superviseurs │↔ │ Superviseurs │↔ │ Superviseurs │       │
│  │ bancaires    │  │ nationaux    │  │ nationaux    │       │
│  │ nationaux    │  │ des assurances│ │ des marchés  │       │
│  │              │  │              │  │ financiers   │       │
│  └──────────────┘  └──────────────┘  └──────────────┘       │
└─────────────────────────────────────────────────────────────┘
```

Source : Commission européenne.

devraient être dotées de 100 à 150 experts d'ici 2012. Le Royaume-Uni, craignant de se voir imposer une intervention dans tel ou tel établissement jugé insuffisamment capitalisé, a obtenu une « clause de sauvegarde » qui laisse toute décision budgétaire dans les mains des États nationaux. Mais la crise a montré qu'en cas de dérapage le gouvernement britannique n'était pas le dernier à intervenir pour sauver ses banques. Si ces autorités de supervision ne remplacent pas les régulateurs nationaux, elles disposent, sur le papier, de quoi jeter les bases d'une véritable gouvernance financière européenne, un terrain entièrement nouveau.

Toutes ces nouvelles institutions seront-elles efficaces ? Nul ne peut le dire. Mais il est certain que, après des décennies de déréglementation à tout va, la construction de ces nouveaux schémas de gouvernance marque une véritable mutation idéologique car elle reconnaît, enfin, que les marchés ne peuvent pas s'autoréguler et que la stabilité financière n'est jamais donnée et doit être un objectif politique à atteindre.

Empêcher les bulles de crédits : rendre la spéculation plus chère

Avant la crise des subprimes, les superviseurs considéraient que la condition nécessaire et suffisante pour avoir un système financier stable était que chaque banque prise individuellement soit en bonne santé, que chacune ait mis assez d'argent de côté pour faire face à d'éventuelles difficultés. Ce que l'on appelle le contrôle « microprudentiel ».

Ce genre de supervision cherche d'abord à s'assurer qu'aucun client ne sera surpris par la faillite de sa banque. Elle repose sur l'idée que les problèmes que peuvent rencontrer les établissements financiers viennent surtout soit d'une mauvaise gestion interne, soit d'événements extérieurs généraux (un ralentissement de la croissance qui empêche les emprunteurs de rembourser leurs prêts, une poussée d'inflation qui secoue les marchés financiers, un retournement du marché immobilier ou de la Bourse, etc.), mais que les relations entre les acteurs financiers ne représentent pas un enjeu crucial du moment que chaque banque est bien gérée. Afin d'empêcher la nouvelle formation de bulles de crédits, le G20 a d'abord souhaité renforcer cette approche microprudentielle grâce à plusieurs types de mesures.

La première concerne le minimum de capital que les banques doivent détenir pour pouvoir développer leurs actifs (activités de prêts et de placement sur les marchés financiers). Avant la crise,

Tableau 1   *Les nouveaux ratios de capital*
(Capital pondéré par le risque ramené au montant des actifs, en %)

	Core tier 1	Tier 1	Total
Avant la crise	2	4	8
Après la crise	7*	8,5	10,5

* Core tier 1 (4,5) + matelas (2,5).
Source : BRI.

elles devaient respecter un ratio capital sur actifs (les actifs sont pondérés en fonction du risque qu'ils représentent) de 8 %. Une mesure mise en œuvre depuis 1988 et qui se décomposait en deux : un ratio dit de premier guichet (Tier 1) de 4 % et un de second guichet (Tier 2) correspondant à ce que chaque régulateur national avait accepté en 1988 d'inclure dans la définition du capital pour aider les banques à respecter ces nouvelles contraintes (les banques japonaises, par exemple, avaient fait valider dans le Tier 2 leurs plus-values boursières latentes, ce qui fait qu'au moment de l'éclatement de la bulle, quelques années plus tard, elles sont passées brutalement en dessous du seuil réglementaire).

Pour compliquer les choses – et diminuer le coût de ces contraintes –, le Tier 1 a été décomposé lui aussi en deux : un « Core tier 1 » avec le capital reçu des investisseurs (les actions et profits réinvestis) et une autre partie où les banques, en particulier françaises, ont glissé des titres hybrides, mi-capital, mi-emprunt obligataire, assurant aux investisseurs une rémunération indexée sur les profits dégagés par la banque. Le Core tier 1 était fixé à 2 % des actifs pondérés. Après la crise des subprimes, le Comité de Bâle sur le contrôle bancaire, situé à la BRI, a décidé en septembre 2010 de le passer de 2 % à 7 % : 4,5 % de base auxquels s'ajoute une sécurité supplémentaire de 2,5 % dans laquelle les banques devront puiser en cas de souci, mais, si cela se produit, elles seront contraintes dans la distribution de bonus et de dividendes. Plus largement, le Comité de Bâle restreint la liste de ce qui est considéré comme du capital, limitant le poids des instruments hybrides évoqués plus haut.

Le Comité a également discuté de la possibilité d'ajouter de 0 à 2,5 % de capital en plus quand le crédit s'emballe pour nourrir la spéculation. Mais, faute d'accord, l'opportunité en est laissée à chaque régulateur national. Comme cela diminuerait la compétitivité des champions nationaux vis-à-vis des banques qui n'auraient pas à appliquer cette contrainte supplémentaire, on peut douter qu'elle sera mise en œuvre de manière unilatérale.

Que faire des établissements « systémiques » ? — Le Comité souhaite également imposer des contraintes supplémentaires en capital pour les banques systémiques, celles dont les problèmes locaux peuvent engendrer une crise généralisée. Cela concerne une trentaine d'établissements importants qui seront répartis en différents groupes en fonction de leur taille, du degré de mondialisation de leurs activités, de leur complexité et de la possibilité ou pas de vendre une partie de leur business à des concurrents en cas de besoin. Selon le groupe, les banques se verront imposer entre 0,5 et 2,5 points de pourcentage de capital en plus à mettre de côté (avec une possibilité de passer au-dessus de 3 pour les établissements particulièrement risqués) pour payer le fait que leurs propres soucis poseraient de sérieux problèmes à tous. Dans la liste provisoire des banques les plus risquées (2,5 points de capital en plus), on trouve quatre noms connus, Citigroup, Deutsche Bank, HSBC et J. P. Morgan, suivis (2 points de capital en plus) par BNP Paribas et Barclays. Suit une liste de banques risquées mais moins contraintes en capital où figurent les noms d'UBS, du Crédit suisse, mais aussi de la BPCE, du Crédit agricole et de la Société générale (1 point de capital en plus pour les françaises), ce qui place la France parmi les pays particulièrement risqués avec quatre établissements systémiques.

Un débat est né autour de cette notion de surcharge. Désigner des banques comme « *too big to fail* », trop importantes pour faire faillite, ou « *too interconnected to fail* », trop imbriquées dans les réseaux d'échanges financiers pour qu'on les laisse disparaître, ne revient-il pas à dire que les pouvoirs publics ne les laisseront jamais tomber quoi qu'elles fassent, ce qui représente pour elles une incitation à prendre des risques inconsidérés ? En effet, qui peut croire, après la panique qui a suivi la faillite de Lehman Brothers, qu'à l'avenir les autorités publiques abandonneront à leur sort ce genre d'établissement ? Il est évident que les institutions systémiques seront sauvées. Alors, autant le leur faire payer d'avance et leur faire comprendre, avec d'autres mesures (voir *infra*, « Faire payer les banques »), qu'elles devront prendre à leur charge le coût d'un éventuel sauvetage public.

De plus, pour Daniel K. Tarullo de la Banque centrale américaine, rien n'indique que les banques doivent être aussi importantes qu'elles le sont devenues pour bénéficier d'économies d'échelle. Les nouvelles règles en capital ne les empêcheront pas de grandir, précise-t-il, simplement, cela leur coûtera plus cher, un coût financier à mettre en face du coût social qu'imposent leurs défaillances lorsqu'elles surviennent [9].

À ce titre, les banques ne sont pas les seules concernées. Car la question reste posée de savoir si les fonds spéculatifs, les fonds d'investissement et les assureurs ne devraient pas subir les mêmes contraintes. Après tout, eux aussi pourraient en cas de faillite poser de sérieux problèmes au reste de l'économie, comme l'a montré le cas de l'assureur américain AIG. Une énorme bataille politique se déroule sur le sujet aux États-Unis. D'un côté, Ben Bernanke à la Banque centrale et Tim Geithner, le secrétaire au Trésor, se contenteraient d'une liste restreinte, en faveur de laquelle les établissements non bancaires exercent un lobbying forcené. De l'autre, Sheila Bair, à la tête du FDIC, l'institut de garantie des dépôts, plaide pour couvrir tout le champ de la finance. On passerait alors d'une petite dizaine d'établissements couverts à trois ou quatre fois plus [10]. Du côté de la Commission européenne, on indique qu'après avoir traité le cas des banques, on ne s'interdira pas à plus long terme de s'intéresser aux autres acteurs financiers.

Les règles devront être progressivement appliquées par les banques entre 2013 et 2018 pour être complètement opérationnelles le 1er janvier 2019. L'échéance paraît lointaine, mais la pression de la concurrence fera que les établissements qui y parviendront avant les autres seront mieux cotés par les marchés :

leurs cours de Bourse seront plus forts (ce qui évite d'être absorbé par les autres) et les taux d'intérêt auxquels elles empruntent seront plus faibles. La crise des dettes européennes a d'ailleurs forcé les banques du continent à avancer sur ce chemin dès 2012. La majorité des grandes banques, en particulier françaises, ont accru leur capital réglementaire pour être aux nouvelles normes dès 2013.

Cela se double d'une autre évolution importante des ratios de capital, avec la volonté des régulateurs de surveiller un « ratio de levier pur ». Cela consiste toujours, comme les ratios dont on a parlé jusqu'à présent, à mettre en rapport le niveau de capital des banques et leurs activités, mais cette fois en ne considérant que le « vrai » capital (pas les titres hybrides) au numérateur et toutes les activités des banques comptant pour 100 % (et non plus pondérées par leur niveau de risque, d'où la « pureté » du ratio) au dénominateur. En bref, on compare le montant des prêts des banques et leurs paris sur les marchés à celui des fonds propres en essayant d'éviter qu'il ne dépasse un certain multiple baptisé levier. Le Bureau du surintendant des institutions financières, le régulateur financier au Canada, impose déjà des contraintes en ce sens : le développement de la taille des banques y a été ainsi fortement limité, le total de leurs activités, qu'elles soient risquées ou pas, ne pouvant pas dépasser vingt fois leurs fonds propres. Ce qui limite la distribution de crédits à l'emporte-pièce et la multiplication des paris sur les marchés financiers, sans obérer la distribution des crédits nécessaires au financement de l'économie réelle. Prudentes, les banques canadiennes affichaient même avant la crise un ratio proche de 18, contre 30 pour certaines banques commerciales américaines et européennes et 40 pour les banques d'investissement. Les régulateurs du Comité de Bâle proposent un ratio de levier... à 33, soit un niveau élevé car comparable à celui affiché par certaines banques internationales en crise. Mais ils insistent sur le fait que, la définition des fonds propres retenus étant plus restrictive qu'avant la crise, le ratio est plus exigeant qu'il n'y paraît. Il faudra en tout cas suivre de près sa dynamique et s'affoler dès qu'il se mettra à grimper un peu vite.

Des mesures efficaces ? — Faire payer les excès de crédits aux banques pour en diminuer la probabilité va *a priori* dans le bon sens. Mais est-on certain que les nouveaux niveaux de capital requis seront suffisants pour jouer leur rôle ? Pour Daniel K. Tarullo, membre du Conseil des gouverneurs de la Banque centrale américaine, les contraintes fixées par Bâle III se situent dans la fourchette basse des estimations réalisées par la Fed [11]. Pour Adair Turner, le patron de la FSA (Financial Services Authority), le régulateur financier britannique, si l'on veut être certain que les banques seront capables de faire face à de futurs dérapages avec leur seul capital, il faudrait monter le ratio minimum (le core tier 1) à... 15-20 % ! Les banquiers ont poussé de hauts cris. À tel point que le *Financial Times*, le quotidien d'affaires britannique, s'est inquiété en mars 2011 d'« une proposition qui, depuis, a été partiellement approuvée par d'autres régulateurs importants [12] ». De son côté, l'hebdomadaire *The Economist* admettait que si les banques doivent être capables de traverser une crise et de conserver en même temps assez de capital pour continuer à distribuer des crédits, alors le niveau de 15 % est plus adapté [13]. Dès la fin 2010, une quinzaine d'universitaires spécialistes de finance appelaient à fixer un niveau de 15 % [14]. Turner appelle tous les pays qui le souhaitent à dépasser la barre des 7 %. Cela poserait-il un problème de compétitivité aux banques de ces pays, forcées de supporter le coût de la constitution d'un capital que leurs consœurs n'auraient pas à subir ? Cela n'a en tout cas pas empêché les régulateurs financiers en Espagne, en Irlande, au Royaume-Uni, en Suisse, en Suède de le faire. À chaque pays de prendre ses responsabilités, ajoute Turner.

De leur côté, les banques font valoir le fait que la constitution de capital est tellement coûteuse qu'elles seront forcées d'augmenter leur taux d'intérêt pour faire payer en partie les clients et qu'un crédit plus cher réduira la croissance. Selon la Réserve fédérale de New York, chaque point de pourcentage de capital en plus coûterait 0,09 % de croissance par an. D'après les calculs du Comité de Bâle, le coût serait de 0,003 % et disparaît après quelques années. Seules les estimations des banquiers le portent à un impact exagéré dix fois supérieur !

Le débat a rebondi chez les économistes en 2013 après la publication du livre d'Anat Admati et Martin Hellwig. Les deux auteurs commencent par montrer que, de l'Europe aux États-Unis, les banques disposaient, en plus de leurs dépôts, d'un montant élevé de capital, équivalent à 40 %-50 % du total de leurs activités. Tout au long du XXe siècle, la part du capital a diminué pour atteindre 6 %-8 % à partir des années 1990 et moins de 5 % pour certains établissements avant la crise des subprimes. Les banques ont grossi en développant leurs activités de marché, qu'elles ont financées prioritairement par des emprunts. De toutes les grandes entreprises, celles du secteur bancaire ont le plus recours à l'endettement.

C'est là qu'est l'essentiel du problème pour nos deux analystes. Une banque qui a peu de capital et emprunte beaucoup, surtout à court terme, est fragile et fait peur aux investisseurs, car dès qu'elle perd la confiance, son financement n'est plus assuré, dès qu'une crise survient elle a peu de moyens pour y faire face et elle est plus susceptible d'être victime d'un phénomène de contagion. À l'inverse, une banque dotée d'un capital important est moins risquée, les actionnaires lui demandent un retour sur investissement plus faible et elle peut gérer les crises plus facilement (en période de turbulence, elle continue, plus que les autres, à distribuer des crédits à l'économie).

Conclusion : une vraie régulation des banques consiste à imposer que leur capital représente au moins 20 % à 30 % du total de leurs actifs. Une proposition qui est loin des compromis actuels entre régulateurs. De ce point de vue, ce livre, comme celui de l'ancienne dirigeante de la FDIC, Sheila Bair, pointe combien les banques françaises et allemandes, aidées de leur gouvernement, ont tout fait pour réduire au minimum ces contraintes en capital dans les débats entre régulateurs.

Mieux surveiller les bulles de crédits

Cependant, la crise des subprimes a montré les limites de l'approche microprudentielle. En dépit du fait qu'elle était loin d'être le plus gros des acteurs, la faillite de Lehman Brothers, de par les milliers de transactions dans lesquelles elle était engagée, a créé un mois de panique qui a failli emporter le système bancaire américain et mondial. Que les banques aient été bien protégées individuellement ou pas, elles ont toutes failli sombrer. D'où l'idée du G20 d'ajouter un nouvel étage de supervision dit « macroprudentiel », qui permette de surveiller les risques présents dans le système financier pris dans son ensemble.

L'un des principes de cette approche consiste à définir une progression « normale » du crédit dans une économie, en fonction de son potentiel de croissance. Puis de repérer le moment où le crédit s'emballe et devient excessif au regard de cette norme, signe que les banques fournissent sûrement les financements nécessaires à la montée d'une bulle spéculative. L'étape suivante consiste à pointer les banques, mais aussi les gros fonds spéculatifs, etc., tous les établissements financiers importants qui participent à cette bulle, et à leur imposer de mettre plus de capital de côté pour faire face à l'accroissement des risques qu'ils sont en train de prendre. Ce qui casse la rentabilité des crédits, les fait diminuer et crève la bulle avant qu'elle ne devienne importante.

De plus, au-delà d'un certain seuil, la finance a un impact très négatif sur la dynamique de l'activité. Elle réduit d'abord les gains de productivité d'une économie. Lorsque l'emploi dans le secteur financier dépasse 4 % de l'emploi total, les conséquences sur la croissance de la productivité deviennent négatives, comme le montre une étude de la BRI : en privant le reste de l'économie de compétences disponibles au profit d'activité rentables mais non essentielles, la finance ralentit la dynamique générale. Surtout, lorsque le crédit au secteur privé atteint l'équivalent de 100 % du PIB d'un pays, la croissance de la productivité par salarié diminue. Et l'impact négatif est encore plus fort si l'on se concentre sur le seul crédit bancaire au secteur privé [15]. Une étude du FMI le confirme : à partir de 80 %-100 % du PIB, la croissance est impactée négativement [16].

L'autre grand principe de la politique macroprudentielle est de mettre en place les outils permettant de comprendre la façon dont les risques peuvent se répandre dans l'ensemble du système

Tableau 2 *Les deux approches du contrôle des banques*

	Approche microprudentielle	Approche macroprudentielle
Objectif intermédiaire	Limiter les faillites individuelles de banques	Limiter l'instabilité des systèmes financiers
Objectif final	Protéger les déposants et les investisseurs	Protéger la croissance
Origine des risques à maîtriser	Extérieure au système financier	Intérieure au système financier
Surveillance des liens entre établissements financiers	Inexistante	Essentielle
Type de contrôle des risques	Risques individuels ; un bon contrôle des banques assure un bon contrôle du système financier (*bottom-up*)	Risques systémiques ; un bon contrôle du système financier assure un bon contrôle des banques (*top-down*)

Source : d'après Claudio Borio.

financier et de mesurer les interactions entre établissements financiers. Nous avons déjà évoqué la maîtrise des innovations et nous verrons ci-dessous les autres mesures allant en ce sens.

Le fait que le G20 ait acté la nécessité de mettre en œuvre ce genre de politique est une véritable révolution. Elle porte en germe un contrôle extrêmement fort des acteurs financiers privés. C'est cette politique macroprudentielle que devra mener à bien le Comité européen du risque systémique.

Le projet du G20 est-il suivi d'effet ? En décembre 2010, le FMI a enquêté auprès de soixante-quatre autorités de régulation financière. Les résultats publiés en mars 2011 sont plutôt encourageants [17]. La politique macroprudentielle est en train de devenir une politique publique importante : 43 % des pays en ont déjà établi les principes et c'est en cours pour la moitié de ceux qui restent. À 86 %, la mission a été confiée aux Banques centrales : celles-ci ne devront donc plus seulement être jugées sur leur capacité à maîtriser l'inflation des prix des biens, mais également à leur efficacité à maintenir la stabilité financière.

L'enquête montre que les priorités des pays en matière de contrôle des dérapages de la finance varient selon leur niveau de développement : en plus de la surveillance des prises de risques par leurs établissements financiers, les pays émergents s'inquiètent des conséquences des entrées de capitaux étrangers sur leur taux de change et sur le financement de leurs économies. De ce point de vue, on comprend que la multiplication des politiques de contrôle des capitaux édictées en 2010-2011 par nombre de pays émergents (Brésil, Corée du Sud, Indonésie, Thaïlande, Venezuela, etc.) correspond plus à une politique responsable de contrôle des risques financiers qu'à une tentation de repli sur soi. Compte tenu de l'importance démontrée des bulles de crédits comme carburant des bulles, il est à souligner que l'objectif de maîtriser la progression du crédit et la façon dont elle peut nourrir les bulles d'actifs est le plus fréquemment cité.

Comment les contrôleurs comptent-ils faire ? Quatre-vingt-huit pour cent d'entre eux répondent qu'ils vont utiliser des modèles sophistiqués. Mais, heureusement, 77 % reconnaissent que les données disponibles ne sont pas toujours de qualité et qu'une analyse qualitative est indispensable, avec le recours à des contacts rapprochés avec les professionnels de la finance, une surveillance des types d'activités à partir desquelles ils veulent gagner de l'argent et une attention aux innovations à la mode et à leur complexité. Plus que la simple lecture des résultats de modèles financiers qui n'ont jamais brillé par leur capacité d'anticipation des crises et de leurs modes de contagion, c'est ce que l'on attend d'eux.

La mise en œuvre concrète d'une politique macroprudentielle n'a cependant rien d'évident. Les experts des Banques centrales du monde entier réfléchissent à la meilleure façon de pister et de débusquer les risques systémiques dans leur système financier. Fin 2012, la BRI publiait encore une étude proposant des conseils pour rendre opérationnelle une telle politique [18]. Les prises de parole des dirigeants de Banque centrale se succèdent pour signaler la difficulté de l'exercice. Ainsi, pour Janet L. Yellen, vice-présidente de la Banque centrale américaine, la politique macroprudentielle « est à la fois une science et un art : une science, dans la

Tableau 3 *Un contrôle de tous les risques*

Type de risque	Indicateur	En % de réponses	Pays développés (%)	Pays émergents (%)
Crédit	Non-remboursement des prêts	80,4	87	75
Liquidité	Actifs pouvant être rapidement vendus en cas de besoin	78,4	73,9	82,1
Endettement	Total des activités ramené au capital	66,7	73,9	60,7
Taux de change	Risque de pertes lié à des variations des taux de change	54,9	26,1	78,6
Prix des actifs	Évolution des prix de l'immobilier	52,9	52,2	53,6
Fuite des capitaux à l'étranger	Poids des capitaux étrangers dans l'économie	43,1	30,4	53,6

Source : d'après le FMI.

mesure où nous analyserons de près un ensemble de données que la recherche nous indique comme importantes pour porter un diagnostic, et un art car nous devrons juger du moment où les excès deviennent dangereux à un point tel qu'ils réclament d'agir [19] ». La maîtrise des risques devra donc reposer à la fois sur des règles quantitatives établies à l'avance et sur un jugement discrétionnaire qui tiendra à la qualité des régulateurs. Et à leur volonté de suivre les évolutions du système financier qui, quelle que soit leur complexité, restent compréhensibles pour des experts qui s'en donnent la peine.

De ce point de vue, il ne faut pas exagérer la difficulté à contrôler les conséquences possibles des innovations financières : compris dès le début, le risque peut être maîtrisé avant d'être diffusé. Et comme ces innovations comportent d'autant plus de risques qu'elles permettent une expansion trop forte de l'endettement des agents économiques d'un pays (ménages, entreprises et établissements financiers), on en revient toujours à la quête d'indicateurs de « surendettement » ou de crédits excessifs des économies. Ainsi, un travail publié fin 2012 par la BRI montre qu'un indicateur assez simple de service de la dette (on ramène le remboursement des intérêts et du capital aux revenus) constitue un bon indicateur avancé des crises bancaires [20].

Un mot sur les fonds spéculatifs

Si les fonds spéculatifs n'ont pas été à l'origine de la crise, ils ont largement participé au mouvement de panique de septembre-octobre 2008 et à la crise des dettes souveraines européennes. Le risque qu'ils font peser sur la stabilité financière est de trois ordres.

D'abord, à chaque fois qu'ils reçoivent un million d'euros de la part des investisseurs, ils jouent en moyenne de 2,5 à 3 fois plus sur les marchés, empruntant le reste, notamment auprès des banques. Certains vont beaucoup plus loin : juste avant ses déboires, le fonds américain LTCM avait emprunté plusieurs dizaines de fois son capital ! Le risque est donc qu'à chaque fois qu'un gros fonds fait faillite, il emporte le système bancaire avec lui. Le G20 répond à ce problème en intégrant les fonds susceptibles de porter un risque systémique dans le cadre de la politique macroprudentielle définie plus haut.

Ensuite, ils sont opaques. Immatriculés en grande partie dans les paradis fiscaux, ils profitent du laxisme réglementaire de ces territoires pour rester très discrets sur leur niveau d'endettement et les risques pris. Le G20 veut les obliger à donner plus d'informations aux régulateurs. Michel Aglietta rappelle enfin :

> « Reste le problème des fonds qui individuellement sont trop petits pour que leur faillite individuelle provoque une crise globale, mais qui agissent comme un groupe mimétique : en cas de crise et de difficulté à obtenir un renouvellement de leurs financements, ils vendent tous ensemble les mêmes actifs, au même moment, pour obtenir de la liquidité [21]. »

C'est ce qui s'est passé dans les semaines qui ont suivi la panique de Lehman. Sur ce point particulier, le G20 est resté muet. Et ce n'est malheureusement pas le seul domaine où les dirigeants politiques ont peu ou pas proposé de solutions. Mais, avant d'en venir aux failles des nouvelles régulations en cours, terminons avec deux domaines dans lesquels le G20 tente d'agir. Nous ne sommes plus dans la prévention des crises mais dans la tentative de limiter une panique du type de celle qui a suivi l'effondrement de Lehman Brothers sur le marché des prêts entre banques. Et dans la volonté de faire payer à la finance les coûts d'un sauvetage public lorsque celui-ci devient inéluctable.

Éviter les blocages : contrôler la liquidité

Le Comité de Bâle discute de l'encadrement de la « liquidité » des banques, à court terme et à long terme. De quoi s'agit-il ? À court terme, chaque banque devra disposer de quoi tenir seule au moins un mois au cas où le marché interbancaire s'enrayerait, comme cela a été le cas au moment de la crise grecque en Europe, ou se bloquerait complètement, comme après la chute de Lehman. Concrètement, cela signifie que les banques devront détenir plus de cash, de réserves sur le compte dont elles disposent auprès de la Banque centrale et de bons du Trésor émis par les grands États, qui rapportent peu car ils sont considérés sans risque, pour faire face à leurs besoins de liquidités à court terme.

Les régulateurs souhaitent également s'assurer que les banques ne s'appuient pas trop à l'avenir sur des recettes de court terme pour s'engager dans des opérations de long terme. Mais imposer des contraintes en la matière est délicat, car on touche alors au métier propre de la banque, qui est bien de faire de la « transformation d'échéance », c'est-à-dire de récupérer les économies de court moyen terme des ménages pour les prêter à long terme afin de financer l'investissement des entreprises ou l'achat d'immobilier par les particuliers. Concrètement, les banques seront tentées de faire figurer des éléments divers dans la liste des ressources de long terme qu'elles seront censées pouvoir mobiliser, ce qui rendra la comparaison des situations entre banques difficile. De plus, les nouvelles contraintes réglementaires vont inciter les banques à développer l'offre de produits d'épargne de long terme aux ménages. Si ces derniers déplacent leur épargne des comptes courants vers ces placements de plus long terme, cela accroîtra le coût des ressources des banques, tentées en contrepartie d'augmenter le taux d'intérêt des prêts.

Tout n'est pas encore joué sur le sujet. Les banques sont déjà à la manœuvre pour discuter des critères retenus, notamment les banques françaises, qui seraient plutôt en retard au regard des nouvelles contraintes de court terme [22]. En janvier 2013, la BRI a étendu la liste des titres permettant de respecter le ratio de court terme tout en allongeant le délai pour le respecter : les banques devront être à 60 % du ratio en 2015 et monter de 10 en 10 pour atteindre 100 % en 2019. Pour l'analyste Christophe Nijdam, c'est le signe d'un lobbying efficace des banques européennes, françaises en particulier, moins bien positionnées que les autres en ce domaine : selon ses estimations, le ratio des établissements français étaient alors de l'ordre de 50 % [23].

Cette volonté de contrôler la liquidité des banques constitue une évolution historique : jamais les régulateurs ne s'étaient jusque-là résolus à édicter des normes internationales en la matière (même si des normes nationales pouvaient exister). L'analyse de l'évolution des bilans bancaires – le document comptable qui permet de comparer la nature des ressources des banques (passif) et ce qu'elles en font (actif) – depuis les années 1950 montre pourtant que le sujet est important. Les deux économistes Moritz Shularik et Alan M. Taylor ont ainsi montré que les placements des banques étaient devenus de plus en plus risqués : de 1950 à 2005, la part des placements en bons du Trésor a chuté de 80 % au profit de placements en actions sujets aux fluctuations de la Bourse. Leur étude met en évidence le fait que les banques sont devenues plus grosses, plus dépendantes de ressources de court terme et moins certaines des revenus de leurs placements. « Pour le dire autrement, concluent les auteurs, les banques ont progressivement dilué leur capacité à s'auto-assurer grâce à une épargne de précaution logée dans des actifs sûrs, liquides et peu rentables. » Au moment de la crise des subprimes, les Banques centrales ont ainsi dû intervenir massivement pour fournir les banques en liquidités tant celles-ci avaient mal géré la situation.

Les deux ratios de liquidités font l'objet d'une période d'observation et seront testés, jusqu'en 2015 pour le ratio de court terme, et jusqu'en 2018 pour le ratio de long terme. D'ici là, la Commission européenne a simplement demandé aux banques de « disposer en permanence de la liquidité indispensable pour faire face aux éventuelles fuites de capitaux ». Rien de contraignant donc, en attendant la définition précise des paramètres.

Les banques vont chercher à réduire l'impact des nouvelles contraintes en réduisant leur besoin de trouver de la liquidité sur les marchés. Pour ce faire, elles tenteront sûrement d'attirer plus de dépôts, et de plus long terme, de la part de leurs clients. Mais, comme toutes les banques vont vouloir suivre ce chemin, la concurrence s'annonce rude [24]. Comme le signale Michel Castel, le risque est alors grand de voir les banquiers proposer des produits d'épargne aux rémunérations gonflées, ce qui séduira le client mais obligera les banques à supporter un coût supérieur d'acquisition de ressources et donc à chercher des placements risqués car plus rémunérateurs.

La réforme de 2009 de la Directive européenne sur la garantie des dépôts prévoyait d'ailleurs la possibilité d'exclure ceux « pour lesquels le déposant a obtenu de la banque, à titre individuel, des taux et avantages financiers qui ont contribué à aggraver la situation financière de cette banque ». Une façon de dire aux banques que si elles offraient des rémunérations exagérées à leurs clients, ceux-ci ne seraient pas couverts en cas de problème et qu'elles devraient payer de leurs deniers. Or, s'insurge Michel Castel, la nouvelle refonte de la loi européenne en la matière, proposée en juillet 2010, a supprimé cette possibilité d'exclusion [25] ! De quoi inciter les banques à une guerre des ressources, une situation que

Roosevelt avait expressément voulu éviter en plafonnant les rémunérations des dépôts.

Faire payer les banques, première voie : une taxe

En plus de rendre la spéculation par le crédit plus onéreuse, la remontée du niveau de capital demandée aux banques doit permettre à ces dernières de disposer de plus de ressources propres pour faire face à une éventuelle crise. Et donc réduire la nécessité d'apports publics afin d'éviter qu'une crise financière ne se transforme en crise des dettes souveraines.

Mais, lorsqu'une crise financière de grande ampleur touche les établissements bancaires, la chute de leur cours de Bourse peut ramener leur capital... vers zéro, obligeant l'État à recapitaliser les établissements si ceux-ci jouent un rôle important dans le financement de l'économie. Le G20 tente donc d'instaurer des filets de sécurité qui permettraient d'amortir la chute, afin que les États ne soient obligés d'intervenir que comme ultimes sauveteurs, engageant le moins possible d'argent financé sur ressources publiques afin d'éviter de gonfler les dettes publiques.

Un débat s'est ouvert sur la nécessité ou pas de taxer les activités bancaires. L'Allemagne, la France et le Royaume-Uni ont été moteurs dans la mise en place de taxes limitées dont le produit est destiné à alimenter le budget de l'État (France, etc.) ou un fonds chargé d'aider les banques en cas de crise (Allemagne, etc.). Ils ont été suivis par d'autres pays européens mais, au total, les taux d'imposition restent faibles et la taxe ramènera au mieux plusieurs dizaines de milliards d'euros au total sur plusieurs années – si elle n'a pas été supprimée entre-temps –, très loin des centaines de milliards nécessaires en cas de crise sérieuse. Le principe de la taxe peut être conservé pour faire participer le secteur bancaire aux frais des sauvetages et devrait prendre la forme explicite d'une « contribution à la stabilité financière » reposant sur les profits des banques et croissant avec le niveau des risques pris [26].

Un tel impôt peut apporter des ressources budgétaires bienvenues pour aider les États à alléger les niveaux de dette publique. Mais il n'empêchera jamais les banques de se lancer dans des activités risquées et profitables. D'autres politiques doivent donc être mises en œuvre pour alléger le fardeau des sauvetages publics.

Faire payer les banques, deuxième voie : utiliser les cocos

Une deuxième voie consiste à ce que les banques se financent en partie en offrant aux investisseurs des titres d'emprunt qui, en cas de crise, seraient automatiquement transformés en actions et serviraient donc à éponger les pertes. Un placement plus risqué qu'une simple obligation, récompensé par un taux d'intérêt plus élevé. En échange, ceux qui investissent dans les banques acceptent de payer une part du coût de l'éventuelle casse (*bail in*), limitant le recours aux fonds publics (*bail out*). Les obligations convertibles en actions existent depuis longtemps mais, dans ce cas, la conversion est subordonnée à un événement précis, par exemple lorsque le cours de l'action de la banque descend en dessous d'un niveau fixé à l'avance. Les Anglo-Saxons ont baptisé *contingent convertibles bonds*, ou « cocos », ces obligations dont la conversion en actions est contingente à la survenue d'un événement particulier. Seuls quelques établissements ont tenté de proposer ce genre de placements aux investisseurs (la britannique Lloyds en 2010, la hollandaise Rabobank, Bank of Cyprus et le Crédit suisse en 2011, suivis d'UBS en 2012, car les régulateurs suisses imposent aux deux établissements un ratio de capital de 19 % mais en leur permettant d'avoir 9 % de cocos).

Si l'idée de faire participer les investisseurs au sauvetage des banques est bonne, les cocos sont lestés de gros désavantages. En cas de crise majeure, il est loin d'être certain que la perspective de conversion des obligations en actions suffise à calmer la panique. Au fur et à mesure que le seuil de conversion se rapprochera, il y a de grandes chances pour que les actionnaires en place voient d'un mauvais œil l'arrivée de nouveaux venus qui vont diluer leur capital et leur pouvoir. Ils risquent donc de vendre, précipitant la crise que l'on voulait éviter. Sans oublier les stratégies spéculatives des *hedge funds* qui se mettront sûrement également à jouer avec les titres de la banque, entraînant le cours de son action rapidement vers le bas quel que soit le niveau réel de ses difficultés. De plus, les intérêts d'obligations étant déductibles des impôts, la mesure a un coût fiscal non négligeable par rapport à la simple augmentation du capital de la banque. Enfin, pour Adair Turner [27], si les détenteurs de ces cocos sont d'autres banques ou des fonds spéculatifs déjà affaiblis par la crise, les obliger à transformer une partie de leurs placements en capital d'établissement pour éponger les pertes, revient à les fragiliser à leur tour. Il faudrait donc que les régulateurs sachent en permanence qui détient ce genre de titres pour contrôler les risques liés aux innovations chargées d'éviter à l'État de payer la facture d'une montée des risques qui a mal tourné ! On marche sur la tête. Mieux vaut donc obliger les établissements systémiques à détenir encore plus de capital pour que le développement de leurs activités risquées leur soit coûteux et ainsi le maîtriser.

Faire payer les banques, troisième voie : les testaments

Une autre piste possible consiste à instaurer un mécanisme de résolution des crises qui permette aux pouvoirs publics d'intervenir uniquement pour sauver les parties les plus saines de ces très grandes banques, celles qui sont utiles au financement de l'économie, en abandonnant à leur sort les branches spéculatives, réduisant ainsi le coût total du sauvetage. Pour cela, il faut que les autorités publiques disposent d'informations précises sur la façon dont les différentes parties des banques sont organisées, ce qui n'est pas du tout le cas aujourd'hui. Ainsi, le cabinet d'audit PricewaterhouseCoopers, mandaté pour démêler l'écheveau des créances et des dettes de la seule filiale londonienne de Lehman Brothers, a indiqué fin 2009 qu'il lui faudrait une dizaine d'années pour tout régler. Il faut dire que « la » banque Lehman Brothers était l'addition de 2 985 entités juridiques différentes !

Comme l'expliquent parfaitement les économistes Emilios Avgouleas, Charles Goodhart et Dirk Schoenmaker, les grandes banques internationales cherchent à avoir le beurre et l'argent du beurre : elles ouvrent filiales et succursales partout dans le monde pour profiter des caractéristiques réglementaires et fiscales les plus favorables pour chacune de leurs activités, tout en faisant jouer les synergies d'un grand groupe international en bénéficiant des échanges intragroupes pour minimiser les contraintes réglementaires, minimiser leur imposition ou pour transférer des filiales commerciales les dépôts qui leur coûtent peu afin de subventionner les activités des filiales de marchés [28]. Ce qui donne des groupes complexes et opaques que les autorités ne peuvent décider de sauver ou d'abandonner que d'un seul bloc en cas de problème.

L'idée est donc de demander aux grandes banques de préparer des documents, baptisés « testaments (*living wills*) », dans lesquels elles préciseraient la façon dont elles sont organisées afin de permettre une intervention ciblée, et donc moins coûteuse, des pouvoirs publics. Ces derniers s'engagent de leur côté à préciser les règles du jeu d'une telle résolution des crises, indiquant à l'avance pourquoi et dans quelles conditions ils décideraient de fermer telle entité, de la vendre à un autre établissement, voire de la nationaliser. Si un tel processus avait été en place aux États-Unis, il aurait peut-être permis d'organiser une faillite ordonnée de Lehman. Pour Daniel K. Tarullo, il est clair que l'État interviendrait alors pour faire payer les actionnaires et les investisseurs d'abord. Si l'objectif des acteurs privés est de gérer la crise en préservant les intérêts des actionnaires, celui des autorités publiques doit être de minimiser le coût pour l'État. Daniel K. Tarullo ajoute qu'*in fine* les acteurs privés devront supporter l'intégralité du coût du sauvetage, si ce n'est pendant la crise, du moins une fois celle-ci passée [29].

En France, avec la loi de réforme bancaire de 2013, l'Autorité de contrôle prudentiel (ACP), le régulateur des banques, s'est vue donner trois grands pouvoirs. Le premier lui permet de forcer chaque établissement à préparer un « plan de redressement » – ce qu'il compte faire s'il se retrouve dans une situation délicate pour sa survie – et un « plan de résolution », c'est-à-dire un guide pour une faillite ordonnée. Chaque banque doit donc préparer un « testament » expliquant au régulateur l'enchevêtrement de ses filiales, les risques que chacune prend, celles que la banque serait prête à vendre en cas de problème, etc.

Deuxième pouvoir, l'ACP a toute discrétion pour agir en cas de crise, en remerciant les dirigeants, en vendant certains actifs de la banque, en en nationalisant d'autres, etc. L'ACP peut également, troisième pouvoir, forcer les actionnaires à éponger les pertes, puis une partie des créanciers obligataires si nécessaire – les créanciers dit « seniors », bénéficiant d'une priorité de remboursement, ne pouvant être sollicités en aucun cas –, et utiliser les 10 milliards du « fonds de résolution » que devront financer les banques d'ici à 2020, avant de mettre le moindre euro d'argent public, pour sauver uniquement la partie de la banque jugée vitale au financement de l'économie. Les régulateurs sont dotés d'un pouvoir d'intervention important en cas de crise. Oseront-ils l'utiliser ?

Si le principe de cette nouvelle politique est simple, sa mise en application concrète est plus compliquée. Les banques ont créé ces structures complexes pour échapper aux réglementations, aux impôts et pour autosubventionner leurs activités par l'utilisation croisée de leurs ressources entre les différentes filiales. Elles ne se laisseront pas dépouiller sans réagir. Ce sont d'ailleurs leurs fiscalistes qui sont montés au créneau les premiers contre la proposition, ce qui souligne d'autant plus son intérêt !

Reste que, avec l'internationalisation des activités financières, un processus ordonné de mise en faillite complet nécessiterait la coordination d'un nombre important d'autorités publiques évoluant chacune avec un droit des faillites différent. Une solution idéale serait la signature d'un traité international de mise en faillite mondialisée, mais on en est très loin. Les difficultés entre autorités nationales pour régler les questions de Dexia, de Fortis ou des banques islandaises soulignent combien, même aux moments les plus périlleux de la crise, chaque pays a cherché à préserver ses intérêts nationaux au détriment des autres et sans concertation [30].

Faut-il scinder les banques ?

L'enjeu de ce dossier réside dans la capacité des régulateurs à contraindre les différentes entités importantes des banques à ne pas compter sur l'ensemble du groupe pour diminuer leurs besoins en capital ou leur imposition. Sans procéder à un découpage institutionnalisé des banques à la façon du *Glass-Steagall Act*, cette politique force de fait à une gestion des risques, à une quête de capital, à des déclarations de profits et d'impôts entité par entité. Faut-il aller plus loin et séparer les activités des banques, comme l'ont fait les États-Unis dans les années 1930 ?

Le 15 juin 2011, George Osborne, le ministre des Finances britannique, a indiqué que les banques actives à la fois sur les marchés et comme fournisseurs de crédits à l'économie devront séparer partiellement leurs deux métiers. Sans être complètement séparées de la banque d'affaires, les activités de banque de détail devront se situer dans une filiale à part disposant de son propre capital, s'inscrivant parfaitement dans la logique qui vient d'être décrite.

En octobre 2012, le groupe d'experts de haut niveau réunis sous l'égide d'Erkki Liikanen a remis son rapport sur le sujet à la Commission européenne, afin que celle-ci puisse définir sa politique en la matière. Il propose que les activités de trading pour compte propre (quand les banques jouent avec leur capital), toutes les activités de produits dérivés très risquées et le financement des fonds spéculatifs, sociétés *ad hoc* et fonds de capital-risque soient regroupées dans une filiale de marché et séparées des activités de banque commerciale. La séparation est envisagée si ces activités dépassent de 15 % à 25 % de l'actif total de la banque ou plus de 100 milliards d'euros. Dans ce cas, la Commission européenne fixe le seuil de séparation. Toutes les activités de marché liées à la fourniture de services aux clients restent dans la partie banque commerciale, celle qui bénéficie de la garantie publique, c'est-à-dire d'un éventuel sauvetage par l'État. Mais les experts précisent que la séparation pourrait être plus violente si les régulateurs le souhaitent dans le cadre des plans de résolution et de redressement présentés plus haut.

Contrairement au choix de la France, le rapport suggère également que tous les créanciers d'une banque – y compris les seniors – puissent être mis à contribution en cas de crise, une voie que le projet de loi de réforme bancaire allemand de 2013 emprunte. Après la crise survenue à Chypre, la question d'un prélèvement sur les dépôts les plus importants (supérieurs à 100 000 euros) est également posée dans le cadre des processus de résolution européens.

De son côté, la France a adopté en 2013 un projet de loi de réforme bancaire qui fixe une séparation *a minima* des activités. Selon le cabinet Ernst & Young, en 2012, les prêts à l'économie ont représenté 27 % de l'ensemble des activités des banques françaises. Une part des 73 % qui restent est essentielle au bon fonctionnement de l'économie (elle aide les entreprises à trouver des investisseurs, à se protéger des variations de change, etc.) ; une autre part représente des paris spéculatifs.

Où se situe la ligne de partage des activités bancaires définie par la loi française ? Selon Alain Papiasse, directeur de la banque de marché et d'investissement de BNP Paribas, elle devrait conduire à filialiser environ... 2 % de ses activités de marché ! Une information corroborée par Frédéric Oudéa, P-DG de la Société générale, qui parle, lui, d'une fourchette de 3 % à 5 %. Le projet de loi contraindrait donc les deux grandes banques françaises à filialiser entre 0,5 % et 1 % de leurs activités totales !

Comment en est-on arrivé là ? Le gouvernement a accepté l'argument des banquiers selon lequel les activités de « tenue de marché », sans risque, ne méritent pas d'être filialisées. La tenue de marché consiste pour une banque à être toujours prête à acheter des titres financiers (actions, obligations, produits dérivés, etc.) à ceux qui veulent vendre et à en vendre à ceux qui veulent acheter. Bien entendu, pour cela, il faut disposer d'un peu de stock. Comme le prix des actions et de tous les autres produits financiers varie sans cesse, il est tentant de détenir un stock d'actifs financiers plus volumineux que nécessaire et d'en profiter pour parier sur l'évolution des cours... Ainsi, selon Christophe Nijdam, analyste chez Alpha Value, le niveau moyen des stocks se situe autour de 13 % de la taille du bilan dans la grande distribution alimentaire (type Carrefour), de 19 % dans la distribution non alimentaire (type H&M), mais « pour les quatre banques françaises cotées, le niveau moyen des stocks, soi-disant là pour servir au mieux la clientèle, c'est... 38 % du bilan [31] ».

Lors de la discussion du projet de loi à la commission des Finances de l'Assemblée, les députés ont voté des amendements qui, d'une part, donnent la possibilité au ministre des Finances d'augmenter, s'il le souhaite, la part des activités de tenue de marché qui devront passer dans la filiale et, d'autre part, permettent au régulateur d'obliger les banques à basculer une partie de ce type d'activités dans la filiale lorsqu'elle dépasse une certaine limite – qui reste à fixer – de leur chiffre d'affaires. Pour les optimistes, l'autorité publique a désormais la main pour imposer ce qu'elle veut aux banques. Pour les pessimistes, aucune contrainte ne l'y oblige et rien ne sera fait.

Ce qui peut poser deux problèmes. Les banques françaises sont grosses : le total des actifs de BNP Paribas est l'équivalent du PIB de la France. Même chose pour le groupe Crédit agricole. Lorsque ces mastodontes sont mal en point, toute l'économie en pâtit. Les investisseurs savent très bien qu'ils jouent un rôle trop important dans l'économie pour que le gouvernement les abandonne à leur sort. Cette garantie implicite permet aux banques d'emprunter à faible coût lorsqu'elles veulent spéculer. Un encouragement à développer des activités éloignées de ce que l'on attend prioritairement d'elles, à savoir distribuer des crédits à l'économie. D'autant que les banques continuent à prendre des risques importants à travers leur activité de « teneur de marché », une activité très lucrative mais risquée, qui conserve dans le schéma français une garantie de sauvetage par la puissance publique...

À l'image de la loi bancaire française issue de la crise, tout n'est pas parfait dans ce qui a été décrit jusqu'à présent. Mais, face à la liste des évolutions en cours, il paraît difficile de dire que, du G20 à l'Union européenne en passant par les États-Unis et le Royaume-Uni, aucune leçon n'a été tirée de la crise des subprimes. On est passé de régulateurs arbitres prêts à ne pas siffler les fautes, à des autorités publiques plus interventionnistes soucieuses de définir des règles plus strictes, de surveiller chaque déplacement et d'avoir leur mot à dire sur la couleur du short ! Pour autant, la naïveté ne saurait être de mise. On ne pourra juger de la pertinence finale de ce cadre régulateur que dans plusieurs années, une fois qu'il aura pris sa forme définitive et qu'il aura pu être observé en action. Mais l'on peut déjà malheureusement pointer tout ce qu'il a négligé.

La gouvernance des banques, trou noir de la régulation

On ne peut pas dire que les régulateurs financiers se soient complètement désintéressés du sujet. Le Comité de Bâle lui a même consacré tout un rapport, paru en octobre 2010. On y lit notamment que les autorités publiques doivent être en mesure d'évaluer la qualité des actionnaires principaux, des membres du conseil d'administration et des hauts dirigeants des établissements financiers. Cela permettra sûrement d'éviter les mafieux notoires, les généraux en retraite et autres comédiennes de théâtre. Mais on voit mal l'Autorité de contrôle prudentiel en France, par exemple, dire à une banque qu'elle doit changer d'actionnaire, de patron ou de conseil d'administration. Le rapport se contente de proposer un ensemble de bonnes pratiques triviales : les membres du conseil d'administration doivent être capables de présenter un jugement objectif des affaires de la banque ; il faut que quelqu'un soit responsable de la stratégie des risques ; la gouvernance de la banque doit être transparente. De la même façon, les propositions de la Commission européenne de la fin juillet 2011 se contentent de réclamer principalement plus de diversité (notamment plus de femmes) dans les conseils d'administration et un meilleur suivi des risques par ces conseils. Rien de contraignant sur l'organisation, la rémunération et le pouvoir des contrôleurs de risques internes. On demande juste aux banques de faire de leur mieux et, en ce domaine, la crise a montré ce dont elles étaient capables !

Même sur les sujets les plus techniques du contrôle des risques, le G20 n'a pas avancé. On a vu au chapitre précédent que les banques les plus importantes utilisent des modèles statistiques très sophistiqués pour déterminer le montant total de capital qu'elles devraient détenir en fonction des risques qu'elles prennent. La régulation postcrise n'est pas intervenue pour améliorer les méthodes, en dépit de toutes les critiques dont elles ont fait l'objet. Ce qui soucie Andrew Haldane, de la Banque d'Angleterre [32]. Car d'après lui ces modèles comportent trois énormes faiblesses : ils sont trop complexes, pas assez sérieux pour être crédibles et pas assez fiables pour annoncer les crises. Par exemple, compte tenu du nombre de variables en jeu, nous dit Haldane, les modèles des banques moulinent environ 200 millions de calculs. Certes, les ordinateurs font le travail. Mais leurs programmes sont devenus des boîtes noires dont le résultat est difficilement interprétable par les investisseurs et les régulateurs. Quand on ramène le montant de capital calculé aux actifs de la banque, cela donne un ratio qui est « autant un acte de foi qu'un fait, autant de l'art que de la science » !

De plus, face à l'incertitude qui les entoure, les banques doivent faire de nombreuses hypothèses lorsqu'elles utilisent leurs modèles. Haldane rappelle les résultats d'une expérience, réalisée par la FSA, qui consistait à proposer aux banques un portefeuille précis de placements, comportant des actifs d'autres banques, d'entreprises et des titres d'État. Les différents modèles aboutissaient à un besoin de capital qui allait du simple au double, un écart de 1 à 2,5 pour les entreprises et du simple au triple pour les États !

La BRI a publié en janvier 2013 une étude équivalente pour mesurer les écarts entre les différents modèles des grandes banques, lorsqu'elles les utilisent pour fixer leurs besoins en capital face aux risques qu'elles prennent sur les marchés [33]. À partir de vingt-six portefeuilles de placements théoriques proposés par la BRI sur des produits financiers simples, les écarts allaient de un à trois ! L'étude précise que les différences réglementaires entre les pays quant à l'utilisation des modèles n'expliquent qu'un quart des différences : les trois quarts sont bien le fait des choix des banquiers.

Haldane a d'ailleurs comparé ce que donnaient les modèles pour se protéger des risques de marché avant la crise et les pertes effectivement subies par les banques. Elles ont été six fois supérieures aux prévisions... Si les modèles étaient fiables, ils devraient, à mesure que les risques augmentent, suggérer un besoin en capitaux croissant. Les banques dont le ratio de capital se met à grimper devraient donc être celles qui encourent le plus de risques. Or ce ratio avant la crise ne permet pas de distinguer les banques qui l'ont subie et celles qui ne l'ont pas connue.

Bref, il reste de nombreux progrès à faire en la matière. Un avis partagé par les chercheurs Jon Danielsson et Robert Macrae, pour qui les régulateurs continuent également de croire, à tort, que les modèles qui expliquent bien les événements passés sont capables d'anticiper les risques futurs [34]. Or, avancent les deux spécialistes, les risques extrêmes, ceux qui causent des paniques, ressortissent de territoires qui restent généralement inconnus tant que la crise n'a pas éclaté. Fonder son analyse sur les modèles historiques donne ainsi une fausse assurance, qui s'appuie sur une sous-estimation des risques futurs. Croire qu'un bon regard dans le rétroviseur permettra à coup sûr d'éviter les obstacles qui se cachent derrière le prochain tournant est la garantie d'une sortie de route ! On s'est contenté de faire la « même chose qu'avant mais en mieux, conclut Haldane. L'expérience historique suggère qu'il est peu probable que ce soit le bout du chemin ».

Le rapport Liikanen, sorti en octobre 2012, a ouvert quelques pistes en posant des principes forts pour aller plus loin. Il préconise d'imposer aux banques plus de capital ou un plancher minimal quand elles utilisent leurs modèles internes, de s'assurer que le conseil d'administration a les moyens de comprendre les activités complexes des banques, de renforcer le pouvoir des contrôleurs de risques ; de légiférer sur le montant des bonus (par exemple, interdire des montants supérieurs aux dividendes versés), de contraindre les banques à communiquer plus clairement et de manière standardisée sur leurs prises de risques et de donner plus de pouvoir de sanction aux régulateurs en cas de mauvaise organisation des politiques de contrôle des risques. Tout ceci va dans le bon sens. Mais il reste à passer de l'expression générale à la définition de politiques concrètes.

Et que l'on n'attende pas des agences de notation qu'elles fournissent un avis éclairé sur la gouvernance des risques au sein des établissements financiers qui pousserait ces derniers à faire évoluer leurs méthodes et à mieux s'organiser. Leur course aux profits en fait des acteurs qui ne jouent pas leur rôle, à savoir être des observateurs impartiaux fournissant des avis mesurés et justes. Elles n'ont pas prévenu que les actifs liés aux subprimes étaient toxiques, ni que les banques s'en nourrissaient jusqu'à l'indigestion. Elles ne nous préviendront pas plus de la prochaine crise. Les modestes efforts de régulation des agences mises en place des deux côtés de l'Atlantique depuis la crise n'y changeront rien.

Fraudes, la politique de l'autruche

Le G20 n'a absolument rien fait pour tenter de maîtriser les fraudes qui participent de la montée des crises financières. Les œillères restent de mise. D'après le commissaire Gayraud, « il existe une forme de dédain pour un sujet considéré de basse condition intellectuelle ». De plus, il s'agit de questions qui dérangent profondément, car elles amènent à « accepter l'idée qu'une partie de cette crise renvoie à une question d'honnêteté des acteurs financiers [35] ». Les régulateurs et la justice ont bien entendu agi sur les cas les plus importants, de Bernard Madoff aux manipulations du Libor. Mais sans qu'une politique internationale soit définie sur le sujet.

En ce qui concerne les paradis fiscaux, dans leur rôle de paradis prudentiels, les promesses du G20 n'ont pas été tenues. Dans le rapport qu'il a remis aux États du G20 au moment du sommet de Pittsburgh de septembre 2009, le Conseil de stabilité financière mentionnait sa volonté de traquer les paradis fiscaux qui se comportent comme des paradis réglementaires et permettent la prise de risques financiers en toute opacité. Alistair Darling, alors ministre des Finances britannique, confirmait un mois plus tard que le travail avançait : « Comme nous nous sommes attaqués aux paradis fiscaux, nous allons nous attaquer aux paradis réglementaires. […] Il n'est pas bon pour la stabilité financière que certaines entreprises puissent opérer à partir d'une île des Caraïbes pour se cacher derrière un voile de secret. » Depuis, plus rien. Une liste noire et une liste grise de paradis réglementaires ont été plusieurs fois promises et ont fini par accoucher d'un document ridicule en novembre 2011, pointant la Libye et le Vénézuela comme pays à risque !

Si tant est qu'une liste voie effectivement le jour, il faudra être attentif aux critères utilisés pour sa construction et s'assurer qu'ils ciblent bien les territoires offrant des services d'opacité et de dissimulation des risques financiers. Dans un document de travail publié en mai 2011, le Centre d'analyse stratégique a indiqué les territoires qui pourraient être ciblés en tant que « lignes de faille » de la régulation financière mondiale. En prenant des indicateurs simples tendant à indiquer un surdimensionnement des activités financières dans le domaine des transactions bancaires, des investissements de portefeuille (placements boursiers) et des investissements étrangers, le Centre propose une répartition en trois groupes de pays. Le « noyau dur » regroupe les suspects habituels – îles Caïmans, Luxembourg, Bahamas, Jersey, Guernesey, île de Man, La Barbade, etc. ; une deuxième division réunit des places financières jugées moins importantes et servant de lieux de transit des flux de capitaux – Hong Kong, Singapour, le Liechtenstein, les Îles Vierges britanniques, Monaco, etc. ; un troisième groupe, baptisé « halo », facilite les transactions en provenance ou en direction des centres financiers *offshore* et rassemble nombre de places financières des grands pays industrialisés – Belgique, Irlande, Suisse, Pays-Bas, Royaume-Uni, etc.

On peut discuter sans fin de la pertinence de ce genre de listes et de leurs découpages [36]. Aussi l'intérêt de cette note en provenance d'un think tank rattaché au Premier ministre est-il ailleurs. Il réside dans la reconnaissance du thème des paradis réglementaires dans l'analyse des risques financiers mondiaux et dans l'inclusion des grandes places financières des pays industrialisés, comme le Royaume-Uni, dans la liste des pays à problème :

> « Dans la mesure où ces juridictions continuent d'attirer des volumes importants d'activités financières, alors même qu'elles n'entrent pas

dans les standards internationaux de supervision et de divulgation d'information, elles augmentent le niveau global du risque en ajoutant de la complexité et de l'opacité aux structures des montages et des transactions financières [37]. »

Il faudrait maintenant compléter le constat général par des études de cas décryptant précisément les mécanismes à l'œuvre pour mieux en saisir les enjeux.

L'autre intérêt de la note est de proposer plusieurs pistes pour mieux contrôler ces territoires. Par exemple, créer un observatoire de l'innovation financière, en particulier celle incluant l'utilisation des paradis réglementaires, afin de traquer les outils de leur développement. Ou bien appliquer des contraintes en capital plus élevées aux établissements financiers à proportion de leur présence ou de leur utilisation des paradis réglementaires. Le document reprend également une proposition des ONG visant à mettre en œuvre une comptabilité pays par pays : le fait de connaître, pour chaque lieu d'implantation des multinationales, bancaires et non bancaires, les chiffres d'affaires, le nombre de personnes employées, la masse salariale, les profits réalisés et les impôts payés serait un grand progrès.

Aux États-Unis, à Hong Kong et, depuis avril 2013, dans l'Union européenne, les entreprises des industries extractives doivent dorénavant fournir ce genre d'information pour avoir accès aux marchés de capitaux. La France a été pionnière, en février 2013, en imposant à ses banques la transparence sur les critères du chiffre d'affaires et des effectifs dans son projet de loi de réforme bancaire. Puis, le Parlement européen a voté, quelques jours plus tard, l'obligation pour les banques de publier trois critères supplémentaires : les profits, impôts et subventions publiques reçues. Saisissant l'opportunité, le Sénat a fait de même et on attendait la deuxième lecture à l'Assemblée pour savoir ce qu'il en serait pour finir, mais le président de la République a tranché dans un discours phare d'avril 2013, positionnant la France comme un acteur actif dans la lutte contre les paradis fiscaux : il veut les cinq critères, le niveau maximum. Ce serait une première mondiale !

Le chiffre d'affaires ramené au nombre d'employés des filiales à l'étranger des banques françaises permet déjà de repérer des bizarreries. À partir de données inédites collectées par *Alternatives économiques*, on voit qu'avec 10 millions d'euros de chiffre d'affaires pour trois employés, Malte bat tous les records ! Suivi, comme par hasard, de deux paradis fiscaux, l'Irlande et Guernesey [38]...

Dans sa déclaration du 10 avril, François Hollande a indiqué que cette obligation serait étendue à toutes les grandes entreprises, une évolution nécessaire, car si les banques sont plus présentes que les autres grandes entreprises dans les paradis fiscaux, elles n'y sont pourtant pas les seules ! Le compte rendu du Conseil des ministres indique toutefois que la France proposera l'extension à toutes les entreprises « dans le cadre de l'Union européenne ». Bref, le combat est loin d'être terminé. Au niveau européen et mondial : la question de la contribution des paradis fiscaux à l'instabilité financière est importante et doit être réglée politiquement, ce que le G20 n'a malheureusement pas fait.

Bonus mal contrôlés

Face à la technicité des enjeux de la régulation financière, dont les avancées sont difficilement « vendables » au grand public, les dirigeants politiques se sont beaucoup activés sur un sujet plus accessible, celui des rémunérations dans la finance. Les résultats ne sont malheureusement pas à la hauteur de l'agitation verbale. Côté américain, après que les traders d'AIG, la compagnie d'assurance qui a fait faillite lors de la crise des subprimes, se sont vu attribuer de généreux bonus dès 2009, la Chambre des représentants a voté une taxe exceptionnelle de 90 % sur les rémunérations supérieures à 250 000 dollars. Mais le Sénat a enterré le projet et aucune législation spécifique n'a été débattue pour maîtriser la montée des inégalités dues aux rémunérations dans le secteur.

L'Union européenne a été plus loin. À l'été 2010, elle fixait les règles du jeu suivantes : le paiement des bonus doit être différé sur plusieurs années, afin de réduire la possibilité d'une rémunération vite gagnée en prenant des risques excessifs à court terme, sans se préoccuper des pertes éventuelles à venir ; le paiement d'une part substantielle des bonus doit se faire en actions de l'établissement financier, afin de lier son montant à la performance de la banque dans son ensemble – si les risques pris aujourd'hui plombent demain les comptes, le cours de l'action s'en ressentira, comme le montant du bonus ; enfin, un équilibre est exigé entre la part de rémunération variable et différée et celle du fixe, pour éviter que la rémunération globale ne repose avant tout sur le montant du bonus.

Les pays européens avaient jusqu'à décembre 2010 pour transposer ces nouvelles contraintes dans leur droit interne. La France l'a fait, mais, si les versements différés semblent s'inscrire dans les mœurs, selon Pascal Canfin [39], alors député européen Europe Écologie-Les Verts, le ministère des Finances a remplacé la notion d'« équilibre approprié entre les composantes fixes et variables » des rémunérations par celle de « rapport approprié » qui laisse la porte ouverte à une interprétation beaucoup plus large. Les banquiers français se sont dépêchés de s'y engouffrer. Selon les calculs du quotidien *Libération*, pour les bonus 2010 touchés en 2011, le rapport entre le variable et le fixe de Baudouin Prot, le directeur général de BNP Paribas, est de 5,5 pour une rémunération totale complètement faramineuse de 6,2 millions d'euros, soit 380 années de SMIC ! Le rapport est de 4,8 pour Frédéric Oudéa à la Société générale, de 1,92 pour François Pérol à la BPCE et de 1,2 pour Jean-Paul Chifflet au Crédit agricole. Et il ne s'agit là que des rémunérations des grands patrons de banque ; d'autres collaborateurs sont dans la même situation. Nul doute que, compte tenu de leurs responsabilités, les grands banquiers doivent être bien payés. Mais, nous l'avons vu lors du chapitre précédent, des rémunérations aussi excessives nourrissent les inégalités et l'instabilité financière.

Il aura donc fallu attendre 2013 pour voir évoluer un peu les choses en Europe. La première bonne nouvelle est venue de Suisse le 3 mars. Un référendum national a approuvé à 67,9 % deux mesures importantes : les rémunérations des membres du conseil d'administration et de la direction des entreprises locales cotées en

Bourse devront être soumises au vote des actionnaires ; indemnités de départ, parachutes dorés et primes pour le rachat ou la vente d'entreprise seront interdits. L'application de cette nouvelle loi, qui aura valeur constitutionnelle, pourrait prendre deux ans, mais l'orientation est claire : l'attribution d'un parachute de 58 millions d'euros à Daniel Vasella, ancien P-DG du laboratoire pharmaceutique Novartis, a été la goutte d'eau qui a fait déborder le vase. Le fait qu'il ait renoncé à cette prime quinze jours avant le scrutin n'a pas suffi à calmer la colère de l'autre côté du Jura.

Le 20 mars, le Parlement européen a pris le relais en légiférant sur les rémunérations extravagantes des banquiers : les bonus ne pourront excéder le montant du salaire fixe ; la limite pourra être doublée si 66 % des actionnaires, représentant au moins la moitié du capital, sont d'accord. Le ratio pourra être légèrement dépassé si le bonus est versé en produits financiers à horizon de cinq ans ou plus. Les Britanniques ont tenté, sans succès, de bloquer la mesure. Ils se consoleront peut-être avec le fait que cette décision ne s'appliquera qu'à partir de 2015 pour les bonus versés au titre de 2014, le temps que la loi européenne soit transcrite dans les législations nationales. Les banquiers tentés de compenser la mesure en accroissant les salaires fixes prendraient un risque important : l'activité cyclique des marchés les obligerait à verser de gros salaires, et donc à subir de lourdes charges, même en période creuse, sans pouvoir bénéficier de la variabilité des bonus. Entre-temps, le 21 mars, la Commission des affaires économiques et monétaires du Parlement européen a voté la même contrainte (un variable pour un fixe) concernant les fonds d'investissement. Puis, le 21 mai, l'Autorité bancaire européenne a indiqué son souhait que la mesure s'applique à tous les preneurs de risques dont la rémunération est supérieure à 500 000 euros, ce qui, par rapport aux normes indiquées par le Parlement européen, reviendrait à multiplier par dix le nombre de personnes touchées !

L'Europe semble donc avancer plus vite que les autres places financières pour limiter les rémunérations extravagantes dans la finance. On pourrait attendre des politiques fiscales qu'elles viennent corriger ces émoluments excessifs par des taux de prélèvements fortement majorés. Mais, comme le montrent les simulations que l'on peut réaliser à partir du site des économistes Camille Landais, Thomas Piketty et Emmanuel Saez [40], même avec un taux d'imposition marginal de 90 % sur les revenus les plus élevés, le système fiscal français resterait régressif, les plus riches continuant à afficher un taux d'imposition plus faible que le reste de la population. Une régulation plus directe des bonus est donc nécessaire.

Les économistes peuvent-ils changer ?

La théorie économique dominante, qui affirmait que toute crise économique et financière était devenue impossible [41], a été fortement secouée par le dérapage des subprimes et ses suites. Un débat s'est ouvert aux États-Unis sur les voies possibles de son évolution. L'enjeu est de taille : dans une intervention sur son blog, Paul Krugman accuse la « science économique », rien de moins, de n'être bien souvent qu'un outil rhétorique utilisé par ses confrères au service des intérêts politiques qu'ils entendent défendre [42].

On peut avoir une idée de cette volonté de renouvellement grâce à un sondage réalisé en 2011 par le Conseil d'analyse économique auprès d'une trentaine de spécialistes mondiaux des questions monétaires et financières [43]. Lorsqu'on leur demande si la crise financière signe l'échec de la macroéconomie moderne, 55 % de ces économistes répondent par l'affirmative. De la même façon, ils sont 56 % à admettre que la crise économique est aussi celle de la théorie économique. Plus précisément, ils sont 52 % à reconnaître que la théorie dominante en finance, qui concluait à l'impossibilité de crise spéculative forte, est mise en échec.

Avance-t-on pour autant dans la définition d'une approche différente ? Les économistes américains Robert et Virginia Shiller ont publié en 2011 un article [44] appelant à abandonner la science économique pointue et spécialisée, telle qu'elle s'est développée au cours des dernières décennies, pour revenir à une économie politique à vision large et multidisciplinaire. Ils pointent les multiples dangers de l'ultraspécialisation des économistes. D'abord, cela les incite à travailler sur des sujets de plus en plus étroits dont les résultats ne sont guère utiles à la société. Ensuite, les universitaires n'ont plus le temps de s'intéresser aux grandes questions du moment, se contentant de labourer leur petit champ de compétence. Enfin, leur absence de culture générale devient un véritable souci, y compris pour éclairer leurs propres recherches.

Les Shiller pensent que certains signes, comme les articles publiés dans certaines revues, traduisent un intérêt renouvelé en faveur d'une ouverture des économistes à d'autres domaines de connaissance comme l'histoire, la psychologie et la sociologie. Un comportement qu'il faut absolument encourager. Car finalement à quoi sert un économiste ? se demandent-ils. « Le véritable impératif pour les chercheurs est de redoubler d'efforts pour encourager les fécondations croisées et une pensée au spectre large, guidées par l'objectif moral général d'améliorer le bien-être de l'Homme. » Un beau programme dont les nouvelles éditions des manuels d'économie américains sont peut-être en train de s'inspirer. La crise inciterait en effet certains auteurs à revoir leur copie [45] pour intégrer des développements sur les conséquences des excès d'endettement des intermédiaires financiers, la notion de risque systémique, l'efficacité et les contraintes des politiques économiques en temps de crise, les bulles de prix d'actifs, etc. Les économistes américains donnant le *la* quant au contenu de la théorie dominante et à celui de l'enseignement de science économique, ces évolutions pourraient avoir quelque influence sur les cursus des étudiants en économie de par le monde.

En France, une telle évolution est bloquée par de fortes contraintes institutionnelles. Selon l'Association française d'économie politique (AFEP), créée fin 2009, les modes de sélection des professeurs donnent exclusivement la priorité aux approches erronées qui n'ont pas vu arriver la crise et bloquent tout débat démocratique en économie [46]. Une étude comparative sur les enseignements proposés au cours des trois premières années d'université montre également la place prédominante dont continuent à bénéficier une théorie dominante pourtant disqualifiée, ainsi qu'une surreprésentation des matières techniques au détriment de la réflexion économique [47]. Il n'y a pas lieu d'engager ici un débat sur l'avenir de la science économique. Mais il est certain que celui-ci jouera un rôle déterminant dans la bataille d'idées qui fournira le cadre aux réflexions des années qui viennent sur la nature de la finance, son utilité sociale, ses risques et la meilleure façon de maîtriser son instabilité.

Conclusion

Tirer les leçons de la plus grande crise financière de l'histoire

> « Le sens de la responsabilité chez les gens de finance envers les gens en général n'est pas mince : il est presque nul. »
>
> John Kenneth GALBRAITH [1]

> « J'ai tendance à penser que les activités les plus rentables de la sphère financière sont celles qui offrent la plus faible utilité sociale. »
>
> Jean PEYRELEVADE [2]

En 2003, un groupe d'investisseurs hollandais a été spolié de plusieurs dizaines de millions d'euros après avoir été pris dans une spéculation, qui s'est avérée frauduleuse, sur... des bulbes de tulipe ! Cet incroyable clin d'œil de l'histoire prête à sourire, mais il est aussi là pour nous rappeler que si la spéculation financière semble s'inscrire dans les gènes de l'espèce humaine fortunée, ses effets peuvent être plus ou moins violents. Ce petit épisode n'a pas fait la « une » des journaux car il a impliqué peu de personnes et n'a pas marqué la Hollande comme son illustre prédécesseur.

Ce n'est pas le cas de notre crise contemporaine, celle des subprimes, suivie, en Europe, de celle des dettes publiques. Comme le dit Ben Bernanke, le patron de la Banque centrale des États-Unis, qui a beaucoup travaillé sur la crise de 1929 lorsqu'il était universitaire, « en tant que chercheur sur la Grande Dépression, je crois sincèrement que les mois de septembre et octobre 2008 furent les témoins de la pire crise financière de l'histoire mondiale, [...] des treize plus grands établissements financiers des États-Unis, douze se sont retrouvés au bord de la faillite en une semaine ou deux [3] ». Et bien d'autres dans le monde. Pour comprendre comment on en est arrivé là, on trouve une explication selon laquelle la crise aurait été le résultat d'une abondance d'épargne mondiale qui, cherchant des rendements excessifs en période de taux d'intérêt bas – niveau lui-même en partie dû à la disponibilité pléthorique des capitaux –, devait, nécessairement, nourrir une bulle puis un krach. Ce mécanisme n'a joué aucun rôle dans le décryptage des crises présenté au chapitre 5. Pourquoi ?

Comme le faisait déjà remarquer avec justesse John Kenneth Galbraith à propos de la crise de 1929, « il y eut auparavant des époques – et il y a eu depuis de longues périodes – où le crédit était abondant et bon marché, [...] et où la spéculation se révéla négligeable [4] ». Le commentaire reste d'actualité si l'on en croit Luis Servén et Ha Nguyen, deux chercheurs de la Banque mondiale. Dans une étude publiée en 2010, ils soulignent que les déficits extérieurs des États-Unis, qui correspondent au montant d'épargne étrangère que le pays doit attirer pour les financer, sont montés jusqu'à 5-6 % du PIB du pays à leur plus haut, soit un poids négligeable par rapport à celui du système financier américain qui pèse près du centuple. Et les banques de pays en excédents comme la Suisse n'ont guère fait mieux en matière de prise de risques, sans oublier les déboires de banques allemandes ou la bulle japonaise et son éclatement dans les années 1990. Que les pays soient fortement ou faiblement excédentaires ou déficitaires, ils peuvent connaître une crise financière. Ou pas. Une conclusion confirmée par des travaux complémentaires réalisés en 2011 par Claudio Borio et Piti Disyatat, deux économistes de la BRI. Les déterminants des crises sont à chercher ailleurs [5]. C'est également la conclusion à laquelle aboutit la Commission d'enquête américaine sur la crise, affirmant que si l'abondance d'épargne a pu contribuer à la bulle immobilière, elle ne suffit ni à l'expliquer ni à comprendre pourquoi elle s'est transformée en crise mondiale [6].

Lorsque les tuyaux de la finance mondiale sont propres, ils sont capables de supporter de la pression : une finance réglementée et surveillée peut faire circuler des masses d'épargne plus ou moins importantes sans provoquer de dérapages pour autant. La conviction à l'origine de ce livre est que les crises financières sont endogènes au fonctionnement des marchés financiers, qu'elles se développent par des mécanismes économiques et politiques d'autant plus à même de faire dérailler la machine que les autorités politiques, qu'elles soient publiques ou privées, ne font pas leur travail de surveillance et de contrôle des risques. *A contrario*, quel que soient la complexité de la finance et les manquements des acteurs privés, les régulateurs publics peuvent toujours agir s'ils le souhaitent, s'ils le veulent.

De ce point de vue, le rapport d'enquête américain sur la crise dénonce avec force la culpabilité d'Alan Greenspan. Nous l'avons vu, il n'était pas le seul responsable à avoir poussé à la déréglementation et à avoir systématiquement neutralisé toute tentative de régulation. Mais au vu de ses différentes prises de position, rappelées au fil des pages du rapport, l'impression est saisissante. Leur tonalité, toujours la même, est à l'image de cette déclaration de 1997, selon laquelle « les forces régulatrices privées aux vertus stabilisantes des marchés doivent progressivement remplacer de nombreuses structures gouvernementales pesantes et inefficaces ». On ne peut pourtant pas faire confiance aux financiers privés pour prendre en compte les coûts publics éventuels de leur course aux profits privés. Toutes les histoires racontées ici l'ont prouvé, la mauvaise gouvernance des risques par le secteur privé est l'un des éléments essentiels des crises. Trois économistes ont ainsi montré que les banques qui avaient pris le plus de risques au moment de la crise asiatique de 1997-1998 sont aussi celles qui ont pris le plus de risques au moment de la crise des subprimes. Même confrontées à leurs propres déboires, « les institutions financières qui sont affectées négativement lors d'une crise ne semblent pas modifier par la suite leur façon de faire et n'adoptent pas une culture des risques plus prudente », concluent les auteurs de l'étude [7].

Les déclarations publiques des grands banquiers de la planète début 2011 affirmant, à l'image de Robert E. Diamond, l'ancien patron de la Barclays, « il y a eu une période de remords pour les banques mais je pense que cette période est terminée », soulignent encore une fois combien les financiers sont incapables d'autodiscipline. Un état d'esprit immédiatement traduit en actes avec l'attribution dès 2011 de rémunérations indécentes, rappelées au chapitre précédent. Un comportement qui illustre bien le propos de Galbraith rappelé en exergue.

Le rôle essentiel des régulateurs

Il n'y a donc pas d'autres moyens que de s'appuyer sur une réglementation publique efficace. Ce que réclame une étude du FMI parue en 2010 [8]. La surveillance des acteurs privés doit être intrusive, affirme-t-elle : jusqu'à présent, les régulateurs ne se sont pas assez mêlés de ce que faisaient les acteurs de la finance, ils ont même été dans certains cas « trop respectueux des dirigeants des banques ». Un contrôleur doit connaître intimement chaque établissement et sa présence « doit être ressentie continuellement ». Il doit ensuite agir de manière proactive : le superviseur doit regarder plus loin que le bout de son bilan et anticiper la montée des nouveaux risques, creuser ce qu'il y a derrière les nouveaux produits financiers complexes qui émergent, toujours s'interroger sur les modes en cours dans la finance, même lorsque tout va bien. Casser l'euphorie financière peut le faire passer pour un trouble-fête, mais c'est le meilleur moyen d'éviter les catastrophes.

De ce fait, le contrôle de la finance doit être étendu et ne pas se contenter de la routine. Le périmètre des réglementations doit être large et ne pas hésiter à progresser encore s'il le faut. Le superviseur s'efforce ainsi d'« exercer une vigilance permanente sur ce qui se produit sur les bords du périmètre de la régulation ». Suite logique de cette proposition, il est nécessaire que la supervision s'adapte rapidement aux changements, que les superviseurs soient constamment en apprentissage sur les produits financiers et le *business model* des institutions financières. Enfin, conclut le FMI, la supervision financière doit être conclusive, c'est-à-dire tirer jusqu'au bout les conséquences de ses analyses : « Comme tous ceux qui ont été impliqués dans un processus de supervision peuvent l'affirmer, le travail consistant à suivre la résolution des problèmes révélés par une inspection est laborieux, minutieux et sans prestige mais, sur le long terme, essentiel pour susciter des changements. »

Les autorités de régulation financière mettront-elles en œuvre cette supervision préventive, proactive, étendue et conclusive ? En France, Jean-Paul Redouin, le premier sous-gouverneur de la Banque de France, a indiqué son accord avec ces orientations [9]. Il faudra alors que les régulateurs disposent des ressources pour ce faire. De ce point de vue, les débats sur le budget 2012 aux États-Unis étaient de mauvais augure. La majorité républicaine au Congrès a affirmé son intention de saboter les nouvelles régulations en cours de mise en œuvre, notamment en refusant d'accroître les budgets des superviseurs. Ce qui signifie moins de capacités d'enquête, moins de recrutement de personnels qualifiés, moins de formation aux nouvelles techniques de la finance, etc., et donc moins de supervision.

De Mills à Minsky en passant par Zola

Les régulateurs publics peuvent contrôler la finance. Le voudront-ils, le pourront-ils ? Il faut pouvoir s'en assurer, mais *Quis custodiet ipsos custodes ?* (« Qui gardera les gardiens ? »), se demandait déjà le poète Juvénal dans ses *Satires* sur les excès des riches Romains. Un débat démocratique régulier sur le contrôle de la finance est plus que jamais nécessaire. Pour qu'il soit le plus large possible, il faut expliquer sans relâche les enjeux liés au fonctionnement de la finance et à sa régulation. C'est la conclusion à laquelle était déjà arrivé dès 1868 John Mills, cet économiste britannique rencontré au chapitre 5, se demandant si le pédagogue ne pourrait pas être le « magicien » qui pourrait sauver la finance de ses « accès de terreur » [10]. Il allait avoir un héritier de renom en la personne de Hyman Minsky, qui refusait que les réformes de la régulation financière soient laissées aux mains d'une élite technocratique et appelait à une implication du public sur ces sujets car « la compréhension est le fondement de la légitimité de la réforme [11] ». Pour lui, comprendre la finance et ses dérapages représente un investissement intellectuel sur le long terme, car « aucun programme ou réforme particulière ne réglera les choses pour toujours [12] ».

Les écrivains peuvent participer à cet exercice d'explication. On en a cité plusieurs exemples au cours de ce livre et la lecture du célèbre roman d'Émile Zola *L'Argent* étonne encore aujourd'hui par la justesse de son analyse. Zola s'est inspiré d'une véritable crise, celle qui a vu l'apogée et le krach, en 1882, de l'Union générale, une banque créée par Eugène Bontoux, représenté ici par le personnage d'Aristide Saccard, à la tête de sa Banque universelle.

L'Argent est le véritable roman des fièvres spéculatives. Zola y décrit le rôle de la psychologie des acteurs confrontés aux informations et rumeurs du marché, il montre le rôle des fraudes, celui de la presse qui célèbre la hausse. Il dénonce la mauvaise gouvernance des banques dont les conseils d'administration sont composés soit d'actionnaires obéissants et décoratifs, soit d'affairistes en quête d'un bon coup financier et dont les auditeurs extérieurs, les « commissaires censeurs chargés de présenter à l'assemblée un rapport sur le bilan et de contrôler ainsi les comptes fournis par les administrateurs » sont aux ordres. Il explique le rôle joué par les ventes à découvert comme stratégie spéculative pour gagner à la baisse des titres. Il montre combien les prix des actifs financiers, ici le cours des actions, perdent tout lien avec la valeur fondamentale de l'entreprise : « Il n'y avait plus ni vérité, ni logique, l'idée de la valeur était pervertie, au point de perdre tout sens réel. »

Saccard est le type même du spéculateur qui, de l'immobilier dans *La Curée* à la Bourse dans *L'Argent*, célèbre son art :

> « Avec la rémunération légitime et médiocre du travail, le sage équilibre des transactions quotidiennes, c'est un désert d'une platitude extrême que l'existence, un marais où toutes les forces dorment et croupissent ; tandis que, violemment, faites flamber un rêve à l'horizon, promettez qu'avec un sou on en gagnera cent, offrez à tous ces endormis de se mettre à la chasse de l'impossible, des millions conquis en deux heures, au milieu des plus effroyables casse-cou ; et la course

commence, les énergies sont décuplées, la bousculade est telle, que, tout en suant uniquement pour leur plaisir, les gens arrivent parfois à faire des enfants, je veux dire des choses vivantes, grandes et belles... Ah ! Dame ! Il y a beaucoup de saletés inutiles, mais certainement le monde finirait sans elles [13]. »

Enfin, arrive le moment du retournement, le début du krach : « Après l'extrême confiance, l'engouement aveugle, arrivait la réaction de la peur, tous se ruant pour vendre, s'il en était temps encore. » Zola avait même perçu, après John Mills, le cycle psychologique des crises financières :

« C'était l'épidémie fatale, périodique, dont les ravages balaient le marché tous les dix à quinze ans, les Vendredis noirs, ainsi qu'on les nomme, semant le sol de décombres. Il faut des années pour que la confiance renaisse, pour que les grandes maisons de banque se reconstruisent, jusqu'au jour où la passion du jeu ravivée peu à peu, flambant et recommençant l'aventure, amène une nouvelle crise, effondre tout, dans un nouveau désastre [14]. »

Même riche de toutes ses qualités, un roman du XIXe siècle reste une arme bien dérisoire face aux pouvoirs des financiers du XXIe. Heureusement, la société civile a commencé à s'organiser. À l'été 2010, à l'initiative de l'écologiste Pascal Canfin, « vingt-deux députés européens en charge de la régulation des banques et des marchés financiers lan[çai]ent un appel transpartisan pour dénoncer l'asymétrie entre, d'un côté, le lobbying des acteurs financiers et, de l'autre, l'absence de contre-expertise indépendante en provenance de la société civile [15] ». Après à peine un an de travail, près de trente associations de la société civile européenne se regroupaient pour lancer, le 30 juin 2011, Finance Watch, « un pôle européen d'expertise, de communication et de lobbying pour faire contrepoids aux banques ».

C'est la première fois qu'une telle organisation est créée au niveau de l'Union. Elle rassemble les moyens et les forces de plusieurs dizaines d'organisations non gouvernementales. Certes, elle ne pourra pas changer à elle seule la donne de la finance, d'un claquement de doigts. Mais elle montre que la mobilisation d'une expertise indépendante en la matière peut exister et servir l'action de ceux des représentants politiques qui sont prêts à s'engager dans le combat, essentiel, pour une finance stable et utile à l'économie.

Notes

1 Texte français, « Mon New Deal » (trad. de l'anglais par Marc Mousli), *L'Économie politique*, n° 27, juillet 2005.

Notes de l'introduction

1 « Les économistes doivent changer leurs croyances », *Alternatives économiques*, n° 290, avril 2010, p. 77-79.

2 Christian CHAVAGNEUX et Denis CLERC, « Les économistes bousculés par la crise », *Alternatives économiques*, n° 287, janvier 2010, p. 48-58.

Notes du chapitre 1

1 « The tulipmania in Holland in the years 1636 and 1637 », *Journal of Economic and Business History*, vol. 1, n° 3, mai 1929.

2 Anne GOLDGAR, *Tulipmania. Money, honor, and knowledge in the Dutch Golden Age*, Chicago University Press, Chicago, 2007, note 9, p. 328-329.

3 Mike DASH, *La Tulipomania. L'histoire d'une fleur qui valait plus cher qu'un Rembrandt* (trad. de l'anglais par Arthur G. H. Ynchboat), Jean-Claude Lattès, Paris, 2000, p. 194.

4 *Ibid.*, p. 97.

5 Fernand BRAUDEL, *Civilisation matérielle, économie et capitalisme XVe-XVIIIe siècle*, tome 3 : *Le Temps du monde*, Armand Colin, Paris, 1986, p. 166.

6 *Ibid.*, p. 173.

7 *Ibid.*, p. 208.

8 Mike DASH, *La Tulipomania, op. cit.*, p. 153.

9 Gallimard, Paris, 2007.

10 Mike DASH, *La Tulipomania, op. cit.*, p. 108.

11 *Ibid.*, p. 211.

12 Anne GOLDGAR, *Tulipmania, op. cit.*, p. 131-134.

13 Mike DASH, *La Tulipomania, op. cit.*, p. 220.

14 On peut voir une reproduction du tableau sur le site du Frans Hals Museum de Haarlem, <www.franshalsmuseum.nl>.

Notes du chapitre 2

1 Le destin d'Hamilton est raconté par Antoin E. Murphy dans *John Law. Économiste et homme d'État* (trad. de l'anglais par Christophe Billon), PIE Peter Lang, Bruxelles, 2007, p. 28-31.

2 *Ibid.*, p. 41-52.

3. Adolphe THIERS, « Law », in Encyclopédie progressive, Bureau de l'encyclopédie progressive, Paris, 1826, p. 58.
4. Eugène DAIRE, Économistes financiers du XVIIᵉ siècle, Guillaumin, Paris, 1843, p. 568.
5. Edgar FAURE, La Banqueroute de Law, Gallimard, Paris, 1977, p. 101.
6. Earl J. HAMILTON, « The Political Economy of France at the Time of John Law », History of Political Economy, n° 1, print. 1969, p. 247-249.
7. Voir la reproduction de plusieurs écrits de Law dans l'ouvrage d'Eugène DAIRE, Économistes financiers du XVIIᵉ siècle, op. cit.
8. Voir la première des « Lettres sur les banques » adressées au Régent, citée dans Eugène DAIRE, ibid., p. 621.
9. Earl J. HAMILTON, « The Political Economy of France at the Time of John Law », loc. cit., p. 250.
10. Adolphe THIERS, « Law », loc. cit., p. 58 et p. 62.
11. Edgar FAURE, La Banqueroute de Law, op. cit., p. 116-119 et p. 213.
12. Eugène DAIRE, Économistes financiers du XVIIᵉ siècle, op. cit., p. 624.
13. Daniel DESSERT, Argent, pouvoir et société au Grand Siècle, Fayard, Paris, 1984, p. 126.
14. Il se dit également que le petit ruisseau qui coulait rue Quincampoix, la Bourse en plein air où s'échangeaient les titres financiers, avait été ironiquement baptisé Mississipi.
15. Charles P. KINDLEBERGER, Histoire mondiale de la spéculation financière, Éditions P.A.U., Paris, 1994, p. 160-161.
16. Eugène DAIRE, Économistes financiers du XVIIᵉ siècle, op. cit., p. 556.
17. Jean-Christian PETITFILS, Le Régent, Fayard, Paris, 1986, p. 527.
18. Sur tous ces points, voir Edgar FAURE, La Banqueroute de Law, op. cit., p. 345-346.
19. SAINT-SIMON, La Cour du Régent, Complexe, Bruxelles, 1990, p. 365.
20. Eugène DAIRE, Économistes financiers du XVIIᵉ siècle, op. cit., p. 639-642.
21. Antoin E. MURPHY, « John Law et la bulle de la Compagnie du Mississippi », L'Économie politique, n° 48, oct. 2010.
22. Plus tard, en 1825, l'écrivain américain Washington Irving publiera un texte sur la bulle du Mississippi, un peu fragile sur le plan historique, mais écrit de manière très enlevée, à charge contre Law et citant plusieurs fois Voltaire.
23. VOLTAIRE, Précis du siècle de Louis XV, chap. 2, <http://www.voltaire-integral.com>.
24. Pour une description de la gestion de la fin du système de Law par les frères Pâris, voir l'analyse de François R. Velde.
25. Dans la première de ses « Lettres sur les banques », Law écrit : « Je ferais connaître que la monarchie est l'état le plus propre pour établir le crédit » (cité dans Eugène DAIRE, Économistes financiers du XVIIᵉ siècle, op. cit., p. 621).
26. On peut en voir un détail sur <www.goldensextant.com> et une reproduction dans le livre d'Antoin Murphy John Law, op. cit.

Notes du chapitre 3

1. Une traduction française est parue en 2012 sous le titre Le Gouffre, Éditions du Sonneur, Paris.
2. Kevin PHILLIPS, Wealth and Democracy. A political history of the American rich, Broadway Books, New York, 2002, p. 49-54 ; Gustavus MYERS, History of the Great American Fortunes, Charles H. Kerr & Company, Chicago, 1907, préface p. IV et Paul KRUGMAN, The Conscience of a Liberal, W. W. Norton, New York, 2007, p. 17.
3. Wicksell a écrit un article sur cette crise dès 1908, mais il n'est paru qu'en suédois. Nous avons une idée de son contenu grâce à la présentation qu'en

fait Mauro BOIANOVSKY, « Wicksell on the American crisis of 1907 », *Journal of the History of Economic Thought*, vol. 33.2, 2011.

4 Oliver M. W. SPRAGUE, *History of Crises under the National Banking System*, Government Printing Office, Washington, 1910, p. 306.

5 Robert F. BRUNER et Sean D. CARR, *The Panic of 1907. Lessons learned from the market's perfect storm*, John Wiley & Sons, Hoboken, New Jersey, 2007, p. 38-41.

6 Pour une description de la tentative de *corner*, voir Ellis W. TALLMAN et Jon R. MOEN, « Lessons from the panic of 1907 », *Economic Review*, Federal Reserve Bank of Atlanta, mai-juin 1990, p. 5-6.

7 Oliver M. W. SPRAGUE, *History of Crises under the National Banking System*, *op. cit.*, p. 249-250.

8 Cité dans Alexander D. NOYES, « A year after the panic of 1907 », *The Quarterly Journal of Economics*, vol. 23, n° 2, février 1909, p. 198.

9 Ellis W. TALLMAN et Jon R. MOEN, « The bank panic of 1907 : the role of trust companies », *The Journal of Economic History*, vol. 52, n° 3, sept. 1992 ; Ellis W. TALLMAN et Jon R. MOEN, « Why didn't the United States establish a central bank until after the panic of 1907 ? », *Federal Reserve Bank of Atlanta Working Paper*, n° 99-16, nov. 1999.

10 Ellis W. TALLMAN, « The panic of 1907 », *Federal Reserve Bank of Cleveland Working Paper*, n° 12-28, nov. 2012.

11 Alexander D. NOYES, « A year after the panic of 1907 », *loc. cit.*, p. 186.

12 Robert F. BRUNER et Sean D. CARR, *The Panic of 1907*, *op. cit.*, chap. 12 à 15.

13 Ellis W. TALLMAN et Jon R. MOEN, « Liquidity creation without a lender of last resort : clearinghouse loan certificates in the banking panic of 1907 », *Federal Reserve Bank of Atlanta Working Paper*, n° 2006-23b, oct. 2007.

14 Sur les différents débats de régulation après la crise, voir Christian TUTIN et Julien MENDEZ, « De la crise bancaire à la régulation : l'expérience américaine de 1907 », *L'Économie politique*, n° 48, oct. 2010.

15 Louis D. BRANDEIS, *Other Peoples's Money and How the Bankers Use It*, Bedford/St. Martins, Boston, 1995, p. 50.

16 *Ibid.*, p. 82-83.

17 Mentionné dans James E. PALMER Jr, *Carter Glass Unreconstructed Rebel*, The Institute of American Biography, Roanoke, 1938.

18 Simon JOHNSON et James KWAK, *13 Bankers. The Wall Street Take Over and The Next Financial Meltdown*, Pantheon Books, New York, 2010, p. 28.

19 Michael D. BORDO et David C. WHEELOCK, « The promise and performances of the Federal Reserve as lender of ladt resort 1914-1933 », *Norges Bank Working Paper*, n° 2011/1, p. 2, p. 15 et p. 32.

20 Simon JOHNSON et James KWAK, *13 Bankers*, *op. cit.*, p. 30.

Notes du chapitre 4

1 Gardiner C. MEANS, cité dans Studs TERKEL, *Hard Times. Histoires orales de la Grande Dépression* (trad. de l'américain par Christophe Jaquet), Amsterdam, Paris, 2009, p. 321.

2 Pierre-Cyrille HAUTCŒUR, *La Crise de 1929*, La Découverte, coll. « Repères », Paris, 2009, p. 6.

3 Cité par Edward CHANCELLOR (*Devil Take the Hindmost. A History of Financial Speculation*, Plume Book, New York, 2000), qui donne également d'autres exemples, p. 193-194.

4 Lionel ROBBINS, *The Great Depression*, MacMillan, Londres, 1934, p. 7-8.

5 Voir Gary B. GORTON, *Misunderstanding Financial Crisis. Why we don't see them coming*, Oxford University Press, Oxford, 2012, p. 79-80.

6. John Kenneth GALBRAITH, *La Crise économique de 1929*, Petite Bibliothèque Payot, Paris, 1970, p. 79.
7. Maury KLEIN, *Le Krach de 1929* (trad. de l'anglais par Christine Rimoldy), Belles Lettres, Paris, 2009, p. 38 ; Gordon THOMAS et Max MORGAN-WITTS, *Wall Street. Dans les coulisses du krach de 1929*, Nouveau Monde éditions, Paris, 2008, p. 107.
8. John Kenneth GALBRAITH, *La Crise économique de 1929*, *op. cit.*, p. 97-98.
9. Signalons tout de même, avec de nombreux auteurs, que l'un d'eux, Paul M. Warburg, avait prévenu en mars 1929 que l'« orgie de spéculation » en cours finirait dans la crise. Voir, par exemple, Edward CHANCELLOR, *Devil Take the Hindmost*, *op. cit.*, p. 210.
10. John Kenneth GALBRAITH, *La Crise économique de 1929*, *op. cit.*, p. 157 ; Lionel ROBBINS, *The Great Depression*, *op. cit.*, p. 62-63.
11. Isaac JOSHUA, *La Crise de 1929 et l'émergence américaine*, PUF, Paris, 1999, p. 89.
12. Paul CLAUDEL, *La Crise. Amérique 1927-1932*, Métailié, Paris, 2009, p. 69.
13. Isaac JOSHUA, « Quand 2009 questionne 1929 », *L'Économie politique*, n° 48, oct. 2010, p. 77.
14. Michael PERINO, *The Hellhound of Wall Street. How Ferdinand Pecora's Investigation of the Great Crash Forever Changed American Finance*, The Penguin Press, New York, 2010, p. 155.
15. Joseph J. THORNDIKE, *Their Fair Share. Taxing the Rich in the Age of FDR*, The Urban Institute Press, Washington, 2013.
16. En conséquence, celui-ci a présenté sa démission, refusée par Roosevelt. Voir Michael HILTZIK, *The New Deal. A Modern History*, Free Press, New York, 2011, p. 82-83.
17. On peut les consulter sur le site <http://fraser.stlouisfed.org/publications/sensep>. Attention, les fichiers sont très lourds.
18. US SENATE COMMITTEE ON BANKING AND CURRENCY, *The Pecora Investigation*, Washington, 1934 (rééd. Cosimo Reports, New York, 2010), p. 80-81.
19. Helen M. BURNS, *The American Banking Community and New Deal Banking Reforms 1933-1935*, Greenwood Press, Westport, 1974, p. 35.
20. Voir Raymond MOLEY, *The First New Deal*, Harcourt, Brace & World, New York, 1966, p. 151-153.
21. *Ibid.*, p. 131 et p. 316 ; Arthur M. SCHESINGER Jr, *L'Ère de Roosevelt. L'avènement du New Deal*, Denoël, Paris, 1971, p. 498.
22. Voir Michael HILTZIK, *The New Deal*, *op. cit.*, p. 55.
23. En s'appuyant sur une analyse des réseaux personnels des principaux protagonistes, Alexander Tabarrok (1998) affirme que la séparation a moins coûté à ces banques proches des Rockefeller qu'à celles proches de la maison Morgan. Mais il ne le démontre pas.
24. Tous cités par BURNS, *ibid.*, p. 150-157.
25. Pour être complet, précisons qu'une loi visant à encadrer les transactions domestiques de produits dérivés concernant des produits agricoles a été votée en 1936 (*Commodity Exchange Act*).
26. *New Deal Banking Reforms and Keynesian Welfare State Capitalism*, Routledge, Londres, 2008.
27. Le ratio reste néanmoins à un niveau faible, inférieur à 15, très loin des niveaux excessifs, supérieur à 40 pour certains établissements des années 2000. Voir chapitre suivant.

Notes du chapitre 5

1. Voir, par exemple, Michel AGLIETTA, *La Crise. Les voies de sortie*, Michalon, Paris, 2010 ; Patrick ARTUS *et alii*, « La crise des subprimes », *Rapport du Conseil d'analyse économique*, n° 78,

La Documentation française, Paris, 2008 ; Michel AGLIETTA et Sandra RIGOT, *Crise et rénovation de la finance*, Odile Jacob, Paris, 2009 ; « Crise financière : analyses et propositions », *Risques/Revue d'économie financière*, n° 73-74 (n° spéc.), juin 2008 ; Martin Neil BAILY, Douglas W. ELMENDORF et Robert E. LITAN, « The great credit squeeze : how it happened, how to prevent another », *Discussion Paper*, Economic Studies at Brookings, 16 mai 2008.

2 Hyman P. MINSKY, *Can « It » Happen Again ? Essays on Instability and Finance*, M. E. Sharpe, New York, 1982, p. 92.

3 Notons cependant que l'idée selon laquelle les crises financières se préparent dans les périodes de beau temps est présente dès 1825 chez l'écrivain américain Washington Irving dans l'introduction de son récit de la bulle du Mississippi.

4 Hyman P. MINSKY, *Stabilizing an Unstable Economy*, McGraw-Hill, New York, 1986, p. 199.

5 On pourra se référer à l'ouvrage de Gary Burn cité en bibliographie ou au résumé de son travail présenté dans Christian CHAVAGNEUX et Ronen PALAN, *Les Paradis fiscaux*, coll. « Repères », La Découverte, Paris, 2007 (2ᵉ éd.), p. 45-50. On comprend ainsi que les premiers pas de la mondialisation financière contemporaine datent de la fin des années 1950, et non du début des années 1970 avec la fin du système de taux de change fixes comme on l'écrit souvent.

6 BANK FOR INTERNATIONAL SETTLEMENTS, *Recent Innovations in International Banking*, avril 1986, p. 169.

7 Simon JOHNSON et James KWAK, *13 Bankers*, *op. cit.*, chap. 3 à 5 ; Ellen D. RUSSELL, *New Deal Banking Reforms and Keynesian Welfare State Capitalism*, Routledge, Londres, 2008, p. 85-103 et le chapitre 2 du rapport FINANCIAL CRISIS INQUIRY COMMISSION, *Financial Crisis Inquiry Report*, janvier 2011, <www.gpoaccess.gov>.

8 Robert BOYER, « Une crise tant attendue. Leçons d'histoire pour économistes », *Prisme*, n° 13, Centre Cournot pour la recherche en économie, nov. 2008.

9 Cité par JOHNSON et KWAK, *ibid.*, p. 136.

10 Charles P. KINDLEBERGER, *Histoire mondiale de la spéculation financière, op. cit.*, p. 97.

11 Cité par Charles P. KINDLEBERGER, *ibid.*, p. 180.

12 John MILLS, « On credit cycles and the origin of commercial panics », *Transactions of the Manchester Statistical society*, session 1867-1868, p. 27.

13 Jean LESCURE, *Des crises générales et périodiques de surproduction*, tome 2, Burt Franklin, New York, 1938, p. 461-462.

14 Voir également Ludwig VON MISES, « Monetary stabilization and cyclical policy », *in The Causes of Economic Crisis and Other Essays before and after the Great Depression*, The Ludwig von Mises Institute, Alabama, 1978.

15 Friedrich HAYEK, « Monetary theory and the trade cycle », The Ludwig von Mises Institute, <http://mises.org>, p. 39.

16 SENIOR SUPERVISORS GROUP, *Risk Management Lessons from the Global Banking Crisis of 2008*, 21 oct. 2009, p. 4.

17 Voir, par exemple, Christian CHAVAGNEUX et Éric NICOLAS, « L'influence des acteurs privés sur la régulation financière internationale », *Politique étrangère*, n° 3, 1997.

18 Ce texte reprend en partie une analyse développée sous le titre « Des risques mal calculés », publiée dans le n° 283 de septembre 2009 d'*Alternatives économiques*.

19. Voir le travail auquel se sont amusés quelques spécialistes après la déclaration de Viniar, <www.ucd.ie>.
20. Jean-Pierre LANDAU, « Extreme events in finance », Banque de France, sept. 2008.
21. Claudio BORIO, « The financial turmoil of 2007- ? : a preliminary assessment and some policy considerations », BIS Working Paper, n° 251, mars 2008.
22. Voir, par exemple, la remarquable analyse de Kristian KJELDSEN, « Value at Risk and Capital Adequacy : the Challenge for Financial Regulation », European Investment Bank Paper, vol. 2, n° 1, 1997.
23. Voir Benoît MANDELBROT, Une approche fractale des marchés. Risquer, perdre et gagner, Odile Jacob, Paris, 2009 (2ᵉ éd.), p. 23.
24. Ibid., p. 38-43. Pour une présentation pédagogique des thèses de Mandelbrot, voir également Philippe HERLIN, Finance : le nouveau paradigme. Comprendre la finance et l'économie avec Mandelbrot, Taleb…, Eyrolles, Paris, 2010.
25. Par exemple, Christian CHAVAGNEUX et Éric NICOLAS, « L'influence des acteurs privés sur la régulation financière internationale », loc. cit., qui retrace également les débuts de la VaR.
26. Joan CONDIJTS, Paul GÉRARD et Pierre-Henri THOMAS, La Chute de la maison Fortis, Jean-Claude Lattès, Paris, 2009. Voir en particulier le chapitre 5.
27. Et pour d'autres exemples, voir Michel AGLIETTA et Sandra RIGOT, Crise et rénovation de la finance, op. cit., p. 163.
28. Gillian TETT, Fool's Gold. How Unrestrained Green Corrupted a Dream, Shattered Global Markets and Unleashed a Catastrophe, Free Press, New York, 2009, p. 46-51.
29. Ibid., p. 47-48.
30. Jacques ADDA, « Les CDS : une arme de destruction financière ? », Alternatives économiques, n° 290, avril 2010.
31. « Assessing contagion risks in the CDS market », in Markus BRUNNERMEIER et alii, Financial Stability Review, Banque de France, avril 2013.
32. Edward PINTO, « Triggers of the financial crisis », <www.aei.org>.
33. David MIN, Faulty Conclusions based on Shoddy Foundations, Centre for American Progress, février 2011, p. 3.
34. Voir <www.ritholtz.com>.
35. Jean-François GAYRAUD, La Grande Fraude. Crime, subprime et crises financières, Odile Jacob, Paris, 2011, p. 135-139.
36. L'histoire est bien résumée par Jean-François GAYRAUD, ibid., p. 142-145.
37. William K. BLACK, « Cette finance frauduleuse que l'on ne veut pas voir », L'Économie politique, n° 42, avril 2009, p. 43.
38. William K. BLACK, The Best Way to Rob a Bank is to Own One : How Corporate Executives and Politicians Looted the S&L Industry, University of Texas Press, Austin, 2005, préface et chap. 1 et 10.
39. Jean-François GAYRAUD, La Grande Fraude, op. cit., p. 190-192.
40. Jean DE MAILLARD, L'Arnaque. La finance au-dessus des lois et des règles, Gallimard, Paris, 2010, p. 208-214.
41. Pour un argument proche, voir Anastasia NESVETAILOVA, Financial Alchemy in Crisis : the Great Liquidity Illusion, Pluto Press, Londres, 2010, p. 110-111.
42. Jean-Baptiste SAY, Cours complet d'économie politique pratique, Guillaumin, Paris, 1840, p. 6.
43. Léon WALRAS, Éléments d'économie politique pure, Economica, Paris, 1988, p. 43.
44. La manipulation des marchés était également une pratique courante au XIXᵉ siècle, voir Edward CHANCELLOR, Devil Take the Hindmost, op. cit., p. 188.
45. La justice criminelle a d'abord poursuivi Angelo Mozilo, avant d'abandonner les poursuites en février 2011.

L'ancien patron de Countrywide Financial a payé une amende de 22,5 millions de dollars et reversé 45 millions de dollars aux actionnaires de sa société.

46 FINANCIAL CRISIS INQUIRY COMMISSION, *Financial Crisis Inquiry Report*, janvier 2011, p. 65, <www.gpoaccess.gov>.

47 John LE CARRÉ, *Un traître à notre goût*, Seuil, Paris, 2011.

48 Ronen PALAN, Richard MURPHY et Christian CHAVAGNEUX, *Tax Havens : How Globalization Really Works*, Cornell University Press, Ithaca, 2010.

49 Cité par *The Economist*, 14-20 mai 2011.

50 Jean-François GAYRAUD, *La Grande Fraude, op. cit.*, p. 15 et p. 195.

51 Anthony B. ATKINSON et Salvatore MORELLI, « Inequality and Banking Crisis : a First Look », <http://isites.harvard.edu>. Voir p. 61 pour le tableau de résultats.

52 Voir les références chez Olivier GODECHOT, « La Finance, facteur d'inégalités », *La Vie des idées*, 2011, <http://olivier.godechot.free.fr>.

53 Voir son article dans *Alternatives économiques*, n° 295, oct. 2010.

54 Simon JOHNSON et James KWAK, *13 Bankers, op. cit.*, p. 90-117.

55 Deniz IGAN, Prachi MISHRA et Thierry TRESSEL, « Lobbying and the Financial Crisis », <www.voxeu.org>, 2010.

56 Voir Philippe HERLIN, *Finance : le nouveau paradigme, op. cit.*, et Denis CLERC, « Théorie ; désaccords majeurs », *Alternatives économiques*, n° 75, 1er trim. 2008 (hors-série), les plus pédagogues ; Justin FOX, *The Myth of the Rational Market. A History of Risk, Reward and Delusion on Wall Street*, Harper Business, Londres, 2009, le plus détaillé ; Pablo TRIANA, *Lecturing Birds on Flying. Can Mathematical Theories Destroy the Financial Markets ?*, John Wiley & Sons, Hoboken, New Jersey, 2009.

57 Voir, par exemple, <http://dorkmonger.blogspot.com>.

58 Simon JOHNSON et James KWAK, *13 Bankers, op. cit.*, p. 58-70.

59 Joseph STIGLITZ, *Le Triomphe de la cupidité*, Les Liens qui Libèrent, Paris, 2010, p. 381.

60 Entretien dans *Alternatives économiques*, n° 290, avril 2010.

61 Charles GIDE et Charles RIST, *Histoire des doctrines économiques*, Librairie du Recueil Sirey, Paris, 1947, vol. 2, p. 878.

62 John Kenneth GALBRAITH, *L'Économie en perspective. Une histoire critique*, Seuil, Paris, 1989, p. 368.

63 Edmond MALINVAUD, *Voie de la recherche macroéconomique*, Odile Jacob/Points Seuil, Paris, 1991, p. 575.

64 Maurice ALLAIS, « L'économique en tant que science », *Revue d'économie politique*, t. LXXVII, janvier-février 1968, p. 24 et p. 27.

65 André ORLÉAN, *De l'euphorie à la panique : penser la crise financière*, Éditions Rue d'Ulm, Paris, 2009, p. 42-51.

66 Hyman P. MINSKY, *Stabilizing an Unstable Economy, op. cit.*, p. 237.

67 Charles P. KINDLEBERGER, *Histoire mondiale de la spéculation financière, op. cit.*, p. 135.

68 Voir l'article résumant une partie de son ouvrage, paru dans *L'Économie politique*, n° 2, avril 1999.

69 L'histoire qui suit reprend une partie, en l'actualisant, de l'article paru sur le même sujet dans le cahier spécial sur la crise inclus dans *Alternatives économiques*, n° 274, nov. 2008.

70 Sur les batailles politiques autour de cet épisode, voir le rapport de la Commission d'enquête américaine sur la crise des subprimes (FCIC, 2011), p. 335-336.

71 Voir chap. 10.

72 Rapport sur la situation des finances publiques, avril 2010, <www.ladocumentationfrançaise.fr>.

Notes du chapitre 6

1. Paul CLAUDEL, *La Crise. Amérique, 1927-1932. Correspondance diplomatique*, Métailié, Paris, 2009 (nouv. éd.).
2. Joseph STIGLITZ, *Le Triomphe de la cupidité*, op. cit., p. 252.
3. Hyman P. MINSKY, *Stabilizing an Unstable Economy*, op. cit., p. 11.
4. On peut consulter le document sur <www.financialstabilityboard.org>.
5. Un texte méconnu mais qui vaut la peine d'être lu sur <www.g20.org>.
6. Du nom du sénateur Christopher Dodd et du député Barney Franck, les deux démocrates à l'origine de cette loi.
7. On peut s'en faire une idée précise dans le chapitre 9 du livre de Gary J. SCHINASI, *Safeguarding Financial Stability. Theory and practice*, FMI, 2006.
8. Voir leur contribution respective dans le dossier « Quelle finance après le G20 ? », *L'Économie politique*, n° 42, avril 2009. Pour une approche plus critique, voir André ORLÉAN, « Il faut revenir sur la primauté absolue accordée à la liquidité financière », *L'Économie politique*, n° 43, juillet 2009.
9. Daniel K. TARULLO, *Regulating Systemically Important Financial Firms*, Federal Reserve, 3 juin 2001.
10. Tom BRAITHWAITE, « US Rift Over Systemic Risk List », *Financial Times*, 4 avril 2011.
11. Daniel K. TARULLO, *Next Steps in Financial Regulatory Reform*, Federal Reserve, 12 nov. 2010, p. 4.
12. Patricia JENKINS et Brooke MASTERS, « Higher capital rations talk cuts banks' appeal », *Financial Times*, 27 mars 2011.
13. « Chaimed but untamed », *The Economist*, 14-20 mai 2011.
14. « Healthy banking system is the goal, not profitable banks », *Letters to the Financial Times*, 9 novembre 2010.
15. Stephen G. CECCHETTI et Enisse KHARROUBI, « Reassessing the impact of finance on growth », *BIS Working Paper*, n° 381, juillet 2012.
16. Jean-Louis ARCAND, Enrico BERKES et Ugo PANIZZA, « Too much finance », *IMF Working Paper*, n° WP/12/161, juin 2012.
17. Cheng Hoon LIM, « Macroprudential policy : an organizing Framework », *IMF Background Paper*, 14 mars 2011.
18. José Manuel GONZÁLEZ-PÁRAMO, « Operationalising the selection and application of macro-prudential instruments », *CGFS Papers*, n° 48, déc. 2012.
19. Janet L. YELLEN, *Macroprudential Supervision and Monetary Policy in the Post-Crisis World*, Federal Reserve, 11 oct. 2010.
20. Mathias DREHMANN et Mikael JUSELIUS, « Do debt service costs affect macroeconomic and financial stability ? », *BIS Quaterly Review*, sept. 2012.
21. Daniel K. TARULLO, *Regulating Systemically Important Financial Firms*, op. cit.
22. Séverine LEBOUCHER, « Les banques françaises, mauvaises élèves sur la liquidité », *Revue Banque*, <www.revue-banque.fr>.
23. « Bâle III : le recul sur le ratio de liquidité bénéficie avant tout aux banques françaises », *Easy Bourse*, 8 janvier 2013, <www.easybourse.com>.
24. David M. RUBENSTEIN et John A. THAIN, *The Future of the Global Financial System. A Near Term Outlook and Long Term Scenarios*, A World Economic Forum Report with Oliver Wyman, 2009.
25. Voir <www.michelcastel.com>.
26. Pour un panorama des différentes voies possibles et des montants d'impôts récupérables, voir le document de la COMMISSION EUROPÉENNE, *Financial Sector Taxation*, 2010.
27. Adair TURNER, « Leveradge, maturity transformation and financial stability : challenges beyond Basel III », *Financial Services Authority*, mars 2011.
28. Emilios AVGOULEAS, Charles GOODHART et Dirk SCHOENMAKER, « Living wills as a

catalyst for action », *DSF Policy Paper*, n° 4, mai 2010.

29 Daniel K. TARULLO, *Next Steps in Financial Regulatory Reform, op. cit.*

30 Sur Fortis et Dexia, voir Joan CONDIJTS, Paul GÉRARD et Pierre-Henri THOMAS, *La Chute de la maison Fortis, op. cit.*

31 Voir son texte dans le dossier « Quelles réformes bancaires pour la France ? », *L'Économie politique*, n° 57, janvier 2013.

32 Andrew G. HALDANE, « Capital discipline », *Bank of England*, janvier 2011.

33 BASEL COMMITTEE ON BANKING SUPERVISION, « Regulatory consistency assessment programme (RCAP). Analysis of risk-weighted assets for market risk », janvier 2013.

34 Jon DANIELSON et Robert MACRAE, « The Appropriate use of risk models : Part I and Part II », <www.voxeu.org>, 16 et 17 juin 2011.

35 Voir l'entretien publié dans *L'Économie politique*, n° 51, juillet 2011.

36 Ronen PALAN, Richard MURPHY et Christian CHAVAGNEUX, *Tax Havens, op. cit.*

37 Caroline LE MOIGN, « Centres financiers offshore et système bancaire de l'ombre », *La Note d'analyse du Centre d'analyse stratégique*, n° 222, mai 2011.

38 Voir Christian CHAVAGNEUX, « Peut-on éradiquer les places *offshore* ? », *Alternatives économiques*, n° 324, mai 2013.

39 « Sarkozy fait la fortune des banquiers », *Libération*, 7-8 mai 2011.

40 <www.revolutionfiscale.fr>

41 Christian CHAVAGNEUX et Denis CLERC, « Les économistes bousculés par la crise », *loc. cit.*

42 « Disagreement among economists », 19 mars 2011.

43 Jean-Paul BETBÈZE, Christian BORDES, Jézabel COUPPEY-SOUBEYRAN et Dominique PLIHON, « Le Central Banking après la crise », *Rapport du Conseil d'analyse économique*, n° 96, La Documentation française, Paris, 2011.

44 Robert J. SHILLER et Virginia M. SHILLER, « Economists as wordly philosophers », *Cowles Foundation Discussion Paper*, n° 1788, mars 2011.

45 « Revise and resubmit », *The Economist*, 31 mars 2010.

46 Voir le dossier consacré à ce sujet par la revue *L'Économie politique*, n° 50, avril 2011, notamment l'article introductif de Nicolas Postel.

47 PEPS-ÉCONOMIE, « L'enseignement de l'économie dans le supérieur : bilan critique et perspectives », *L'Économie politique*, n° 58, avril 2013.

Notes de la conclusion

1 *La Crise de 1929, op. cit.*, p. 18.

2 *La Tribune*, 31 mai 2010.

3 *The Financial Crisis Inquiry Report*, 2011, p. 354.

4 *La Crise de 1929, op. cit.*, p. 36.

5 Claudio BORIO et Piti DISYATAT, « Global imbalances and the financial crisis : link or no link ? », *BIS Working paper*, n° 346, mai 2011.

6 Voir chapitre 7.

7 Rudiger FLAHLENBRACH, Robert PRILMEIER et René M. STULZ, *Do Banks Learn From Crisis ?*, <www.voxeu.org>.

8 Jose VIÑALS et Jonathan FIECHTER, « The Making of good supervision : learning to say "no" », *IMF Staff Position Notes*, n° 10/08, 18 mai 2010.

9 Jean-Paul REDOUIN, *La Stabilité monétaire et financière : une double mission pour une Banque centrale, les leçons récentes*, Banque de France, sept. 2010 ; « Il faut une régulation intrusive et proactive », *Alternatives économiques*, n° 87 (hors-série), 1er trim. 2011.

10 John MILLS, « On credit cycles and the origin of commercial panics », *loc. cit.*, p. 40.

11 Hyman P. MINSKY, *Stabilizing an Unstable Economy, op. cit.*, p. 321.

12 *Ibid.*, p. 326 et p. 370.

13 Voir chapitre 4.

14 Voir chapitre 11.

15 <www.financewatch.org>.

Bibliographie

A
Jacques ADDA, « Les CDS : une arme de destruction financière ? », *Alternatives économiques*, n° 290, avril 2010.

Anat ADMATI et Martin HELLWIG, *The Bankers New Clothes. What's Wrong with Banking and What to Do about It*, Princeton University Press, Princeton, 2013.

Michel AGLIETTA, *La Crise. Les voies de sortie*, Michalon, Paris, 2010.

Michel AGLIETTA, « L'agenda du G20 est ambitieux mais il porte la possibilité d'un changement profond », *L'Économie politique*, n° 42, avril 2009.

Michel AGLIETTA et Sandra RIGOT, *Crise et rénovation de la finance*, Odile Jacob, Paris, 2009.

Maurice ALLAIS, « L'économique en tant que science », *Revue d'économie politique*, tome LXXVIII, janvier-février 1968.

Jean-Louis ARCAND, Enrico BERKES et Ugo PANIZZA, « Too much finance ? », *IMF Working Paper* n° WP/12/161, juin 2012.

Patrick ARTUS *et alii*, « La crise des subprimes », *Rapport du Conseil d'analyse économique*, n° 78, La Documentation française, Paris, 2008.

Anthony B. ATKINSON et Salvatore MORELLI, *Inequality and Banking Crisis : a First Look*, <http://isites.harvard.edu>, 2011.

Emilios AVGOULEAS, Charles GOODHART et Dirk SCHOENMAKER, « Living wills as a catalyst for action », *DSF Policy Paper*, n° 4, mai 2010.

B
Martin Neil BAILY, Douglas W. ELMENDORF et Robert E. LITAN, « The great credit squeeze : how it happened, how to prevent another », Discussion Paper, Economic Studies at Brookings, 16 mai 2008.

Sheila BAIR, *Bull by the Horns*, Free Press, New York, 2012.

BANK FOR INTERNATIONAL SETTLEMENTS, *Recent innovations in international banking*, avril 1986.

BASEL COMMITTEE ON BANKING SUPERVISION, *Principles for Enhancing Corporate Governance*, 4 oct. 2010.

BASEL COMMITTEE ON BANKING SUPERVISION, « Regulatory consistency assessment programme (RCAP). Analysis of risk-weighted assets for market risk », janvier 2013.

Nesrine BENTEMESSECK KAHIA, « La bulle des mers du Sud, ou le "too big to fail" avant l'heure », *L'Économie politique*, n° 48, oct. 2010.

Adolf A. BERLE, *Navigating the Rapids, 1818-1971*, Harcourt Brace Jovanovich, New York, 1973.

Jean-Paul BETBÈZE, Christian BORDES, Jézabel COUPPEY-SOUBEYRAN et Dominique PLIHON, « Le central banking après la crise », *Rapport du Conseil d'analyse économique*, n° 96, La Documentation française, Paris, 2011.

William K. BLACK, « Cette finance frauduleuse que l'on ne veut pas voir », *L'Économie politique*, n° 42, avril 2009.

William K. BLACK, *The Best Way to Rob a Bank Is to Own One : How Corporate Executives and Politicians Looted the S&L Industry*, University of Texas Press, Austin, 2005.

Olivier BLEYS, *Semper Augustus*, Gallimard, Paris, 2008.

Mauro BOIANOVSKY, « Wicksell on the american crisis of 1907 », *Journal of the History of Economic Thought*, vol. 33.2, 2011.

Michael D. BORDO et David C. WHEELOCK, « The promise and performances of the Federal Reserve as lender of ladt resort 1914-1933 », *Norges Bank Working Paper*, n° 2011/1.

Michael D. BORDO et Harold JAMES, « The Great Depression analogy », *NBER Working Paper*, n° 15584, déc. 2009.

Claudio BORIO, « The financial turmoil of 2007- ? : a preliminary assessment and some policy considerations », *BIS Working Paper*, n° 251, mars 2008.

Claudio BORIO et Piti DISYATAT, « Global imbalances and the financial crisis : link or no link ? », *BIS Working Paper*, n° 346, mai 2011.

Robert BOYER, « Une crise tant attendue. Leçons d'histoire pour économistes », *Prisme*, n° 13, Centre Cournot pour la recherche en économie, nov. 2008.

Robert BOYER, Mario DEHOVE et Dominique PLIHON, « Les crises financières », *Rapport du Conseil d'analyse économique*, n° 50, La Documentation française, Paris, 2004.

Louis D. Brandeis, *Other People's Money and How The Bankers Use It*, Bedford/St. Martins, Boston, 1995.

Fernand Braudel, *Civilisation matérielle, économie et capitalisme XVe-XVIIIe siècle*, tome 3 : *Le Temps du monde*, Armand Colin, Paris, 1986.

Robert F. Bruner et Sean D. Carr, *The Panic of 1907. Lessons Learned From The Market's Perfect Storm*, John Wiley & Sons, New Jersey, 2007.

Markus Brunnermeir, Laurent Clerc et Martin Scheicher, « Assessing contagion risks in the CDS market », *Financial Stability Review*, Banque de France, avril 2013.

Gary Burn, *The Re-emergence of Global Finance*, Palgrave Mac Millan, Basingstoke, 1986.

Helen M. Burns, *The American Banking Community and New Deal Banking Reforms 1933-1935*, Greenwood Press, Westport, 1974.

C Michael Cavanagh, *Report of JP Morgan Chase & Co. Management Task Force Regarding 2012 CIO Losses*, 16 janvier 2013.

Stephen G. Cecchetti et Enisse Kharroubi, « Reassessing the impact of finance on growth », *BIS Working Paper*, n° 381, juillet 2012.

Edward Chancellor, *Devil take the hindmost. A history of financial speculation*, Plume Book, New York, 2000.

Christian Chavagneux, « Peut-on éradiquer les places *offshore* ? », *Alternatives économiques*, n° 324, mai 2013.

Christian Chavagneux et Éric Nicolas, « L'influence des acteurs privés sur la régulation financière internationale », *Politique étrangère*, n° 3, 1997.

Christian Chavagneux et Ronen Palan, *Les Paradis fiscaux*, La Découverte, coll. « Repères », Paris, 2012 (3e éd.).

Paul Claudel, *La Crise. Amérique 1927-1932*, Métailié, Paris, 2009.

Denis Clerc, « Théorie ; désaccords majeurs » *Alternatives économiques*, n° 75, 1er trim. 2008 (hors-série).

Joan Condijts, Paul Gérard et Pierre-Henri Thomas, *La Chute de la maison Fortis*, Jean-Claude Lattès, Paris, 2009.

« Crise financière : analyses et propositions », *Risques/Revue d'économie financière*, n° 73-74, juin 2008.

D Eugène Daire, *Économistes financiers du XVIIIe siècle*, Guillaumin, Paris, 1843.

Jon Danielson, « Blame the models », <http://risk.les.ac.uk>, juin 2008.

Jon DANIELSON et Robert MACRAE, « The appropriate use of risk models : part I and part II », <www.voxeu.org>, 16 et 17 juin 2011.

Mike DASH, La Tulipomania. L'histoire d'une fleur qui valait plus cher qu'un Rembrandt, Jean-Claude Lattès, Paris, 2000.

Daniel DESSERT, Argent, pouvoir et société au grand siècle, Fayard, Paris, 1984.

Mathias DREHMANN et Mikael JUSELIUS, « Do debt service costs affect macroeconomic and financial stability ? », BIS Quarterly Review, sept. 2012.

E

John EATWELL, « Une nouvelle architecture financière internationale », L'Économie politique, n° 42, avril 2009.

George W. EDWARDS, The Evolution of Finance Capitalism, Augustus M. Kelley Publishers, New York, 1967.

Barry EICHENGREEN et Kris MITCHENER, « The Great Depression as a credit boom goes wrong », BIS Working Paper, n° 137, sept. 2003.

F

Rudiger FAHLENBRACH, Robert PRILMEIER et René M. STULZ, Do Banks Learn from Crisis ?, <www.voxeu.org>, 17 mai 2011.

Edgar FAURE, La Banqueroute de Law, Gallimard, Paris, 1977.

Charles FERGUSON, Inside Job, Sony, 2010.

Niall FERGUSON, The Ascent of Money. A Financial History of the World, Penguin Book, Londres, 2008.

FINANCIAL CRISIS INQUIRY COMMISSION, Financial Crisis Inquiry Report, janvier 2011, <www.gpoaccess.gov>.

Justin FOX, The Myth of the Rational Market. A History of Risk, Reward and Delusion on Wall Street, Harper Business, Londres, 2009.

Doug FRENCH, « The Dutch monetary environment during tulipmania », The Quarterly Journal of Austrian Economics, vol. 9, n° 1, print. 2006.

G

John Kenneth GALBRAITH, La Crise économique de 1929, Petite bibliothèque Payot, Paris, 1970.

John Kenneth GALBRAITH, L'Économie en perspective. Une histoire critique, Seuil, Paris 1989.

GAO, Cayman Islands. Business and Tax Advantages Attract US Persons and Enforcement Challenges Exist, rapport n° 08-778, juillet 2008.

Peter GARBER, Famous First Bubbles. The Fundamentals of Early Manias, MIT Press, Cambridge, 2001.

Joseph GARNIER, « Jean de Lauriston », in Charles COQUELIN et Gilbert GUILLAUMIN (dir.), Dictionnaire de l'économie politique, tome 2, Librairie Guillaumin, Paris, 1854.

Jean-François GAYRAUD, *La Grande Fraude. Crime, subprimes et crises financières*, Odile Jacob, Paris 2011.

Charles GIDE et Charles RIST, *Histoire des doctrines économiques*, Librairie du Recueil Sirey, Paris, 1947 (2 vol.).

Olivier GODECHOT, *La Finance, facteur d'inégalités*, La Vie des idées, <http://olivier.godechot.free.fr>, 2011.

Anne GOLDGAR, *Tulipmania. Money, Honor, and Knowledge in the Dutch Golden Age*, The University of Chicago Press, Chicago, 2007.

José Manuel GONZÁLEZ-PÁRAMO, « Operationalising the selection and application of macroprudential instruments », *CGFS Papers*, n° 48, déc. 2012.

Gary B. GORTON, *Misunderstanding Financial Crisis. Why we don't see them coming*, Oxford University Press, Oxford, 2012.

H

Andrew G. HALDANE, « Capital discipline », *Bank of England*, janvier 2011.

Andrew G. HALDANE, « The $100 billion dollars », *Bank of England*, mars 2010.

Earl J. HAMILTON, « Prices and wages at Paris under John Law's system », *Quarterly Journal of Economics*, n° 51, 1936-1937.

Earl J. HAMILTON, « The political economy of France at the time of John Law », *History of Political Economy*, n° 1, print. 1969.

Pierre-Cyrille HAUTCŒUR, *La Crise de 1929*, La Découverte, coll. « Repères », Paris, 2009.

Friedrich HAYEK, *Monetary Theory and the Trade Cycle*, The Ludwig von Mises Institute, <http://mises.org>.

Philippe HERLIN, *Finance : le nouveau paradigm. Comprendre la finance et l'économie avec Mandelbrot, Taleb...*, Eyrolles, Paris, 2010.

Daniëlle HERMANS, *The Tulip Virus*, Minotaur Books, New York, 2010.

Michael HILTZIK, *The New Deal. A Modern History*, Free Press, New York, 2011.

I

Deniz IGAN, Prachi MISHRA et Thierry TRESSEL, « Lobbying and the financial crisis », <www.voxeu.org>, 2010.

Washington IRVING, « The great Mississippi bubble. A time of unexampled prosperity », *The Crayon Papers*, 1825.

J

Patricia JENKINS et Brooke MASTERS, « Higher capital rations talk cuts banks' appeal », *Financial Times*, 27 mars 2011.

Simon JOHNSON et James KWAK, *13 Bankers. The Wall Street Take Over and the Next Financial Meltdown*, Pantheon Books, New York, 2010.

Isaac Joshua, *La Crise de 1929 et l'émergence américaine*, PUF, Paris, 1999.

Isaac Joshua, « Quand 2009 questionne 1929 », *L'Économie politique*, n° 48, oct. 2010.

K Maury Klein, *Le Krach de 1929*, Les Belles Lettres, Paris, 2009.

Charles P. Kindleberger, *Histoire mondiale de la spéculation financière*, Éditions P.A.U., Paris, 1994.

Paul Krugman, « Crises et inégalités : des causes communes », *Alternatives économiques*, n° 295, oct. 2010.

Paul Krugman, *Disagreement among Economists*, 19 mars 2011, <http://krugman.blogs.nytimes.com>.

Paul Krugman, *The Conscience of a Liberal*, W. W. Norton, New York, 2007.

Michael Kumhof et Romain Rancière, « Inequality, leverage and crisis », *IMF Working Paper*, n° WP/10/268, nov. 2010.

L Jean-Pierre Landau, « Extreme events in finance », Banque de France, sept. 2008.

Erik Leborgne, « Le régent et le système de Law vus par Melon, Montesquieu, Prévost et Lesage », *Féeries*, 3/2006, mis en ligne le 4 mai 2007, <http://feeries.revues.org>.

Séverine Leboucher, « Ce qui pose problème dans les ratios de liquidité », et l'ensemble du dossier consacré au sujet, *Revue Banque*, n° 737, juin 2011.

John Le Carré, *Un traître à notre goût*, Seuil, Paris, 2011.

Caroline Le Moign, « Centres financiers offshore et système bancaire de l'ombre », *La Note d'analyse du Centre d'analyse stratégique*, n° 222, mai 2011.

Jean-François Lepetit, *Rapport sur le risque systémique*, avril 2010, <www.minefe.gouv.fr>.

Jean Lescure, *Des crises générales et périodiques de surproduction*, tome II, Burt Franklin, New York, 1938.

Cheng Hoon Lim, « Macroprudential policy : an organizing framework », *IMF Background paper*, 14 mars 2011.

Jack London, *Le Talon de fer*, Phébus, Paris, 2003.

M Jean de Maillard, *L'Arnaque. La finance au-dessus des lois et des règles*, Gallimard, Paris 2010.

Charles Mackay, *Memoirs of Extraordinary Popular Delusions and the Madness of Crowds*, <www.gutenberg.org>, 1841.

Edmond Malinvaud, *Voie de la recherche macroéconomique*, Odile Jacob/Points Seuil, Paris, 1991.

Benoît MANDELBROT, *Une approche fractale des marches. Risquer, perdre et gagner*, Odile Jacob, Paris, 2009 (2ᵉ éd.).

John MILLS, « On credit cycles and the origin of commercial panics », *Transactions of the Manchester Statistical Society*, session 1867-1868.

David MIN, *Faulty Conclusions Based on Shoddy Foundations*, Centre for American Progress, février 2011.

Hyman P. MINSKY, *Stabilizing an Unstable Economy*, McGraw-Hill, New York, 1986.

Hyman P. MINSKY, *Can « it » Happen Again ? Essays on Instability and Finance*, M. E. Sharpe, New York, 1982.

Ludwig VON MISES, « Monetary stabilization and cyclical policy », *in The Causes of Economic Crisis and Other Essays Before and After the Great Depression*, The Ludwig von Mises Institute, Alabama, 1978.

Kris James MITCHENER et Gary RIDCHARDSON, « Does "skin in the game" reduce risk taking ? Leverage liability and the log run consequences of New Deal banking reforms », *NBER Working Paper*, n° 18895, mars 2013.

Raymond MOLEY, *The First New Deal*, Harcourt, Brace & World, New York, 1966.

Antoin E. MURPHY, *John Law. Économiste et homme d'État*, PIE Peter Lang, Bruxelles, 2007.

Antoin E. MURPHY, « John Law et la bulle de la Compagnie du Mississippi », *L'Économie politique*, n° 48, oct. 2010.

Gustavus MYERS, *History of the Great American Fortunes*, Charles H. Kerr & Company, Chicago, 1907.

N

Anastasia NESVETAILOVA, *Financial Alchemy in Crisis : The Great Liquidity Illusion*, Pluto Press, Londres, 2009.

Frank NORRIS, *The Pit*, Thomas Nelson and Sons, Londres, 1903 ; *Le Gouffre* (trad. de l'anglais par M.-B. Gramont), Les Éditions du Sonneur, Paris, 2012.

Alexander D. NOYES, « A year after the panic of 1907 », *The Quarterly Journal of Economics*, vol. 23, n° 2, février 1909.

O

André ORLÉAN, *De l'euphorie à la panique : penser la crise financière*, Éditions Rue d'Ulm, Paris, 2009.

André ORLÉAN, « Il faut revenir sur la primauté absolue accordée à la liquidité financière », *L'Économie politique*, n° 43, juillet 2009.

P

Ronen PALAN, Richard MURPHY et Christian CHAVAGNEUX, *Tax Havens : How Globalization Really Works*, Cornell University Press, Ithaca, 2010.

James E. PALMER JR, *Carter Glass Unreconstructed Rebel*, The Institute of American Biography, Roanoke, 1938.

Franck PARTNOY, *The Match King. Ivar Kreuger and the Financial Scandal of the Century*, Profile Books, Londres, 2009.

PEPS-ÉCONOMIE, « L'enseignement de l'économie dans le supérieur : bilan critique et perspectives », *L'Économie politique*, n° 58, avril 2013, p. 6-23.

Michael PERINO, *The Hellhound of Wall Street. How Ferdinand Pecora's Investigation of the Great Crash Forever Changed American Finance*, The Penguin Press, New York, 2010.

Jean-Christian PETITFILS, *Le Régent*, Fayard, Paris, 1986.

Thomas PHILIPPON et Ariell RESHEF, *Wages and Human Capital in the US Financial Industry*, New York University, <http://pages.stern.nyu.edu>, 2008.

Kevin PHILLIPS, *Wealth and Democracy. A Political History of the American Rich*, Broadway Books, New York, 2002.

Edward PINTO, « Triggers of the financial crisis », <www.aei.org>, 2010.

Cendrine DE PORTHAL, *Les Fortunes de la gloire : le roman de John Law*, Acropole, Paris, 1982.

Nicolas POSTEL, « Le pluralisme est mort, vive le pluralisme ! », *L'Économie politique*, n° 50, avril 2011.

Nicolas W. POSTHUMUS, « The tulip mania in Holland in the years 1636 and 1637 », *Journal of Economic and Business History*, vol. 1, n° 3, mai 1929.

R

Jean Paul REDOUIN, « Il faut une régulation intrusive et proactive », *Alternatives économiques*, n° 87, 1er trim. 2011 (hors-série).

Lionel ROBBINS, *The Great Depression*, MacMillan, Londres, 1934.

Hugh ROCKOFF, « Great fortunes of the Gilded Age », *NBER Working Paper*, n° 14555, déc. 2008.

David M. RUBENSTEIN et John A. THAIN, *The Future of the Global Financial System. A Near Term Outlook and Long Term Scenarios*, A World Economic Forum Report with Oliver Wyman, 2009.

Ellen D. RUSSELL, *New Deal Banking Reforms and Keynesian Welfare State Capitalism*, Routledge, Londres, 2008.

S

SAINT-SIMON, *La Cour du Régent*, Complexe, Bruxelles, 1990.

Jean-Baptiste SAY, *Cours complet d'économie politique pratique*, Guillaumin, Paris, 1840.

Arthur M. SCHESINGER Jr, *L'Ère de Roosevelt. L'avènement du New Deal*, Denoël, Paris, 1971.

Manmohan SINGH, « Making OTC derivatives safe – A fresh look », *IMF Working Paper*, n° WP/11/66, mars 2011.

SENIOR SUPERVISORS GROUP, *Risk Management Lessons from the Global Banking Crisis of 2008*, 21 oct. 2009.

Luis SERVÉN et Ha NGUYEN, « Global imbalances before and after the global crisis », *Policy Research Working Paper*, n° 5354, juin 2010.

Jérôme SGARD, *L'Économie de la panique*, La Découverte, Paris, 2002.

Robert J. SHILLER et Virginia M. SHILLER, « Economists as worldly philosophers », *Cowles Foundation Discussion Paper*, n° 1788, mars 2011.

Upton SINCLAIR, *The Money Changers*, Dover Publications, New York, 2009.

Kenneth A. SNOWDEN, « The anatomy of a residential mortgage crisis : a look back to the 1930s », *NBER Working Paper*, n° 16244, juillet 2010.

Oliver SPRAGUE, *History of Crises Under the National Banking System*, Government Printing Office, Washington, 1910.

Joseph STIGLITZ, « Les économistes doivent changer leurs croyances », *Alternatives économiques*, n° 290, avril 2010.

Joseph STIGLITZ, *Le Triomphe de la cupidité*, Les Liens qui Libèrent, Paris, 2010.

Alexander TABARROK, « The separation of commercial and investment banking : the Morgans vs. the Rockefellers », *The Quarterly Journal of Austrian Economics*, vol. 1, n° 1, p. 1-18.

Ellis W. TALLMAN, « The Panic of 1907 », *Federal Reserve Bank of Cleveland Working Paper*, n° 12-28, nov. 2012.

Ellis W. TALLMAN et Jon R. MOEN, « Lessons from the panic of 1907 », *Economic Review*, Federal Reserve bank of Altlanta, mai-juin 1990.

Ellis W. TALLMAN et Jon R. MOEN, « Liquidity creation without a lender of last resort : clearinghouse loan certificates in the banking panic of 1907 », *Federal Reserve bank of Atlanta Working Paper*, n° 2006-23b, oct. 2007.

Ellis W. TALLMAN et Jon R. MOEN, « The bank panic of 1907 : the role of trust companies », *The Journal of Economic History*, vol. 52, n° 3, sept. 1992.

Ellis W. TALLMAN et Jon R. MOEN, « Why didn't the United States establish a central bank until after the panic of 1907 ? », *Federal Reserve bank of Atlanta Working Paper*, n° 99-16, nov. 1999.

Daniel K. TARULLO, *Next Steps in Financial Regulatory Reform*, Federal Reserve, 12 nov. 2010.

Daniel K. TARULLO, *Regulating Systemically Important Financial Firms*, Federal Reserve, 3 juin 2011.

Studs TERKEL, *Hard Times. Histoires orales de la Grande Dépression*, Amsterdam, Paris, 2009.

Gillian TETT, *Fool's Gold. How Unrestrained Greed Corrupted a Dream, Shattered Global Markets and Unleashed a Catastrophe*, Free Press, New York, 2009.

THE ECONOMIST, *Confessions of a Risk Manager*, 7 avril 2008.

THE ECONOMIST, *Special Report ON International Banking*, 14-20 mai 2011.

Adolphe THIERS, « Law », in *Encyclopédie progressive*, Bureau de l'encyclopédie progressive, Paris, 1826.

Gordon THOMAS et Max MORGAN-WITTS, *Wall Street. Dans les coulisses du krach de 1929*, Nouveau Monde éditions, Paris, 2008.

Joseph J. THORNDIKE, « A tea party for Calvin Coolidge ? », *Tax Analysts*, 14 oct. 2010.

Joseph J. THORNDIKE, *Their Fair Share. Taxing the Rich in the Age of FDR*, The Urban Institute Press, Washington, 2013.

Pablo TRIANA, *Lecturing Birds on Flying. Can Mathematical Theories Destroy the Financial Markets ?*, John Wiley & Sons, New Jersey, 2009.

Adair TURNER, « Leverage, maturity transformation and financial stability : challenges beyond Basel III », *Financial Services Authority*, mars 2011.

Christian TUTIN et Julien MENDEZ, « De la crise bancaire à la régulation : l'expérience américaine de 1907 », *L'Économie politique*, n° 48, oct. 2010.

U

UBS, *Shareholders Report on UBS's Write-Down*, <www.ubs.com>, 18 avril 2008.

US SENATE COMMITTEE ON BANKING AND CURRENCY, *The Pecora Investigation*, Washington, 1934 (rééd. Cosimo Reports, New York, 2010).

V

J. G. VAN DILLEN, Geoffrey POITRAS et Asha MAJITHIA, « Isaac Le Maire and the early trading in Dutch East India Company shares », in Geoffrey POITRAS et Simon FRASER (dir.), *Pionners of Financial Economists*, vol. 1, Edwar Elgar, Willington, 2006.

François R. VELDE, « Government equity and money : John Law's system in 1720 France », *Federal Reserve Bank of Chicago Working Paper*, n° 2003-31, 2003.

Jose VIÑALS et Jonathan FIECHTER, « The making of good supervision : learning to say "No" », *IMF Staff position notes*, n° 10/08, 18 mai 2010.

W Léon WALRAS, *Éléments d'économie politique pure*, Economica, Paris, 1988.

Edith WARTON, *Chez les heureux du monde*, Gallimard, Paris, 2000.

Jon D. WISMAN et Barton BAKER, *Rising Inequalities and the Financial Crisis of 1929 and 2008*, <www.american.edu>, 2011.

Y Janet L. YELLEN, *Macroprudential Supervision and Monetary Policy in the Post-Crisis World*, Federal Reserve, 11 oct. 2010.

Z Émile ZOLA, *L'Argent*, Livre de poche, Paris, 1974.

Mitchell ZUCKOFF, *Ponzi's Scheme. The True Story of a Financial Legend*, Random House, New York, 2005.

Table

Introduction Le bateau ivre 7

    Les non-leçons des économistes 8
    Les leçons de l'expérience 9
    Un schéma commun des crises 10
    Réguler la finance 12

1. La spéculation sur les tulipes entre vérité et légende 15

    Aux enchères d'Alkmaar 18
    Une spéculation de riches 19
    Le « commerce du vent » 22
    Un krach qui n'affole pas les autorités publiques 26
    Une crise de société 28

2. John Law, un aventurier aux Finances 31

    Duel, tables de jeu et autres aventures 32
    Un problème de dette publique 35
    Les belles idées de Lass 36
    Création de la Banque générale 40
    Débuts et mise en œuvre du système 43
    Avantages et inconvénients de la spéculation 47
    L'effondrement 50
    Les dernières années de Law 53

3. La panique de 1907 59

    Les frères Heinze, des pirates dans la finance 61
    L'effet domino 64

Un contexte défavorable 65
Une innovation mal régulée : les trusts 67
La panique s'installe 69
John Pierpont Morgan à la manœuvre 71
Quatre plumes d'or pour une Banque centrale 73

4. 1929 : la crise qui a changé la face de la finance 77

La mentalité spéculative à l'œuvre 78
Fraudeurs à la barre, acte I : Ponzi entre en scène 81
Fraudeurs à la barre, acte II : Kreuger, le roi de l'allumette 84
Le prix des innovations 86
Explosion de l'endettement 88
Une crise de la finance mondialisée 90
L'impact de la commission Pecora 93
Une demande de régulation 97
Quatre ans de batailles politiques 100
Un « Glass-Steagall Act » qui n'existe pas ! 102
Comment Roosevelt a manipulé Carter Glass 104
Les trois leçons de Roosevelt 107

5. Qu'est-ce qu'une crise financière ? 111

Au départ, une simple perte d'équilibre 112
Des innovations non contrôlées 114
Une déréglementation subie ou voulue 119
Les effets secondaires de la course aux profits, acte I : la bulle de crédits 120
Les effets secondaires de la course aux profits, acte II : une mauvaise gouvernance des risques 123

Une technologie inadaptée, 123. – Une méthodologie défaillante, 124. – Un rapport de forces défavorable aux contrôleurs, 130. – Des mécanismes d'assurance qui n'assurent pas, 132. – Une mauvaise gouvernance publique ?, 135.

Les effets secondaires de la course aux profits, acte III : comment la fraude s'empare de la finance 137

L'affaire Madoff, 137. – Une fraude systémique, 140. – Le rôle des paradis fiscaux, 145.

Les inégalités, carburant de la crise   147

Lien de causalité ou causes communes ?, 149. – L'influence politique des riches, 151 – Le rôle des économistes, 154.

L'aveuglement au désastre   157

Comment les États ont sauvé la finance   160

La faillite de Lehman Brothers, 161. – Réactions en chaîne, 163. – L'échec de la reprise en main, 164. – Les États entrent vraiment en jeu, 166.

La zone euro dans le piège des dettes publiques   168

Les origines de la crise : trois innovations, 169. – Les origines de la crise : un choix idéologique, 170. – Les origines de la crise : une gestion politique désastreuse, 170. – Septembre 2012 : la BCE contre la spéculation, 173. – Chronologie d'une crise mal gérée, 177.

6. Le temps de la régulation   181

Maîtriser les innovations   183
Comment réguler les produits dérivés ?   186
Et la titrisation ?   190
Une nouvelle gouvernance mondiale de la finance   191
Empêcher les bulles de crédits : rendre la spéculation plus chère   194

Que faire des établissements « systémiques » ?, 196. – Des mesures efficaces ?, 199.

Mieux surveiller les bulles de crédits   200
Un mot sur les fonds spéculatifs   205
Éviter les blocages : contrôler la liquidité   206
Faire payer les banques, première voie : une taxe   209
Faire payer les banques, deuxième voie : utiliser les cocos   210
Faire payer les banques, troisième voie : les testaments   211
Faut-il scinder les banques ?   214
La gouvernance des banques, trou noir de la régulation   217
Fraudes, la politique de l'autruche   220
Bonus mal contrôlés   223
Les économistes peuvent-ils changer ?   226

Conclusion	**Tirer les leçons de la plus grande crise financière de l'histoire**	**229**

Le rôle essentiel des régulateurs 232
De Mills à Minsky en passant par Zola 233

Notes **237**

Bibliographie **247**

CPI
BUSSIÈRE

Composition Facompo, Lisieux.
Impression réalisée par CPI Bussière
à Saint-Amand-Montrond (Cher)
en juillet 2013.
Dépôt légal : septembre 2013.
N° d'impression : 2004064.
Imprimé en France